Rosina Sonnenschmidt · Harald Knauss
Musik-Kinesiologie

Rosina Sonnenschmidt
Harald Knauss

Musik-Kinesiologie

Kreativität ohne Streß im Musikerberuf

VAK Verlag für Angewandte Kinesiologie GmbH
Freiburg im Breisgau

Hinweis des Verlags:

Dieses Buch informiert über bewährte Techniken der Streßbewältigung und Kreativitätssteigerung. Wer sie anwendet, tut dies in eigener Verantwortung. Autoren und Verlag beabsichtigen nicht, Diagnosen zu stellen oder Therapieempfehlungen zu geben. Die hier beschriebenen Verfahren sind nicht als Ersatz für professionelle medizinische Behandlung bei gesundheitlichen Beschwerden zu verstehen.

Die Deutsche Bibliothek - CIP-Einheitsaufnahme

Sonnenschmidt, Rosina:

Musik-Kinesiologie: Kreativität ohne Streß im Musikerberuf/
Rosina Sonnenschmidt/Harald Knauss - 2. Aufl. - Freiburg im Breisgau:
VAK, Verlag für Angewandte Kinesiologie, 1996
ISBN 3-924077-52-5
NE: Knauss, Harald:

2. Auflage: 1996

Lektorat: Christine Pfützner
Zeichnungen: A&O Satzwerkstatt Agnes Feckl, München
Umschlag: Hugo Waschkowski
Herstellung: Rombach GmbH Druck- und Verlagshaus, Freiburg
Printed in Germany
ISBN 3-924077-52-5

Inhalt

Dieses Buch ist unserem Freund und Gönner, Dr. Eugen Widmaier, von Herzen gewidmet.

Danksagung

Besonderer Dank gilt unseren Lehrern Eva Krasznai-Gombos, Franz Müller-Heuser und Mario Sicca. Wir danken für alle musikalischen Anregungen durch Montserrat Figueras, Nikolaus Harnoncourt, Istvan Krasznai und Jürgen Hübscher. Ferner gilt unser Dank unseren englischen Freunden Margaret Pearson, Mary Duffy, Chris Batchelor und Ray Williamson, die entscheidend unseren geistigen Zugang zur Musik prägten. Ebenso bedanken wir uns für das Interesse und Engagement des Instituts für Angewandte Kinesiologie in Freiburg.

Unsere künstlerischen Ideen und Bestrebungen waren und sind nicht möglich ohne Rat und Tat von wahren Freunden, und so gilt unser Dank Dr. Eugen Widmaier und Jenny Schmid für all ihre Anregungen, Unterstützungen und nicht zuletzt für die vielen fruchtbaren Diskussionen an langen Abenden.

Was wären wir ohne die tatkräftige Förderung und Ermutigung durch unsere Eltern?! Ihnen sei herzlich gedankt für ihre Geduld und Zuversicht auf unserem künstlerischen Weg.

Vorwort zur 2. Auflage

Seit Erscheinen unseres Buches konnten wir uns immer wieder überzeugen von der verblüffenden Wirksamkeit der Musik-Kinesiologie im Erkennen und Auflösen von Problemen – sei es in Einzelsitzungen, in Einführungsseminaren an Musikhochschulen oder in unseren inzwischen lizenzierten Ausbildungskursen. Die

Wirksamkeit der Musik-Kinesiologie ist stark an die Einstellung der Musiker zu sich und ihrer Kunst gekoppelt. Menschen, die ihre Probleme nicht annehmen können, die auf der Suche nach einer Wunderpille sind, aber nicht bereit, in einen Prozeß der inneren Verwandlung einzusteigen, oder die von negativem Denken geprägt sind, werden durch die Musik-Kinesiologie zu der Entscheidung geführt, ob sie etwas ändern möchten oder nicht. Auch die Toleranz gegenüber denjenigen, die an ihrem Streß einstweilen lieber nichts ändern möchten, gehört zum Selbstverständnis unserer musikkinesiologischen Arbeit.

Mit welcher Methode auch immer – letztendlich geht es darum, die eigene Weltsicht zu weiten und wieder eins zu sein mit dem, was wir tun. Solange wir in Gefühlen der Sinnlosigkeit, im Getriebe eines leeren Alltags befangen sind, werden wir keine Lebensfreude entwickeln. Machen wir uns aber auf den Weg, so kehrt unsere Lebensenergie zurück, und wir sind wieder zu Glücksmomenten fähig.

Musiker, die zu unseren Seminaren kommen, haben sich auf den Weg gemacht und erfahren, daß andere sich als Weggefährten zugesellen. Sie erleben, daß sie wieder jener Glücksgefühle fähig sind, und betrachten dies als größtes Geschenk. Viele betonen zum Abschluß der Seminare, sie hätten mehr gelernt als Entstressungstechniken: „etwas fürs Leben“. Welche Lebensschule könnte schöner und reicher sein als die Musik?!

Einer unserer Musikerfreunde beschrieb seinen Werdegang einmal auf diese humorvoll-tiefsinnige Weise: „Sein Urteil hat er sich inzwischen selbst gesprochen: Verurteilt zu lebenslänglichem Musizieren ohne Bewährung. In der Urteilsbegründung könnte es heißen: Wegen der extrem ausgebildeten Liebe zur Musik kommt nur ‚lebenslänglich‘ in Betracht; eine Bewährung ist sinnlos, weil R. W. keinerlei Spur von Reue zeigt; er könne sich ein Leben ohne Musik nicht vorstellen.“

Zum Schluß möchten wir die Widmung der 1. Auflage erweitern:

Den Teilnehmern unserer Seminare, die auch unsere Lehrer und Freunde geworden sind.

Harald Knauss und Rosina Sonnenschmidt
Oberhaslach (Elsaß) im April 1996

Geleitwort

Zu keiner Zeit erscholl soviel Musik wie heute.

Zu keiner Zeit gab es eine so breite Förderung musikalischer Talente wie heute.

Zu keiner Zeit weckten so viele Wettbewerbe bei immer mehr Preisträgern die schönsten Hoffnungen auf eine glanzvolle Karriere.

Selbst dem Massenpublikum wird heute klassische Musik anforderungslos als Spaß serviert. Welch herrliche Zeiten für Musik, Musiker und Publikum!

Indessen sind die Verhältnisse auch anders zu lesen:

Waren die Ohren je derart abgestumpft durch Dauerberieselung?

War die Musik je derart zur Ware herabgewürdigt, verhackstückt und ad libitum potpourrisiert?

Hatten andererseits Künstler je derart den allgegenwärtigen Vergleich mit den Größten ihres Faches auszuhalten bzw. anzukämpfen gegen Ignoranz, Vorurteile, Sensationsgier und Idole, die keineswegs in erster Linie ihrer musikalisch-künstlerischen Leistungen wegen vom Musikmarkt zu Stars gestylt werden, und gegen die allein mit Qualität kaum anzukommen ist?

Wer setzt heute überhaupt die Maßstäbe für Qualität? Und welche Bedeutung hat sie heute noch im Musikbetrieb?

Überrundet bei Wettbewerben (nicht zufällig ursprünglich eine sportive Disziplin!) nicht selten der mit robusteren Nerven den Sensibleren?

Lassen sich Intelligenz, Spiritualität und Kreativität eines Künstlers er-messen, ver-messen?

Läßt sich das Potential einer künstlerischen Begabung diagnostizieren, das zur Reifung und Entfaltung der Zeit bedarf?

Preisträger werden allerorten präsentiert, versprechen sie doch ein gewisses Niveau, gepaart mit circensischem Nervenkitzel...

Doch was wird aus den Hoffnungen jener vielen Preisträger, deren Namen nach zwei Jahren keiner mehr nennt?

Und: Wie steht es um Kompetenz und Integrität bei der Vielzahl selbsternannter Kritiker?

Wer aus seiner Liebe zur Musik eine Profession werden läßt, wählt einen schweren Weg – allerdings zu einem Ziel, das ein Leben lang bereichern und beglücken kann, wenn man es erreicht.

Im vorliegenden Buch „Musik-Kinesiologie" von Rosina Sonnenschmidt und Harald Knauss sehe ich einen wertvollen Begleiter auf diesem anforderungs- und risikoreichen schmalen Pfad. Denn als ausübende Musiker sind sie mit der geistig-künstlerischen wie mit der musikbetrieblichen Seite vertraut; und ihre Intuition und Kreativität ist mit analytischem Scharfblick gepaart. Eine reiche Erfahrung als Berufsmusiker sowie in Kinesiologie liegt ihren Ausführungen zugrunde.

Ich wünsche diesem Buch, daß es von vielen angehenden und praktizierenden Musikern und Pädagogen gelesen wird. Es möge ihnen helfen, Schwierigkeiten wie ungesunden Streß, Lampenfieber, Ausdrucksblockaden und anderes zu überwinden, dabei verborgene Potentiale ihres Talents freizulegen und schließlich ihre eigenen Vorstellungen von der Kunst voll und mit Freude zu entfalten.

Möge es auch damit einen Beitrag leisten, die Musik wieder intensiver erlebbar zu machen und einer weiteren allgemeinen Nivellierung unserer Kultur entgegenzuwirken.

Dr. Doris Rümmele
(verantwortliche Redakteurin der SWF-Teleakademie, ein Studium generale im Fernsehen)

Geleitwort

Mit diesem Buch liegt erstmalig eine ganzheitliche und praxisorientierte Sichtweise der Bedürfnisse und Probleme der Künstlerpsyche vor. Es wird hier der Berufsmusiker ebenso angesprochen wie der Amateur, denn jeder, der auf der Bühne als Musiker, Schauspieler oder Tänzer wirkt, kennt die Phänomene des Lampenfiebers. Die beiden Autoren R. Sonnenschmidt und H. Knauss sind selbst Berufsmusiker und sehen die Situation des Konzertlebens mit Recht kritisch, aber es bleibt nicht bei der Darstellung von Schwierigkeiten und Problemen, sondern es werden sehr differenzierte und vielfältige Wege gezeigt, um mit Streß vor, während und nach dem Auftritt umzugehen.

Die von den beiden Musikern entwickelte Musik-Kinesiologie basiert auf den neuesten neurologischen Erkenntnissen über Gehirntätigkeit und Streß und auf einfühlsamen Zusammenhängen zwischen Klang, Farbe, Emotion und Ausdruck. Sowohl die Themen als auch die kreativen Arten der Entstressung sind optimal für die Musikpraxis und einleuchtend für jeden Musiker; es gibt keinen ideologischen Überbau. Erfreulich ist auch, daß die kinesiologischen „Balancen“ immer am musikalischen Thema bleiben und sich nicht in allgemeinen psychologischen Hinterfragungen verlieren. Die Hauptpunkte künstlerischen Schaffens wie das Beherrschen des Instruments, der Umgang mit Tonarten, Intonation und Geläufigkeit und der schöpferische Energiehaushalt werden ebenso ausführlich behandelt wie das Verhältnis des Künstlers zu Publikum und Kritikern.

Wer das Buch „Musik-Kinesiologie“ zum Anlaß nimmt, über die Streßfaktoren seines künstlerischen Berufes nachzudenken, und Interesse hat, sie abzulösen, wird sicher neue Potentiale bei sich entdecken, die der Kunst zugute kommen. Man gewinnt aber auch neue Perspektiven für den Musik-Lehrberuf und kann als Pädagoge viel dazu beitragen, daß die Nachwuchsmusiker noch besser auf ihr Bühnen- und Konzertleben vorbereitet werden.

In diesem Sinne wünschen wir, daß die jahrelange Arbeit der beiden Musiker und Autoren als ein Beitrag zur Förderung von künstlerischem Talent und die Musik-Kinesiologie als praktikabler Weg der Künstler-Entstressung Eingang in die Hochschulen findet.

Prof. Dr. Franz Müller-Heuser
(Präsident des Deutschen Musikrates und
Rektor der Hochschule für Musik Köln)

Einführung

Die Idee zu diesem Buch erwuchs aus zwei wichtigen Impulsen: Erstens aus den Beobachtungen der Streßprobleme, denen Musiker ausgesetzt sind, und zweitens aus den positiven und ganzheitlichen Methoden der Kinesiologie, das heißt, der Streßablösung auf der Basis des Muskeltests.

Wie viele andere Musiker, so lasen auch wir voller Begeisterung das Buch „Lebensenergie in der Musik"[1] von John Diamond und fanden uns als Künstler bestätigt und verstanden. John Diamond stellte als erster Kinesiologe den Bezug zur Musik her und erkannte, daß Musik eine eindeutige Wirkung auf unsere Lebensenergie hat, daß sie unser Denken und unsere Emotionen beeinflußt. Musik als eine Form der Energieübertragung ist aus der Alternativmedizin bereits bekannt.

Durch Tests fand Diamond heraus, daß die Musik eines gestreßten Musikers nicht aufbauend auf die Körperenergie der Zuhörer wirkt, sondern abbauend. Musik, ohne Freude und Überzeugung dargeboten, ist und wirkt energieschwach. Weiter erkannte Diamond, daß ein Grundproblem der heutigen Zeit, die einseitige Förderung der linken Gehirnhälfte, das Ausüben von Musik negativ beeinflußt. Die Funktionen der linken Hirnhemisphäre werden auf Kosten der rechten Hemisphäre einseitig gestärkt. Nun sind aber beim westlichen Menschen alle kreativen Fähigkeiten, die wir für die Schaffung und Ausübung von Musik brauchen, im rechten Gehirn angelegt.

Viele Testreihen bestätigten, daß Werte wie Leistung, Arbeit, individueller Erfolg, Technik oder Zeitmaß – sie werden der linken Hirnhemisphäre zugeordnet – absolut bestimmend für das Musizieren geworden sind, während Spielfreude, Wagemut und Freiheit – sie sind Ausdruck der rechten Hirnhemisphäre – auf der

Strecke bleiben. Auch das Problem des Gebens und Nehmens zwischen Künstler und Zuhörer betrachtete Diamond unter dem energetischen Aspekt. Seine Ansätze schufen neue Möglichkeiten für den Zugang zur Musik und versuchten, den Musiker wieder zu einem ganzheitlichen Menschen werden zu lassen.

Lange bevor wir die Kinesiologie kennenlernten, sannen wir auf neue Wege, mit typischen Streßfaktoren umzugehen, und gaben unsere eigenen, erprobten Methoden an andere Musiker weiter. Diese Methoden, von denen das „Alpha-Training" sicher am bekanntesten ist, beruhten auf der Kenntnis und Erforschung der Musikerausbildung in Nordindien, die - bis heute beispielhaft - den Menschen ganzheitlich auf die Bühnenarbeit vorbereitet und alles in den Schatten stellt, was westliche Musikausbildungsstätten zu bieten haben. Die Kinesiologie überzeugte uns als neue Möglichkeit, die Probleme des Künstlers noch viel umfassender zu begreifen und Handreichungen zu deren Lösung zu bieten.

Für uns persönlich waren John Diamonds Ideen der feinstofflichen Musikenergie, seine Beobachtungen und Methoden der Entstressung eine ausreichende Anregung, uns intensiv mit der Kinesiologie zu beschäftigen. Um so erstaunlicher war für uns, daß viele Berufskollegen die Bücher von Diamond zwar gelesen hatten, sich jedoch weder angesprochen fühlten noch ein praktisches Fazit für ihren Berufsalltag daraus zogen.

Wir fanden die Ideen von John Diamond ungemein anregend, erkannten aber auch ihre Grenzen, und dies besonders dort, wo der Wissenschaftler versucht, wertend in die geistige Kreativität von Musik einzugreifen. John Diamond betont unserer Ansicht nach zu sehr das Austesten von Musik, das den Anspruch erhebt, Qualität sei meßbar - eine Einstellung, die bei Berufsmusikern auf Ablehnung stieß. So testete er zum Beispiel mit vielen Personen Schallplattenaufnahmen, um zwischen energiestarken und energieschwachen Aufnahmen zu unterscheiden. Er erstellte Listen mit Musikbewertungen, die wir und viele andere nicht nachvollziehen können. Musik ist, wie jede Kunst, nicht meß- und wägbar, denn sonst müßten wir die Priorität des Urteils eines Musikwissenschaftlers oder eines Kritikers anerkennen. Qualität ist ein so komplexer energetischer Ausdruck, daß sie sich weder mit Zahlen noch mit Muskeltests messen läßt.

Die ablehnende Reaktion auf John Diamonds Bücher bei vielen Berufsmusikern hatte allerdings noch einen weiteren Grund, der nicht unmittelbar mit der Thematik „Lebensenergie in der Musik" zu tun hatte, sondern mit der Tatsache, daß der Autor zwar Psychologe und Psychotherapeut, nicht aber Musiker ist. Erfahrungsgemäß machen Künstler einen Riesenbogen um alles, was auch nur entfernt an Therapie erinnert. Da wir jedoch an den Ausbildungsstätten für Musik und Kunst alles mögliche, nur keine psychologische Betreuung und Vorbereitung auf die Bühnenenergetik kennenlernen, werden Probleme des Künstlerdaseins häufig verdrängt oder, wenn sie sich in deutlichen Störungen des körperlichen und seelischen Befindens ausdrücken, in die Kategorie „Krankheit" verbannt. Kein Künstler aber möchte als krank gelten, wenn er Probleme hat! Das ist, auf einen einfachen Nenner gebracht, die Situation der meisten Musiker, ob sie nun zur Mittelklasse gehören oder „Mega-Stars" sind. Sie stehen buchstäblich allein mit ihren Nöten, vertrauen sich ungern jemandem an und flüchten sich in ausgeklügelte Verdrängungstaktiken.

Genau hier setzte unsere Idee an, das Werk des Arztes und Psychotherapeuten John Diamond fortzusetzen und auszubauen, indem wir als Berufsmusiker, das heißt als Insider, hauptsächlich musikpraktische Themen in den Vordergrund stellten und neue kinesiologische „Balancen" entwickelten, die den Bedürfnissen des modernen Berufsmusikers entsprechen. Diamond prüfte bereits das Verhältnis des Musikers zu seinem Instrument und zum Publikum. Nun kamen in der von uns entwickelten Musik-Kinesiologie alle wichtigen Aspekte der Musikpraxis hinzu, zum Beispiel Tonarten, Tonlagen (instrumentenspezifisch), Musikwerk, Raum oder Kritik. Die Bewertung von Interpretationen dagegen ließen wir bewußt außer acht. Wir wissen aus eigener Erfahrung, wie Musikkonserven entstehen und unter welchen Bedingungen ein Musiker sein Bestes ohne Publikum darzubieten hat, und so hielten wir es für müßig, Tonträger auf ihre Energetik hin zu testen. Entscheidend ist das Live-Konzert, denn nur dort entsteht der echte Dialog mit dem Zuhörer, mit dem Raum und mit der Musik, die durch den Musiker hindurchfließt. Musikkonserven sind nichts anderes als mehr oder weniger ideale Werkdokumentationen.

Die Idee, sich kinesiologisch eng an musikpraktische Themen zu halten, die jedem Bühnenmenschen vertraut sind, erwies sich sofort als tragfähig. Wir machten sie in Musikerkreisen, an Jugendmusikschulen und Musikhochschulen bekannt, veranstalteten zwischen 1990 und 1993 zahlreiche Wochenendkurse, teils in Schloß Aschhausen, teils in Musikschulen Baden-Württembergs, und führten regelmäßig Einzelbalancen durch. Die positive Resonanz sprach sich im Schneeballsystem herum, und nun baten uns immer häufiger Musiklehrer, ihre Wettbewerbsaspiranten zwischen zwölf und neunzehn Jahren musikkinesiologisch zu betreuen. Erfreulicherweise nahmen an diesen Sitzungen auch die Lehrer teil, so daß sie mehr Einblick in unsere Idee der Musik-Kinesiologie bekamen.

Wir können nicht leugnen, daß uns die Arbeit mit künstlerisch begabten Jugendlichen zu Beginn sehr deprimierte und uns die Misere der deutschen Musikszene erbarmungslos vor Augen führte, so daß wir nahe daran waren, die kinesiologische Arbeit aufzugeben und nur noch an unsere eigene Musik zu denken. Diese jungen Talente werden in dem engen Konkurrenzkampf zu einem Egoismus erzogen, bei dem für geistige Lebensenergie, für die Erschließung des inneren Wesens von Musik kein Platz ist. Bezeichnenderweise hörten und hören wir immer wieder zwei typische Äußerungen von jungen Musikern: „Bitte mach, daß die Nervosität aufhört und ich besser und schneller spielen kann als andere“ und „Mein Problem ist: Ich bin so wahnsinnig gut, das ist stressig.“ Das Anspruchsdenken der Nachwuchsmusiker, perfekt, unfehlbar und in jedem Falle besser als andere zu sein, geht weit über den bei Künstlern üblichen Perfektionismus hinaus, weil jegliche Idee fehlt, die Musik könne etwas mit dem Leben zu tun haben. Auch die Bereitschaft, etwas an dem „stressigen“ Übealltag, an dem Wettbewerbsdenken zu ändern, stieß sehr häufig auf Ablehnung. Es war mühsam, die kindliche und jugendliche Spielfreude und Kreativität wieder zu aktivieren. Wir befragten musizierende Kinder und Jugendliche, weshalb sie eigentlich auf der Bühne stünden. Es spricht sicher für sich, daß nur eine einzige zwölfjährige Schülerin in den drei Jahren unserer Arbeit sagte: „Ich bringe den Leuten was Schönes, vielleicht kommen sie wegen meiner Musik.“

Was uns Respekt bei den Jugendlichen verschaffte, war einzig die Tatsache, daß wir erfolgreiche Berufsmusiker sind und die Probleme dieses Berufsstandes kennen und zu bewältigen gelernt haben. Alles andere war sekundär. Das war für uns, die wir enthusiastisch kinesiologisch arbeiteten, zunächst desillusionierend. Wie im Sport galt einzig, schneller, besser als andere und siegreich zu sein. Auf den Gesichtern der jungen Musiktalente stand nur eines groß geschrieben: „Wehe, deine Methode hilft mir nicht!“ Wenngleich wir diese Haltung alles andere als erfreulich fanden, so nahmen wir sie dennoch als positive Herausforderung an, unsere Methoden einer harten Prüfung zu unterziehen. Dabei war uns eines von Anbeginn klar: Sei es nun ein Musiker vor einem großen Auftritt, ein Musikstudent vor dem Konzertexamen oder einem Wettbewerb, ein begabtes Kind vor seinem Debüt – nichts kann wiederholt werden, es gibt nur diese eine Chance von enormer Tragweite. Also erwarteten wir von der Entstressung – von der Balance –, daß sie greift, daß sie einfach ist und für den Klienten einsichtig. Dies hielten wir uns immer vor Augen, damit ein Höchstmaß an Vertrauen bei den Musikern wachsen konnte.

Das ausschließlich positive Feedback, das wir von jungen Musikern bekamen – sei es, daß sie ihren Wettbewerb gewannen, ihr Konzert glanzvoll bestritten oder einfach wieder Spaß an der Musik gewannen –, hob unsere anfängliche Frustration auf und ermunterte uns, die Musik-Kinesiologie weiter auszubauen.

Die Arbeit mit erwachsenen Musikern, mit Kollegen und Musiklehrern war von Anbeginn sehr anregend, weil diese Menschen bereits einige Male durch körperliche, emotionale und seelische „Mühlen“ gegangen waren und unsere musikkinesiologischen Ideen mit Erleichterung und Interesse aufnahmen. Im Jahre 1993 erhielten wir schließlich von der Opernsängerin Eva Krasznai-Gombos in Basel das Angebot, ihre hervorragende Gesangsklasse regelmäßig zu betreuen. In den etwa 100 Einzelbalancen mit Opernsängerinnen und -sängern aus Europa, den USA und Südamerika erwies es sich wiederum von unschätzbarem Vorteil, daß wir Berufsmusiker sind und dadurch eine Vertrauensbasis schufen, und daß die eng an der Musikpraxis orientierten Balancen nachweisbaren Erfolg zeigten. Die Arbeit mit Erwachsenen lehrte uns, daß sich ungeahnte Dimensionen auftun, wenn der Künstler wirklich etwas kann und gerne auftritt. Hier konnten wir mit sehr differenzierten Balancen zum Thema „Ausdrucksvertiefung“ und „Energiesteigerung vom Künstler zum Publikum“ viel Positives bewirken, das, sozusagen als Nebenprodukt, auch uns künstlerisch beflügelte.

Ganz abgesehen von diesen Erfolgen gibt es heutzutage jedoch ein großes Problem, das von den Medien zwar nie erwähnt wird, das aber alle gleichermaßen betrifft, auch jene positiv denkenden Musiker, die ihre Kunst und das Publikum lieben und die ihren Beruf gerne ausüben: die Folgen der Arbeitslosigkeit. Wir hören zwar von Entlassungen in Fabriken, nichts aber über die Nöte in den künstlerischen Berufen. Ist dies so normal, daß es sich nicht lohnt, darüber ein Wort zu verlieren? Wir treffen immer wieder Musiker mit dem verständlichen Kummer: „Als Künstler habe ich keine Probleme, aber niemand will mich hören! Ich habe kaum eine Gelegenheit zu spielen.“

Leider ist das keine Ausnahme, und es fällt schwer, einem Vollblutmusiker anstelle von Engagements mögliche Alternativen anzubieten, die ihn vielleicht interessieren könnten. In einigen Vorträgen an Volkshochschulen in Bayern und Baden-Württemberg sowie in Gesprächen mit Musikern und Musiklehrern wiesen wir darauf hin, daß sich für den Musiker mit der Musik-Kinesiologie ein weites Betätigungsfeld auftut, das eng mit der Praxis verbunden ist und neue Zukunftsperspektiven bietet. Angesichts der wachsenden Arbeitslosigkeit, die vor allem dadurch entsteht, daß fast der gesamte Mittelstand der Veranstalter wegfällt und sich der Musikmarkt dafür immer deutlicher auf große Namen spezialisiert und diesen horrende Honorare zahlt, wurde unsere Anregung, den Kopf nicht hängen zu lassen und sich mit der Energie der Bühnenarbeit zu befassen, positiv aufgenommen.

Für Nichtmusiker sei zur Verdeutlichung hinzugefügt, daß jährlich Tausende von erstklassigen Musikern die Musikhochschulen verlassen, ohne daß sie die geringste Chance hätten, von der Musik leben zu können. Schon um die wenigen vorhandenen Studienplätze bewerben sich Hunderte von sehr guten Musikern, zu Vorspielen für eine freie Stelle im Orchester kommen 300 bis 400 Bewerber! Ohne Übertreibung können wir sagen, daß es angesichts des Berufsnotstandes fast unglaublich ist, überhaupt noch freudig musizierende Kollegen anzutreffen. Wer in die Musikszene eintaucht, erkennt, daß die Miseren des Künstlertums in den Medien totgeschwiegen werden. Als Folge davon wächst der gnadenlose Konkurrenzkampf beim Musikernachwuchs und die Frustration bei den freischaffenden Berufsmusikern. Wir kennen, wie eingangs gesagt, die Musikszene aus eigener Erfahrung und sind dank der musikkinesiologischen Arbeit in der Lage, unseren Kollegen neue Impulse für ihre Zukunft zu geben. Damit ändern wir zwar nicht das Musik-Geschäft, aber wir bieten neue Möglichkeiten, die Lebenseinstellung zu ändern, wodurch die eigene Kreativität wieder an Bedeutung gewinnt.

Mit unserem Buch sprechen wir in erster Linie die Musiker selbst an und zeigen ihnen Möglichkeiten, was sie durch kinesiologische Übungen verändern und optimieren und wie sie mit dem Berufsstreß besser umgehen können. Da jeder Künstler ein Glied in der Tradition unserer Kultur ist, wird er sein Wissen auch weitergeben wollen. Die Musik-Kinesiologie eröffnet ihm Möglichkeiten, Schüler und Studenten ganzheitlich in die Bühnenarbeit einzuführen. Das bedeutet für Lehrer wie Schüler, zu begreifen, daß Streß, Frustration, Enttäuschung und schöpferische Pausen ebenso zum Musikertum gehören wie Erfolg, Perfektion und Spannkraft. Mit Hilfe der Musik-Kinesiologie können wir zwar weder Genies erschaffen noch allen Schmerz in Luft auflösen, aber wir lernen viele Handreichungen, mit den Schatten- und Sonnenseiten unseres wunderbaren Berufes als Musiker umzugehen und wieder zu *ganzen Menschen* zu werden, was letztlich wichtiger ist als eine steile Karriere von einigen Jahren, die den Menschen hinter dem „Star“ verkümmern läßt. Schließlich bietet das Buch mit seinen zahlreichen Balance-Beispielen einen ausführlichen Einblick in die kreative Arbeit der Musik-Kinesiologie und macht damit deutlich, daß diese sich nicht auf eine bestimmte Zielgruppe beschränkt, sondern gleichermaßen junge wie ältere Musiker anspricht, pensionierte wie aktive, Amateure wie Profis oder Stars.

Im Verlauf unserer Arbeit trafen wir mit Kinesiologen zusammen, die bei der Betreuung von Künstlern auf ein besonderes Problem stießen: die ungemein verwinkelte Verdrängungstaktik der meisten Künstler. Diese beruht schlicht auf ihrer großen Kreativität und hat zur Folge, daß eine Balance sich schnell in Gemeinplätze flüchten kann. Auch wenn jede Entstressung ihr Gutes hat, so bleiben musikbezogene Probleme dennoch offen. Hierzu ein typisches Beispiel: Ein Klient kommt mit dem Anliegen, sein Lampenfieber loswerden zu wollen. Nichts aber ist so diffus wie das Lampenfieber mit seinen schier unendlichen Ausdrucksformen. Der klassische Kinesiologe wird nun sein Wissen einsetzen und austesten, was zu diesem Zeitpunkt in Disharmonie ist. Auch wenn er sich von seinem Klienten genau beschreiben läßt, was diesen bedrängt und wie sich das Lampenfieber äußert, so wird ihn schließlich seine Intuition leiten, aus der Vielzahl der möglichen Streßfelder, die damit zu tun haben könnten, dasjenige herauszugreifen und zu testen, das wahrscheinlich die Ursache für sein Lampenfieber ist. Ein häufiger Umgang mit Künstlern bringt gewiß Erfahrungswerte, die dem Kinesiologen schneller Anhaltspunkte geben; dennoch bestätigten uns viele, daß ihre Arbeit der Suche nach einer Stecknadel im Heuhaufen gleichkäme, weil sich die Problematik des Klienten in der Regel kaum verringere.

Dieser Umstand regte uns zu einem besonderen Kurs an, zu dem wir im November 1992 zwanzig Musiker aus Deutschland und der Schweiz einluden, die jeweils eine völlig unterschiedliche und diffuse Symptomatik des Lampenfiebers aufwiesen und bereits etliche kinesiologische Balancen hinter sich hatten. Wir stellten uns die Aufgabe, den kürzesten Weg zum Ursprung des Stresses zu finden, der die jeweils beschriebenen Symptome des Lampenfiebers bewirkte. Bei dieser Arbeit unterteilten wir den Lampenfieberstreß in drei Zeitabschnitte:

- Vor dem Auftritt
- Während des Auftritts
- Nach dem Auftritt

Außerdem reduzierten wir die Testfaktoren auf:

- Einzelton
- Musikwerk
- Tonarten
- Intonation
- Höhe - Tiefe (Tonlagen)
- Ins Publikum schauen
- Applaus empfangen

Diese Testfaktoren waren bewußt an der Musikpraxis und den wesentlichen Tätigkeiten eines Musikers orientiert, während wir den psychischen Aspekt des Lampenfiebers absichtlich in den

Hintergrund treten ließen. Dies machte klarer, daß Musik sehr viel mit Handwerk zu tun hat: Beim Üben ist der Musiker mit seinem Instrument allein, er spielt oder singt Noten in bestimmten Tonarten, bewältigt Grifftechniken, intoniert und interpretiert. Er denkt nicht an geistige, emotionale oder feinenergetische Prozesse des Musizierens, sondern an die hautnahe, praktische Bewältigung der Werke. Da hier am ehesten der Keim zu Streß entsteht, richteten wir das Augenmerk in unserem Probekurs über diffuse Lampenfiebersymptome genau auf diese Faktoren und trafen damit buchstäblich ins Schwarze, indem wir den ursprünglichen Streßfaktor bei jedem Musiker auf denkbar kürzestem Wege fanden. Erst in zweiter Linie gingen wir auf den Gesichtspunkt des energetischen Austauschs mit dem Publikum im Konzert und damit auf den psychischen Aspekt des Lampenfiebers ein.

Um auch nichtmusikalischen Kinesiologen die Zusammenarbeit mit Künstlern zu erleichtern, haben wir einfache und überschaubare Balancen entwickelt, die die Kernpunkte musikalischer Probleme direkt angehen. Damit richtet sich unser Buch an alle, die auf der Bühne wirken, an Amateurmusiker ebenso wie an Berufsmusiker, an Komponisten, Musiklehrer und an jene Kinesiologen, die Künstler in ihrer Praxis betreuen.

Kapitel 1

Grundlagen der Kinesiologie für Musiker

Zu Beginn stellen wir einige Grundlagen der Kinesiologie vor, da die wenigsten Musiker die Arbeitsmethoden dieses „energetischen Dialogs“ kennen. In diese Erklärung lassen wir einige Beispiele aus unserem Berufsalltag einfließen, die veranschaulichen, wie dieses Wissen praktisch anzuwenden ist.

Der Begriff „Kinesiologie“ basiert auf dem griechischen Wort „κίνησις“ = Bewegung (Kinetik = Lehre von der Bewegung durch Kräfte, wobei vor allem die Muskelbewegung gemeint ist). In dem Begriff „Kinesiologie“ vereinen sich körperliche, emotionale und biochemische Prozesse, die ein ganzheitlicher Ausdruck für Bewegung, das heißt Lebensenergie sind. Vereinfacht könnte man sagen: Die Kinesiologie ist die Lehre von der Lebensenergie.

Der Muskeltest

Die ganzheitliche Methode der Kinesiologie wurde vor etwa 35 Jahren durch den amerikanischen Arzt und Psychiater John Diamond bekannt. Er hatte sich zunächst auf das Gebiet der Präventivmedizin spezialisiert und beschäftigte sich mit Körperenergien und Lebensenergie. Dabei erkannte er, daß jede Krankheit mit einer Erschöpfung der Vitalität, der Lebensenergie, beginnt. Unter Vitalität ist hier jedoch nicht „Aktivität“ zu verstehen, sondern jene Spannkraft, die sich auch in der Ruhe ausdrücken kann.

Jede Krankheit hat also ihren Ausgangspunkt in einem Problem auf der Energieebene. Eine Methode, dieser Energie auf die Spur zu kommen, war das Muskeltestverfahren, das von dem Dozenten Dr. George Goodheart entwickelt wurde. Goodheart hatte herausgefunden, daß jeder große Muskel mit einem Körperorgan in Verbindung steht und daß die Schwäche eines Muskels gewöhnlich ein Energieproblem in dem zugeordneten Organ anzeigt. Indem er den Muskel mit verschiedenen Methoden behandelte und stärkte, gelang es ihm, auch das Funktionieren des Organs zu verbessern.

Zum „Handwerk" der Kinesiologie gehört an erster Stelle der erwähnte Muskeltest. Auf der Körperebene können wir über 50 Muskeln testen. Besonders für die emotionalen Blockaden hat sich der Deltamuskel-Test im Stehen als sehr aufschlußreich erwiesen. Der Tester drückt dabei leicht in Höhe des Handgelenks auf den nach vorne ausgestreckten Arm der Testperson und aktiviert dadurch dessen Delta-Muskel, so daß die Muskelspindel oben am Arm „einrastet" (siehe auch Anhang Seite 299). Wir testen nicht die Muskelkraft, sondern die Muskelenergie, die schon bei geringstem Druck auf den Arm eine Kontraktion des Muskels bewirkt. Der sanfte Umgang mit dem Testmuskel, auch „Indikator" genannt, ist Sinnbild für einen sanften Umgang mit sich selbst und für die Bereitschaft, seinen Streß auf sanfte Weise abzulösen.

Die Meridiane

Die Wissenschaft von der Lebensenergie kommt aus der östlichen Philosophie und ist schon sehr alt. In China wird die Lebensenergie mit *Chi* bezeichnet, im indischen Yoga-System mit *Prana*. In China enstand auch die Lehre, daß die Lebenskraft als elektromagnetische Energie in einem System von Kanälen, den Meridianen, durch den Körper fließt. Entsprechend dem Yin-Yang-Prinzip gibt es aufwärts- und abwärtsfließende Meridiane. Jeder dieser Meridiane steht mit einem bestimmten Körperorgan in Verbindung.

Dr. Goodheart fand heraus, daß Unausgeglichenheit der Energie sich in einem schwachen Muskel äußert. Er bezeichnete die Muskeln als Energiepumpen, die den Energiestrom durch die

Meridiane lenken. Bei seinen Untersuchungen stellte er fest, daß es ein Organ gibt, das diesen Energiestrom überwacht:

Die Thymusdrüse

Diese endokrine Drüse ist zuständig für unser Immunsystem und sehr anfällig für jegliche Art von Streß. Mit der Erkenntnis, daß negative Emotionen diese Drüse schwächen, war die *Behaviorale Kinesiologie* geboren - Seele und Körper kamen zusammen. Heute ist es fast schon selbstverständlich, den Zusammenhang zwischen physischen Leiden und ursächlicher psychischer Disposition anzuerkennen. Folgendes Schema zeigt, welche Faktoren den Thymus beeinflussen:

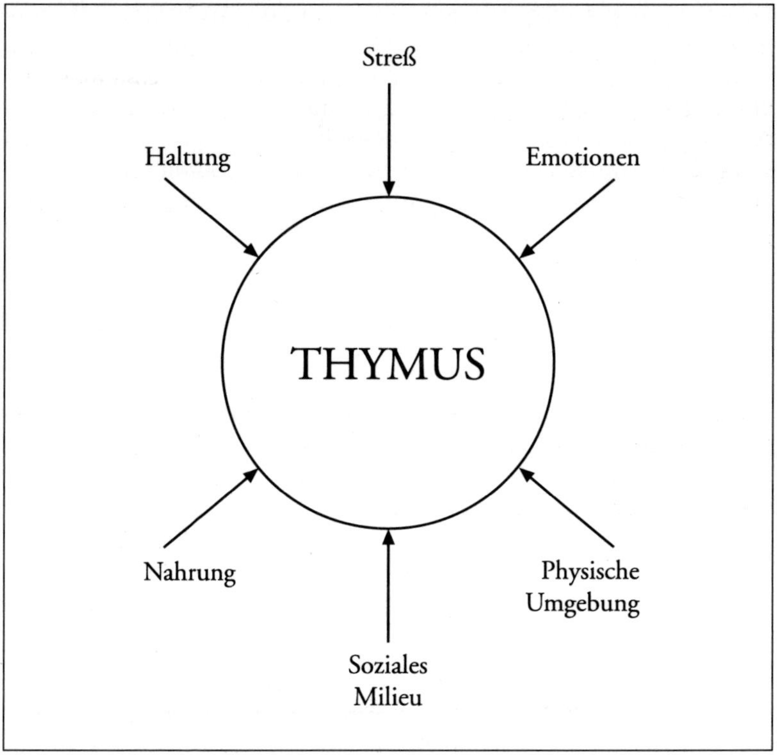

Dis-Streß und Eu-Streß

Mit „Streß" bezeichnet man in der Medizin einen Zustand, bei dem der Körper durch einen Reiz von außen in einen Alarmzustand versetzt wird. Die Ursachen für einen solchen Alarmzustand sind vielfältig und reichen von körperlicher Schädigung bis hin zu emotionalen Blockaden. Streß drückt sich aus in Form von Schmerz, Allergie und Angst, zu der auch das Lampenfieber gehört. Wenn es auch sehr viele Ursachen für Streß gibt, so sind doch die Auswirkungen auf Körper und Seele sehr ähnlich: Nur der (Bruch-)Teil des Körpers funktioniert, der ein Überleben in der Alarmsituation garantiert. Dieser *Dis-Streß* bewirkt eine Energieblockade, die große Mengen von Energie absorbiert, was wiederum zu einer verminderten Ausstrahlung von Energie führt. Darüber hinaus gibt es auch eine gesunde Art von Streß, eine lebendige, kreative Spannung, die *Eu-Streß* genannt wird. Diese Spannung ist nötig für die Arbeit der Organe und des Bewegungsapparates. So gesehen bedeutet jede Handlung oder Situation, die besondere körperliche oder seelische Anforderungen an uns stellt, Streß, doch wirkt er als Eu-Streß anregend, erzeugt Spannkraft und gesunde Neugierde und ist vorwärts orientiert, das heißt offen für das Neue und Zukünftige.

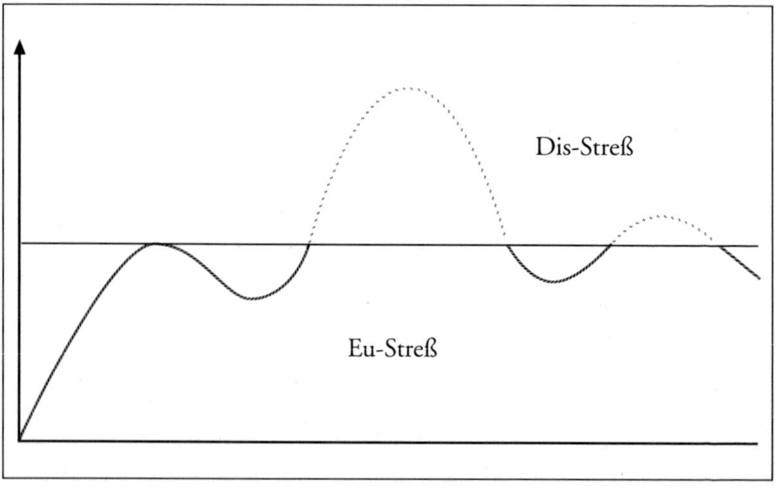

Bis zu einem gewissen Grad ist eine solche Spannung gut und gesund. Unter besonderen Umständen, wenn es zum Beispiel um das Überleben geht, kann sogar eine ungeheure Menge zusätzlicher Energie freigesetzt werden. Wir nennen die Körperreaktion auf eine solche Überlebenssituation *Kampf-Flucht-Reaktion*. Dieser „Modus“ steht uns noch aus den frühen Tagen des Menschen zur Verfügung, als er wesentlich näher mit Tier und Natur zusammenlebte und zum Überleben die Kraft zu kämpfen oder zu fliehen mobilisieren mußte. Die dabei ausgeschütteten Hormone Adrenalin und Noradrenalin beschleunigen die Herzfrequenz, das Blut wird von den Kapillaren in die Muskeln gepumpt, und die Gerinnungsfähigkeit des Blutes erhöht sich vorsorglich für eventuelle Verletzungen. Das so erhöhte Energieniveau wird durch die für „Kampf“ oder „Flucht“ notwendige erhöhte Muskelarbeit wieder abgebaut und ausgeglichen. Kurzfristig war und ist es möglich, ohne Schaden in den Bereich des Dis-Stresses zu kommen.

Während im Fall einer lebensbedrohenden Situation ein solches Umschalten auf den Überlebensmodus „Kampf-Flucht“ angemessen ist, ist es dagegen auf der Bühne unangebracht, denn weder kämpfen wir körperlich mit dem Zuhörer, noch fliehen wir vor ihm. Dafür geschieht etwas anderes: Es tritt eine Art Betäubung und Lähmung auf, ein Gefühl von bleierner Schwere - Lampenfieber. Hier geht es um ein emotionales „Überleben“, und dennoch läuft bei Lampenfieber der gleiche biochemische Prozeß ab, wie er für das körperliche Überleben in Extremsituationen notwendig ist. Der große Unterschied besteht nur darin, daß wir auf der Bühne die unter Streß bereitgestellten Hormone nicht mehr in angemessener Weise abbauen können wie durch die erhöhte Muskeltätigkeit, die wir für Kampf oder Flucht in freier Natur benötigen. Hat aber der Adrenalinspiegel eine bestimmte Höhe erreicht, beginnt man sich dumpf und dämmerig zu fühlen, bis hin zur Ohnmacht. Selbst wenn dieser extreme Zustand nicht eintritt, wird der Körper mit dem Abbau der Hormone und den schädlichen Stoffwechselprodukten sehr belastet.

Neben dem Wissen um die Wirkung von Dis-Streß und Eu-Streß sind die heutigen Erkenntnisse der Gehirnforschung, die wir im folgenden vorstellen, für die Kinesiologie von großer Bedeutung. Sie befassen sich mit den verschiedenen Gehirnfunktionen und veranschaulichen den Einfluß, den die im Gehirn gespeicherten emotionalen Bilder auf uns ausüben. Damit sind es vier Bereiche, die die Basis der Kinesiologie bilden:

- Die Meridiane mit den entsprechenden Organen und Muskeln
- Die Thymusdrüse
- Die Verbindung von Emotion und organischem Energiekreislauf
- Die Gehirnfunktionen

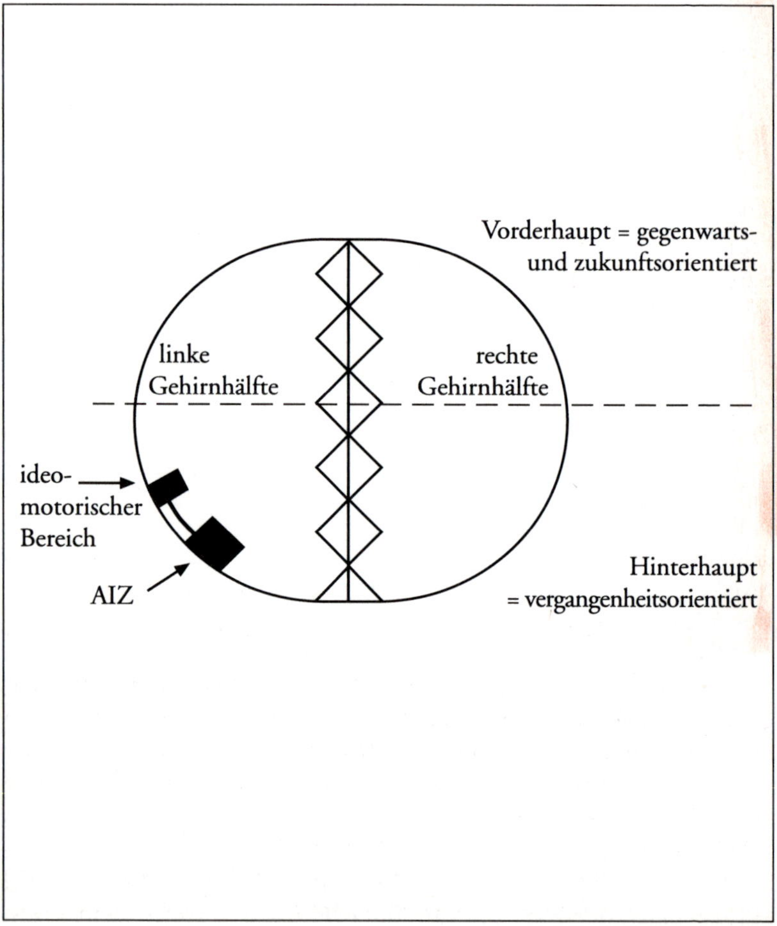

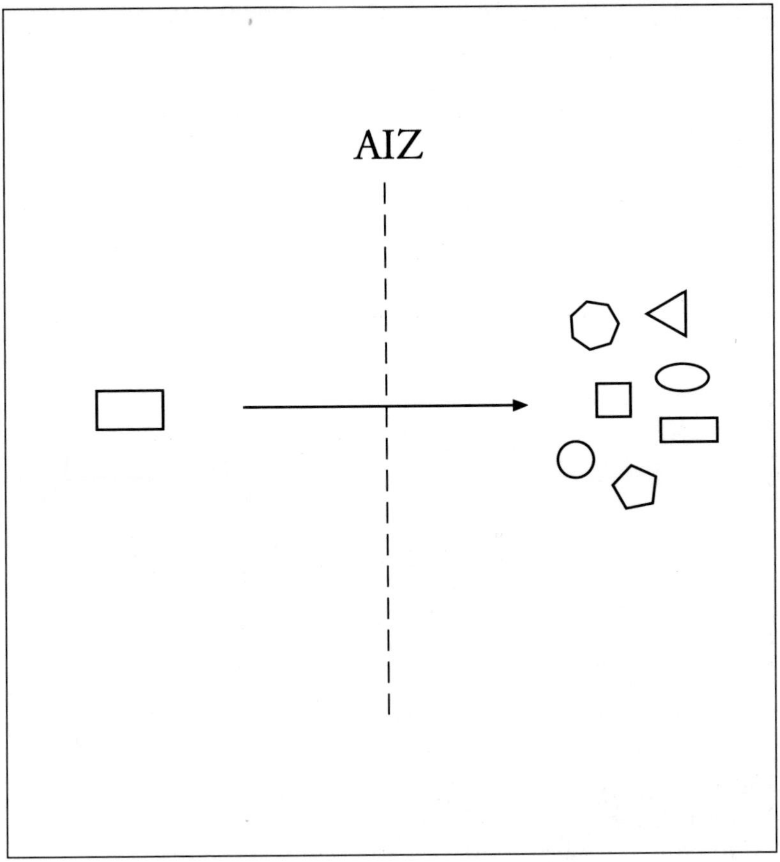

Linke Gehirnqualitäten und die AIZ (Allgemeine Integrationszone)

Um die Bedeutung von Streß wirklich verstehen zu können, sind einige grundsätzliche Kenntnisse über die Gehirnfunktionen notwendig. Das Gehirn besteht aus zwei Hälften, der linken und der rechten Hälfte, die jeweils mit der gegenüberliegenden Körperseite in Verbindung stehen. Darüber hinaus teilt sich das Gehirn in einen vorderen und einen hinteren Teil (siehe Abb. Seite 28).

Die Allgemeine Integrationszone (AIZ) auf der linken Gehirnseite ist im Hinblick auf das Thema „Streß" von größter Bedeutung.

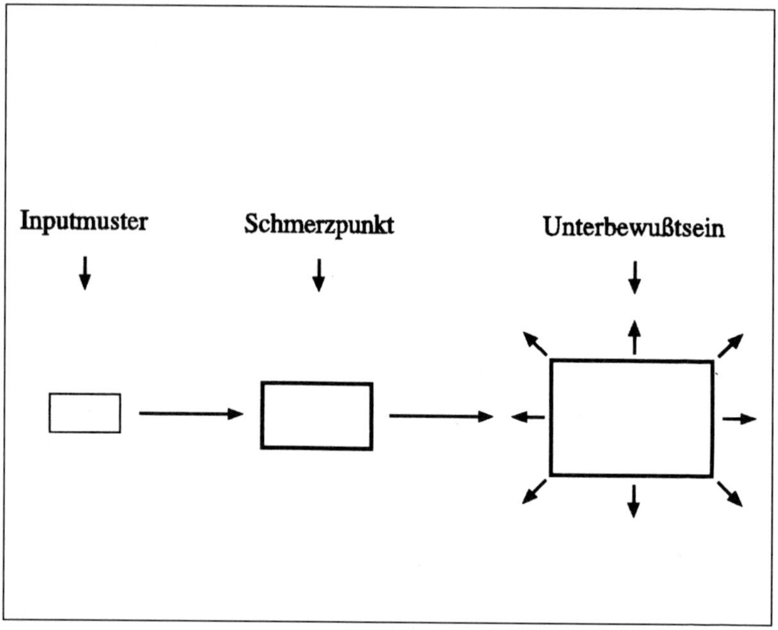

Die Aufgabe dieser Zone ist es, gespeicherte Erfahrungen und Empfindungen mit aktuellen zu verbinden und daraus einen Schluß zu ziehen. Aus früheren Überlebensmustern wählt sie das jeweils beste Reaktionsmuster aus. Unter Streßeinwirkung werden nun alle Gehirnteile abgeschaltet, die nicht unmittelbar mit dem Überleben zu tun haben, das heißt, die AIZ übernimmt die absolute Kontrolle. Diese Zone ist eng mit dem ideomotorischen Bereich verbunden, in dem Ideen oder Emotionen direkt in Muskelfunktionen auf beiden Körperseiten umgesetzt werden. Die AIZ ist auch der Sitz unseres Werte- und begrenzten Glaubenssystems und unseres Selbstvertrauens. Man könnte auch sagen: Sie ist der Sitz unserer Persönlichkeit. Alle vergangenen Erfahrungen, die uns emotional oder körperlich geholfen haben zu überleben, sind hier gespeichert und werden auf jeden neu ankommenden Reiz angewendet. Als Kinder haben wir gelernt, so wahrzunehmen wie die uns umgebenden Erwachsenen. Um emotional zu überleben, paßten wir uns dem Wertesystem unserer Umgebung an. Wir übernahmen konventionelle Strukturen und ichfremde Wertesysteme, nur um Unsicherheit und Schmerz zu vermeiden. Auf diese Weise erschufen wir uns unseren ganz persönlichen Überlebensmodus.

Die AIZ wirkt selektiv und sondert alle von außen kommenden Signale aus, die Schmerz, Unwohlsein, Angst und Instabilität im Ist-Zustand verursachen könnten. Jeder Input wird auf die eigene Realitätswahrnehmung zugeschnitten, und so geschieht es, daß wir in bestimmten Situationen immer gleich reagieren – ähnlich einem Hamster, der auf immer gleiche Weise in seinem Rad läuft. Jeder Input, der nur entfernte Ähnlichkeit mit einem früheren Schmerzpunkt hat, löst das gleiche Reaktionsmuster aus. Wir verstehen dann gar nicht, daß wir „schon wieder Pech gehabt haben" oder „schon wieder versagt haben" usw. Die Abbildung auf Seite 29 kann dies verdeutlichen: Der Sinnesinput braucht nur eine entfernte Ähnlichkeit mit einem in der AIZ vorhandenen Verhaltensmuster zu haben, um Streß auszulösen.

Indem der Input auf einen Schmerzpunkt trifft, wird er ins Unbewußte abgedrängt, wodurch sich die Energetik des alten Schmerzpunktes erhöht und vergrößert (siehe Abbildung Seite 30). Die Abwehr, die bewirken soll, den Inhalt des Schmerzpunktes nur ja nicht ins Bewußtsein gelangen zu lassen, ist dabei der eigentliche Streß.

Die AIZ handelt nach einem starren Wertesystem, ist analytisch und parteiisch. Jede Veränderung, die eine psychische Destabilisierung herbeiführen könnte, wird unmöglich gemacht. Bestrebungen nach Selbstverbesserung werden unterminiert, und Selbstsabotage-Programme sind an der Tagesordnung. Der Status quo bedeutet eine mühsam erhaltene schmerzfreie Zone!

In der Kinesiologie erreichen wir den Ursprung von emotionalen Schmerzpunkten durch ein Testverfahren, das wir *Altersrückführung* nennen. Wir beginnen mit einem Thema in der Gegenwart und gehen dann Jahr für Jahr im Alter der Testperson rückwärts. Immer wenn das Thema einen Schmerzpunkt berührt, testet der Muskel schwach. Auf diese Weise erreichen wir schließlich das Alter, in dem der Streß entstand. Wir führen die Balance in diesem Entstehungsalter durch und prüfen anschließend in jeder Altersstufe, in der der Muskel vorher abschaltete, ob er jetzt standhält, bis wir wieder in der Gegenwart angekommen sind. Der

Klient durchläuft somit vom Ursprung an alle Stationen, in denen sein Streß jeweils genährt wurde.

Die linke Gehirnhälfte, in der die AIZ angelegt ist, denkt analytisch, linear und kritisch. Der westliche Zivilisationsmensch gebraucht hauptsächlich diese Seite, während er die Qualitäten des rechten Gehirns nur zu fünf Prozent nutzt, etwa wenn es um die Lösung von Problemen oder Blockaden geht. Das sollte uns zu denken geben, zumal von dieser Einseitigkeit auch die Künste betroffen sind. Alle neuen, kreativen Möglichkeiten und Entwicklungen aber liegen im Vorderhirn, vor allem auf der rechten Seite. Das ganzheitliche Denken und Erfassen von Situationen, das Denken ohne Raum- und Zeitbegrenzung und ohne Wertung sind Qualitäten der rechten Hirnhemisphäre. Bewußt trauen wir der rechten Seite nicht, obgleich wir sie unbewußt für viele Situationen einsetzen, in denen die linke Seite kläglich versagen würde, zum Beispiel, wenn wir im dichten Verkehr mit dem Auto fahren. Das analytische Denken allein wäre nicht fähig, die vielen Informationen des Verkehrs zu verwerten, noch könnte es schnell genug die jeweils angemessene Reaktion bieten. Wir sagen dann, wir seien instinktiv oder intuitiv gefahren, und das geht recht gut. Aber wehe, es werden emotionale Punkte berührt, sei es, daß wir einen dringenden Termin haben und im Stau stehen oder vor uns eine „lahme Ente“ fährt – dann geraten wir schnell in Streß und laufen Gefahr, daß uns ein Mißgeschick ereilt. Im Nu sind wir aus dem entspannten, intuitiven Zustand herauskatapultiert.

Solange wir noch nicht sprechen gelernt haben, gibt es keine dominante Gehirnhälfte, beide „Partner“ sind gleichberechtigt in ihrer Funktion, weshalb Kleinkinder auch so spontan und ganzheitlich handeln. Mit der Sprache beginnt die Dominanz der linken Hirnhemisphäre, denn Sprache bedeutet Definition, Vergleich, Wertung und damit Beschränkung. Unsere ursprünglich multidimensionale Wahrnehmung wird beschränkt auf Ausschnitte. Mit Beginn der Sprache erschaffen wir uns unser eigenes Wertesystem, indem wir sagen: „Das bin ich, dies bin ich nicht“ oder „Das gehört mir, jenes gehört mir nicht“. Wir treten damit in die Welt des unterscheidenden Bewußtseins ein, in die Welt von Subjekt und Objekt. Dieser Schritt gehört zum Menschsein und ist nicht negativ zu werten, wie dies leider im Mißverständnis östlicher spiritueller Schulungswege oft geschieht. Wir kommen auf diese Welt als Säugling mit einem unbewußten Einssein, und erleben dann die Phase der Unterscheidung, die nur deshalb so lange dauert und so schmerzvoll ist, weil wir an dem äußeren Erscheinungsbild der Welt haften bleiben. Wie auch immer die spirituellen Wege der verschiedenen Völker der Erde genannt werden – alle zielen darauf ab, die Welt des Dualismus zu überwinden und das *bewußte Einssein* zu erfahren und zu leben. Aus kinesiologischer Sicht heißt dies, eine Harmonie zwischen linkem und rechtem, zwischen vorderem und hinterem Gehirn zu erlangen. Man könnte es auch mehr philosophisch ausdrücken: Wir werden aller Gaben und Potentiale inne, die wir haben, anstatt die Hälfte und mehr verkümmern zu lassen. Denn genau dies geschieht, wenn wir mit immer denselben Verhaltensmustern reagieren und riesige Streßfelder entstehen. Unter Streß schalten wir 95 Prozent unseres Gehirns ab – woher soll dann eine hundertprozentige Leistung kommen?!

Die Lösung des Problems kann nicht in einer Pille liegen, zum Beispiel in Betablockern, auch nicht in einer „Wunderübung", die mit einem Schlag allen Streß beseitigt. Streßprobleme haben mit uns selbst zu tun, mit unserem Leben und unserer emotionalen Entwicklung, die durch die Reibung zwischen Verhaltensmustern aus der Vergangenheit und der Gegenwart entsteht. Nur eine Aufarbeitung alter Verhaltensmuster kann emotionale Blockaden lösen, und dafür brauchen wir dringend unsere rechte Gehirnhälfte, denn es reicht bei weitem nicht, das Problem zu erörtern, zu analysieren und verbal zu durchleuchten – das linke Gehirn stößt dabei immer wieder an dieselben Grenzen. Außerdem können die wenigsten ihr ursächliches Problem benennen. Vor allem bei der Beschäftigung mit dem Lampenfieber haben wir erfahren, daß etwa die Ursachen für Versagensängste im Unterbewußten schlummern, und daß erst in der kreativen kinesiologischen Arbeit unter Einbeziehung des rechten und des Vorderhirns neue Wahlmöglichkeiten dort erschaffen werden, wo bislang alte Muster unser Verhalten bestimmt haben.

Um den „Mechanismus" zu begreifen, nach dem mit der kinesiologischen Methode Streß abgebaut wird, ist es wichtig, noch ein weiteres kleines Wunderwerk unseres Gehirns zu betrachten.

Vorderhirn und ZBAD (Zone für bewußtes assoziatives Denken)

Im Vorderhirn liegt die Zone für bewußtes assoziatives Denken, kurz ZBAD genannt, das Gegenstück zur AIZ (assoziative Integrationszone). Die ZBAD schafft neue Möglichkeiten und Alternativen, sie besteht aus Gegenwartsbewußtsein und Kurzzeitgedächtnis. Stimuliert man diese Zone künstlich, so zeigt sich eine meßbare Reaktion in Form von Licht. Bezeichnenderweise heißt es in der Umgangssprache: „Mir geht ein Licht auf!"

Die ZBAD hat weitreichende Funktionen: Sie kann alle anderen Körper- und Gehirnfunktionen hemmen, wird nicht von Emotionen beeinflußt und kennt weder Zeit noch Beschränkung noch Beurteilung. Diese Zone gebrauchen wir leider viel zu wenig, außer in der Kombination mit dem Sprachaktivierungszentrum, und so nimmt es nicht wunder, daß viele Menschen schon viel zu früh die Fähigkeit des Kurzzeitgedächtnisses verkümmern lassen und sich mehr dem Langzeitgedächtnis und damit der Vergangenheit zuwenden.

Bei emotionalem Streß schaltet die ZBAD ab, und der Überlebensmodus regiert. Gerade aber in Streßsituationen ist eine ruhige, von Emotionen unbelastete Bestandsaufnahme wichtig, um neue Möglichkeiten entdecken zu können. Um die ZBAD zu aktivieren, bedarf es der Entscheidung, die Herrschaft des AIZ zu umgehen. Die Tatsache, daß die ZBAD mit Licht arbeitet, dürfte vor allem für diejenigen, die meditieren, interessant sein, denn die Vorstellung von Licht spielt bei vielen Meditationsarten und -übungen eine wichtige Rolle.

ESR (Emotional Stress Release)

Bei Versuchen unter Einbeziehung des Akupunktursystems hat man herausgefunden, daß die ZBAD sowohl durch Licht stimuliert werden kann als auch durch eine Technik, die man in der Kinesiologie ESR (Emotional Stress Release = emotionale Streßablösung) nennt und die – neben dem Muskeltest – das wichtigste kinesiologische Hilfsmittel darstellt.

Die ESR-Technik erscheint so einfach, daß man meinen könnte, die Wirkung sei Einbildung. In Wirklichkeit steht dahinter ein durch viele Experimente und Beobachtungen erworbenes Wissen um die Beschaffenheit des Gehirns. Ein wesentlicher Faktor ist hierbei die Speicherung von Symbolen und Bildern im Gehirn, bei denen zwischen inneren und äußeren Bildern nicht unterschieden wird. Wenn zum Beispiel jemand von einem Löwen träumt, der ihn verfolgt, unterscheidet das Gehirn bei dem Bild des jagenden Löwen nicht zwischen Realität (der Schlafende liegt im Bett) und Traum (der Schlafende sieht sich davonrennen). Der Schlafende wacht auf, sein Herz rast, er ist schweißgebadet und hat ebensoviel Angst, als wenn er tatsächlich gerade vor dem Löwen davongerannt wäre. In der Kinesiologie haben wir uns die Fähigkeit des Gehirns, ohne Unterscheidung der Realitätsebene auf Bilder zu reagieren, positiv zunutze gemacht, indem wir Bilder abrufen und verändern helfen.

In den Jahren zwischen 1930 und 1970 erkannten zuerst der Chiropraktiker Terrence Bennett, später Dr. George Goodheart und Dr. John Thie, daß bestimmte Reflexpunkte am Kopf, heute als *neurovaskuläre Punkte* bekannt, bei Berührung dem Gehirn mit Hilfe des Nervensystems den Auftrag geben, Veränderungen im vaskulären System (Durchblutungssystem) durchzuführen. Da ein Bild im Gehirn körperliche und emotionale Reaktionen auslöst, ist an den vaskulären Punkten am Kopf, je nach emotionalem Gehalt des Bildes, ein leicht erhöhter bis heftiger Puls mit erhöhter Hauttemperatur und Schweißausbruch zu spüren.

Die ESR-Technik funktioniert folgendermaßen: Man berührt die neurovaskulären Punkte der Stirnbeinhöcker und der Hinterhauptschuppen eines sich in einer Streßsituation befindlichen Menschen mit den Fingern (siehe Abbildung Seite 36). Durch diese Berührung werden alte Bilder in Erinnerung und damit nach vorne in die ZBAD gebracht und dort im Rahmen einer Balance mit neuen Inhalten versehen. Diese neuen Bilder oder Muster werden im AIZ „abgelegt“. Kommt nun der Klient wieder in die gleiche Streßsituation, so erscheint natürlich zunächst das alte Muster, jetzt aber in seiner Energie abgeschwächt, weil es zum Ausgangspunkt einer Verwandlung wurde. Zugleich erscheint auch das neue Muster – vielleicht erschafft sich der Klient sogar mehrere neue Muster, die neue Wahlmöglichleiten bedeuten.

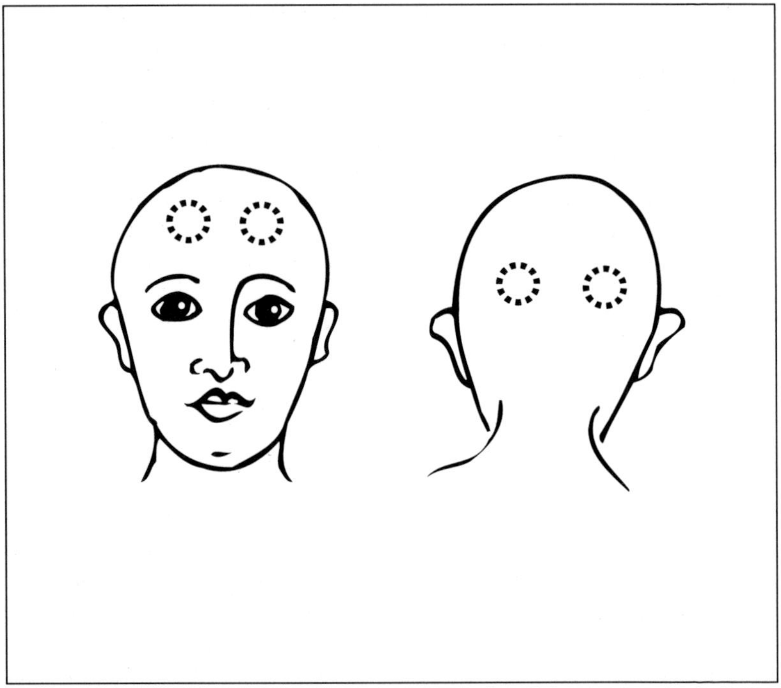

Man erinnere sich: Streß vermittelt den Eindruck, keine andere Wahl zu haben als das alte, oft erprobte Muster. Nach der Entstressung aber hat der Klient, bildlich gesprochen, zwei oder mehrere Muster zur Auswahl. Und nun kommt, unserer Meinung nach, der wichtigste Punkt: Wenn der Mensch die Wahl hat, wählt er immer das Bessere. Diese Tatsache wurde intuitiv von allen erleuchteten Menschen in allen Kulturen und Religionen erkannt und als „das Gute im Menschen" bezeichnet. Für dieses Geheimnis menschlichen Bewußtseins gibt es keine verbale Erklärung; wir wissen zwar, daß es funktioniert, nicht aber wie und warum. Doch ist diese Erkenntnis bei der Entstressung und Blockadenauflösung eine ungeheure Hilfe – sie gibt Vertrauen in die eigene Arbeit und in den Menschen, der die Streßablösung vollzieht.

Für denjenigen, der die Stirnbeinhöcker und den Hinterkopf mit den Händen berührt, gibt es Anzeichen, die ihm sowohl Streß als auch die Streßablösung signalisieren. Ist ein Streßthema aktiviert, wird der Kopf heiß und oftmals feucht, die Schädelteile beginnen zu schwingen und zu beben. Die Reaktionen können so heftig sein, daß man manchmal sogar den Eindruck bekommt, im Kopf des Klienten entlade sich ein Gewitter. Ist der Streß abgelöst, das alte Verhaltensmuster durch ein neues positives Erlebnis ersetzt, signalisieren Kühle und Stille im und am Kopf diesen neuen Zustand. Der Kinesiologe verläßt sich also nicht allein auf den Dialog mit dem Klienten, sondern sensibilisiert im Lauf der Zeit zunehmend seine Hände, seinen Tastsinn. In der Körperberührung kommt den Händen die Aufgabe der Intuition und damit Heilung zu, auch wenn wir niemals Heilung versprechen.

Balance

Den gesamten Prozeß der Aktivierung eines Streßfeldes im Gehirn bis zur Erschaffung neuer Wahlmöglichkeiten nennt man Balance. Wir behandeln niemanden, sondern wir balancieren ihn. Wenn wir uns den Klienten als Seiltänzer vorstellen, dann reicht ihm der Kinesiologe lediglich verschiedene Balancierstangen hin – gehen muß der Klient selbst. In der Balance unter Zuhilfenahme von ESR, dem Halten von Stirn und Hinterhaupt, lernt der Klient, daß nur er die Autorität über sich selbst hat, daß er allein die Verantwortung für sein Leben trägt. Der Kinesiologe assistiert ihm, er setzt Impulse, aber dann vollzieht der Klient die eigentliche Entstressung, indem er sich seine Lösungen selbst erschafft.

Die kinesiologische Methode der Streßablösung ist sehr einfach, weshalb viele Menschen auch skeptisch fragen, ob sie denn wirklich helfe, ob der langgenährte Streß wirklich abgelöst sei und ob der streßfreie Umgang mit der Situation auch anhalten werde. Sie meinen, komplizierte Probleme müßten auch auf komplizierte Weise gelöst werden. Sagen nicht alle Meister seit Jahrtausenden, daß die Kraft in der Einfachheit liege?! Das Komplizierte ist das Resultat der Linkshirn-Dominanz, das Einfache ist das Resultat ganzheitlicher Sicht, und dazu brauchen wir den Einsatz des gesamten Hirns, des ganzen Bewußtseins.

Corpus callosum

Eine wichtige Funktion zur Harmonisierung beider Gehirnhälften erfüllt das Corpus callosum. Dies sind überkreuzte Nervenstränge auf der Mittellinie des Gehirns (Balken), die die Kommunikation beider Hemisphären ermöglichen (siehe Abbildung Seite 28). Mehr noch:

> *„Im Gehirn des Gesunden tauschen die beiden Hemisphären mit Hilfe des Corpus callosum und anderer Nervenverbindungen zwischen den Hemisphären fortwährend Informationen aus... Die vom Corpus callosum vermittelte Information scheint schon bearbeitete Information einer höheren Ebene zu sein.“*[2]

Das Corpus callosum ist somit ein wichtiger Mittler zwischen rechter und linker Gehirnhälfte, wobei die Neuronenbahnen ständig über Kreuz verlaufen, wenn dieser Fluß nicht durch Streß, Blockade, Verletzung oder Operation unterbrochen wird.

Alle Balancen zielen auf die Wiederherstellung des Überkreuzflusses, das heißt auf eine *Gehirnintegration*. In der Musik-Kinesiologie arbeiten wir mit Abbildern der beiden Hirnhemisphären, verbunden durch das Corpus callosum, indem zum Beispiel Musiker zu ihrer Musik eine Linie im Rechts-links-Wechsel mit den Füßen überkreuzen (siehe Seite 292). Ein anderes wichtiges Symbol für die drei Qualitäten des Gehirns ist die Liegende Acht, die wir ebenfalls für die Gehirnintegration einsetzen (siehe auch Seite 290).

Der Energie-Funktionskreis

Entsprechend der Abbildung auf Seite 39 müssen drei Ebenen des Menschen gut zusammenarbeiten, damit unser Energiehaushalt stimmt.

Sind alle drei Ebenen im Fluß, haben wir einen geschlossenen Energiekreis, was sich wiederum in einem starken, energetischen Muskeltest äußert. Ist auf einer der Ebenen Disharmonie, so beeinflußt dies die anderen beiden, es entsteht Streß für den Körper, der sich ständig bemüht, die Balance wiederherzustellen. Dadurch vermindert sich die Muskelenergie, und der Muskel, der in

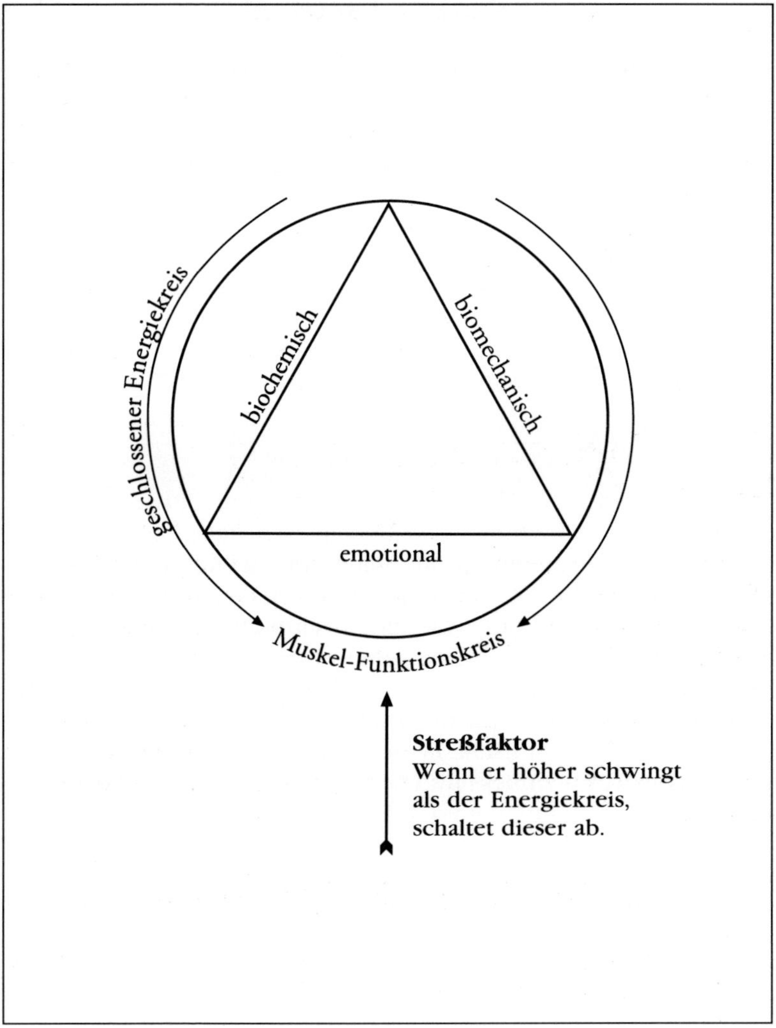

der Kinesiologie ganz allgemein ein Indikator für das Aufspüren von Streßfeldern im Gehirn ist, schaltet im Test ab. Inwieweit unser Körper ganz unbewußt auf äußere Bilder reagiert, beweist der bekannte Test mit dem lächelnden und dem unfreundlichen Gesicht:

Jeder amüsiert sich über die klare Reaktion, daß der Muskel angesichts des lächelnden Gesichts angeschaltet bleibt und allein die abwärts gebogenen Mundwinkel den Muskel abschalten lassen. Doch dahinter verbirgt sich durchaus kein Scherz. Unser Gehirn reagiert auf Bilder, die einen symbolischen Schlüssel enthalten, mit einem Energieverlust im Körper, das heißt, die Meridiane drosseln ihre Energiezufuhr. Angesichts dessen ist schon manchem Musiker oder Schauspieler klar geworden, daß er durchaus individuell die symbolische Botschaft des Publikums von abwärts gebogenen Mundwinkeln und dem entsprechenden Gesichtsausdruck aufnimmt und darauf mit Energieverlust reagiert. Selbst erfahrene Musiker waren verblüfft, daß ein unfreundliches Gesicht sie schwach testen ließ. Viele Künstler lernen in ihrer Lampenfiebernot, das Publikum zu ignorieren, die sichtbaren Gesichter der ersten Reihen zu verdrängen. Doch das Fatale ist: Wir reagieren auch auf das, was wir nicht sehen wollen! Kinder und Jugendliche sagen noch ganz plakativ: „Wenn da einer mit hängenden Mundwinkeln sitzt, will der meine Musik nicht hören" oder „Der mag mich nicht" oder „Der ist ungern im Konzert". Erwachsene und routinierte Musiker wissen zwar intellektuell, daß Menschen mit pessimistischem Gesichtsausdruck durchaus Musikliebhaber sein können, dennoch reagieren sie darauf mit einem schwachen Muskel. Das faktische Wissen reicht also nicht aus, um den Streß abzulösen.

Sinn der kinesiologischen Balance

Worin der Sinn der kinesiologischen Balance liegt, ist vielleicht schon durch die Vorstellung der kinesiologischen Arbeitsgrundlagen klargeworden, doch möchten wir an dieser Stelle noch einmal deutlich machen: Die kinesiologische Balance ist ein energetischer Dialog zwischen Tester und Klient, bei dem an erster Stelle steht, daß der Klient sein Problem durch den Einsatz seiner zukunftsorientierten (Vorderhirn) und kreativen (rechte Gehirnhälfte) Fähigkeiten selbst löst. Der Kinesiologe gibt Impulse, aber keine Vorgaben zur Problemlösung. Er unterstützt den Heilungsprozeß, aber er heilt nicht. Das Gewahrwerden der eigenen Heilkräfte, das Erschaffen der eigenen Lösung läßt den Klienten seine eigene Autorität erkennen. Dadurch wächst die Achtung vor den eigenen Fähigkeiten und die Akzeptanz einer ganzheitlichen Sicht des Menschen, wie sie die Kinesiologie lehrt.

Die folgende Abbildung, die die Qualitäten von linker und rechter Gehirnhälfte noch einmal zusammengefaßt verdeutlicht, sei eine Art Wegweiser, wann immer im Laufe dieses Buches großes Erstaunen oder Zweifel auftauchen über unsere Fähigkeiten, ein ganzer Mensch zu sein und ganzheitlich die Schönheit des Lebens und der Musik zu erleben:

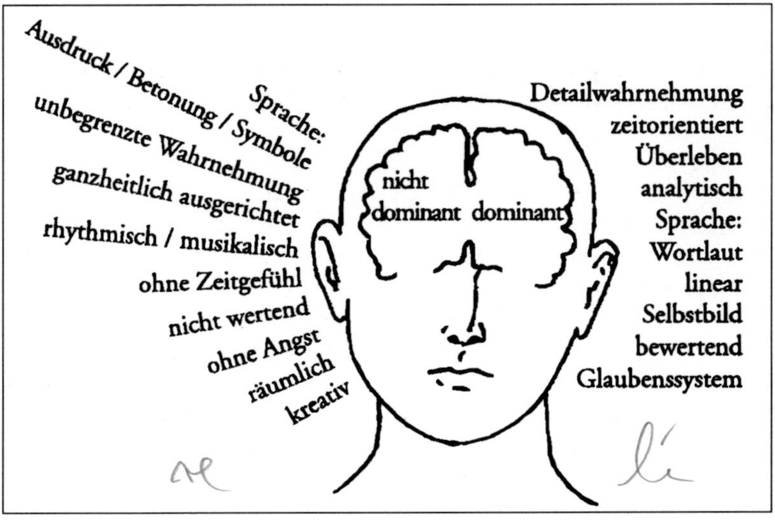

Kapitel 2
Kreativität und Leistung

Das handwerkliche Niveau des modernen Musikers ist außerordentlich hoch, denn alle Ausbildungsstätten legen großen Wert auf Perfektion und auf eine gut funktionierende Technik. Sie ist das wichtigste Rüstzeug, um Musik überhaupt darzubieten. Die Vorstellung mancher Kinesiologen und Klangtherapeuten, es mache für die Energetik eines Musikwerks nichts aus, wenn es in der Interpretation an Intonation, Zusammenspiel und Geläufigkeit mangele, die Hauptsache sei das fröhliche Musizieren, können wir nicht ohne weiteres akzeptieren. Das wäre so, als wenn ein Arzt es mit seiner Spritze zwar gut meint, aber so spritzt, daß beim Patienten ein Bluterguß entsteht, oder wenn ein Pädagoge ein hervorragendes Thema zu vermitteln hat, aber sich beim Sprechen dauernd verhaspelt.

Der Zweck heiligt die Mittel keineswegs, und Perfektion in der Kunst ist ein wichtiges Ziel. Der Komponist erwartet vom Interpreten, daß er das perfekt spielt, was er aufgeschrieben hat. Stehen dort schnelle Läufe, dann sollten alle Noten hörbar werden und keine „Schleuderkurven" entstehen. Uns scheint eher der *Streß auf Perfektion* das Problem zu sein und es hieße, das Kind mit dem Bade auszuschütten, wenn man sich mit dilettantischer Musikausführung zufrieden gibt, nur damit die Interpreten Spaß beim Musizieren haben. Entscheidend bei jeder Darbietung ist, in welchem Rahmen ein Musiker auftritt. Wir erwähnen dies, weil wir inzwischen einigen Musik- und Klangtherapeuten begegnet sind, die sich negativ über den Perfektionsanspruch von Berufsmusikern geäußert haben, ohne zu bedenken, daß eine Therapie auch den Ansprüchen eines Berufsmusikers standhalten muß. Uns geht eine schlechte Intonation auf CDs oder in Konzerten nach wie vor auf die Nerven. Auch eine Musikkonserve ist Öffentlichkeitsarbeit, und von einem Musiker erwarten wir, daß er sein Handwerk beherrscht, wenn er seine Musik der öffentlichen Kritik stellt beziehungsweise sein Geld damit verdient.

Die meisten Musiker werden mit der durchaus richtigen Vorstellung auf die Bühne entlassen, technische Perfektion sei das wichtigste Rüstzeug für die Konzerttätigkeit. Man gibt sich nur leider der vagen Hoffnung hin, daß der musikalische Ausdruck von alleine wächst, sozusagen als Nebenprodukt der Perfektion. Doch jeder Musiker merkt spätestens auf der Bühne, daß er dort nicht als „technisches Zirkuspferd" auftritt, sondern daß zwischen ihm und dem Publikum energetisch etwas geschieht. Je „verkopfter" ein Musiker ist, umso vager ist die Ahnung dieser Zusammenhänge, doch jeder Musiker hat den großen Wunsch, ausdrucksstark zu sein, um seine technische Brillanz zu beseelen. Ausdrucksstärke basiert auf neuen, schöpferischen Ideen, auf Visionen.

Keine noch so interessante kinesiologische Balance zum Thema „Ausdruck" ersetzt technisches Können – es ist die handwerkliche Basis, über die wir deshalb kein Wort verlieren müssen. Künstlerisches Schaffen ist aber weitaus mehr und schließt feinstoffliche, höhere Energieebenen ein, die auf dem Podium eine viel größere Tragweite haben als eine gute Körpermechanik bei der Instrumentenbedienung.

Wir sagen allen Musikern, mit denen wir kinesiologisch zusammenarbeiten, daß sie kraft ihres Qualitätsbewußtseins selbst entscheiden müssen, ob der technische Standard ihrer Musikausübung für die Bühne reif genug ist oder ob noch gezieltes, sinnvolles Üben notwendig ist. In diesem Punkt sind wir unnachgiebig: *Die Bühne ist kein Probenplatz.*

Für die handwerkliche, technische Leistungsfähigkeit des Musikers ist zwar an Musikhochschulen und in Meisterkursen gesorgt, aber es gibt dort keinen Raum für wichtige Fragen zum inneren Wesen der Musik, zur Energetik zwischen Musiker und Zuschauer oder zur Inspiration. All dies wird unter einem Berg von formalen Prioritäten erstickt. In einem fortgeschrittenen Stadium der Musikausübung rückt zudem die Frage der Verkäuflichkeit von Kunst und damit die eigene materielle Existenz als Berufsmusiker weiter ins Bewußtsein.

Ein weiteres Resultat unserer Musikausbildung ist, daß wir glauben, ein Wesensteil unserer Persönlichkeit sei der Musiker, während ein anderer sozusagen der private Mensch sei. Nach dem Motto: „Was haben denn meine persönlichen Probleme mit meiner Musik zu tun?" beginnen viele die Bühnenarbeit. Musiker mit Lampenfieber sagen: „Nimm mir die Aufregung, aber rühre nicht an meine persönlichen Probleme." So sind denn die meisten Bühnenmusiker in dieser Weise gespalten.

Die Verknüpfung von Musik und Leben muß daher neu stattfinden und erfahrbar werden, auch die Trennung zwischen Denken und Körpergefühl muß aufgehoben werden. Wieviele Musiker können sich nicht koordiniert zu ihrer Musik bewegen, wieviele verweigern überhaupt den Versuch dazu?!

Unser Ziel ist, das Energiedreieck *Musiker – Musik – Zuhörer* in Balance zu bringen, dem Musiker zu helfen, Blockaden aufzulösen, und in ihm wieder das Bewußtsein wachzurufen, ein *ganzer Mensch* zu sein. Der erste Schritt dazu ist das Wecken der Kreativität. Nun mag einer sagen, ein Künstler sei doch ganz selbstverständlich kreativ. Dem ist durchaus nicht so! Wir haben erstaunlich viele unkreative, phantasielose Musiker kennengelernt. Sie haben keine eigenen Interpretationsideen, sondern spielen lediglich Noten und machen keine lebendige Musik. Ihr Spiel wirkt fade und nichtssagend. Unter ihnen sind viele, die nicht wissen, warum sie überhaupt auf die Bühne gehen. Sie haben als Persönlichkeit keine Strahlkraft und sind auch physisch oft und schnell energielos. Dabei können sie durchaus „perfekte" Leistungen darbieten; was ihnen fehlt, sind Wärme und Vitalität.

Schauen wir einmal genauer an, was unter „Kreativität" zu verstehen ist. Der Begriff Kreativität birgt in sich eine große Anzahl von Interpretationsmöglichkeiten und damit auch viele Mißverständnisse. In vielen Kursen und Büchern wird Kreativität als Fähigkeit zur Problemlösung definiert. Vor allem im Bereich des modernen Managements geht es dabei um neue Ideen und deren Realisierbarkeit. Verbunden damit sind ein Ausgangsproblem und ein Ziel, das es zu erreichen gilt. Kreativität wird hier als Methode verstanden, den Weg aufzufinden, der beide Punkte verbindet. Das Geniale in der Kreativität wird darin gesehen, gerade diejenigen Aspekte kunstvoll zu verknüpfen, die gar keinen Bezug zueinander haben, ja, die ihrem Wesen nach völlig unvereinbar scheinen. Und so gibt es amerikanische Wissenschaftler wie Robert W. Weisberg[3], die behaupten, daß Kreativität a priori nie Neues erschaffen könne, sondern lediglich Altes auf eine Art und Weise neu verknüpfe, die bisher als unmöglich galt. Dies sind Wissenschaftler, die ganz der Dominanz und Vergangenheitsorientierung ihres linken Gehirns verfallen sind. Auch die „neue" Kunst, so sagen sie, sei lediglich eine neuartige Verknüpfung von alten Denkmustern. Es gibt also gar nichts Neues, die Vergangenheit bestimmt Gegenwart und Zukunft. So wundert es nicht, daß aus dieser Art des Denkens nur düstere, negative Zukunftsprognosen erwachsen können. Kreativität soll heutzutage spielerisch sein, selbstbewußt, originell, ausdauernd, leistungs- und erfolgsorientiert. Man bemüht sich, die Fähigkeiten unserer rechten Gehirnhälfte auszubilden und zu nutzen, aber unter den Vorgaben und dem Diktat der linken, deren Kategorien Leistung, Ziele, Erfolg und meßbare Zeit sind. Wir dagegen sehen Kreativität mehr in ihrer ursprünglichen Bedeutung als Fähigkeit der schöpferischen, künstlerischen Gestaltung. Damit unterscheidet sie sich von jener „kreativen" Ideenproduktion, wie sie heute vor allem im Bereich von Management, Wirtschaft und Politik gelehrt wird.

Den Ausgangspunkt des künstlerischen Schaffens bildet also nicht ein Problem, das es zu lösen gilt, sondern eine Vision, ein mehr oder weniger klares, innerlich geschautes „Urbild". Durch die künstlerische Ausarbeitung dieses Urbildes fließt dessen Energie in das Werk ein und gleichzeitig verliert das visionäre Bild dabei an Kraft. Nach Vollendung tritt uns dieses Urbild als Eigengestalt entgegen. Das Urbild an sich ist immer undeutlich, da es noch alle Möglichkeiten des Ausdrucks in sich birgt, die sich herausgestalten können.

Im Gegensatz zur Konstruktion, die zweckorientiert ist und auf Erfahrung und Kombination beruht, tritt der Künstler in einen Dialog mit seinem Werk. Nicht das Endprodukt in seiner gedanklichen Konkretheit bildet Ausgangspunkt und Ziel, sondern der Künstler orientiert sich ganz an dem sich entwickelnden Eigenleben des Werkes. Was dann als fertiges Ergebnis vorliegt, kann wesentlich anders sein als das Anfangsbild. Es ist ein innerer Prozeß, der den Künstler zu einem ganz anderen Ufer bringen kann als ursprünglich vorgesehen. In diesem Prozeß gibt es kein klar umrissenes Ziel, wie es unser „linkshirniges" Denken heute fordert. Dieses Problem zeigt sich auch in der sogenannten modernen Kunst, die sehr stark an Analyse, Erklärung und skurrile Wirkung gebunden ist. Sich wieder der Freiheit der Entwicklung und des Lebensflusses und damit der eigenen Kreativität, der schöpferischen Kraft anzuvertrauen fordert jedoch eine andere Lebenseinstellung.

Die Phasen der Kreativität

Die schöpferische Arbeit eines Musikers durchläuft viele Phasen. In jeder Phase können Blockaden und Streß den kreativen Fluß von Idee und Ausführung empfindlich hemmen. Wir haben deshalb kreative Prozesse in wichtige Stationen eingeteilt, um möglichst leicht an eine Blockade heranzukommen. Außerdem sind die Stationen gewissermaßen Lebensstationen, die jeder Mensch kennt; Kreativität ist nicht von der Kunst gepachtet! Sie bedeutet Lebensfluß, und so kann sich auch jemand mit diesem Thema befassen, der nicht künstlerisch tätig ist. Für den Künstler allerdings ist die Erkenntnis kreativer Phasen, ihrer Bedeutung und ihrer Hemmung lebenswichtig.

Erste Phase: Ruhe und Leere

Künstlerische Ideen lassen sich weder planen noch erzwingen. Um für Inspirationen und Visionen zugänglich zu sein, bedarf es der Ruhe und inneren Empfänglichkeit. Ist der Kopf voll mit Alltagsgedanken, werden wir kaum empfänglich sein für innere Ideen. Ruhe und Leere, früher mit dem schönen Wort „Muße" bezeichnet, sind hierfür ebenso nötig wie Geduld. Nur in einer meditativen und kontemplativen Ruhe gedeihen Inspirationen und Visionen.

Zweite Phase: Fülle der Möglichkeiten

Der Ausgangspunkt des künstlerischen Schaffens ist zunächst noch völlig offen und unbestimmt. Alles ist zufällig, beliebig und nicht planbar. Der Künstler fühlt sich im Zustand schrankenloser Freiheit, er spürt die Fülle aller Möglichkeiten. Dies kann auch eine große Belastung sein. Noch hat die Gestaltung nicht begonnen, noch gibt es kein Gegenüber, auf das man Bezug nehmen könnte. Irgendwann müssen wir den Prozeß selbst in Gang setzen und einen Anfang finden. Dazu bedarf es willentlicher Entschlußkraft.

Dritte Phase: Der Dialogbeginn

Indem der erste Schritt getan ist, wird eine gewisse Richtung der Entwicklung eingeschlagen, die andere Möglichkeiten ausschließt. Damit tritt eine gewisse Determination ein und die Auseinandersetzung mit der selbsterschaffenen Wirklichkeit beginnt. Noch arbeitet man aber wie im Nebel, und das Werk ist unklar. Hierbei dürfen Orientierung, Geduld und Konzentration nicht verlorengehen. Selbstdisziplin und Durchhaltekraft sind nun nötig.

Vierte Phase: Die Formgebung

Langsam gestaltet sich aus dem chaotischen Urnebel die Ahnung einer Gestalt oder Form heraus. Ein Gefühl, daß das zu schaffende Werk ein Eigenleben entfaltet, taucht auf. Diese Ahnung vom Eigenleben des Werkes erweckt in uns Faszination und Interesse. Durch diesen Dialog entstehen neue Impulse, die das Werk vorantreiben, zur Vertiefung und zur erweiterten Ausarbeitung führen.

Fünfte Phase: Die Vollendung

Intensive und konzentrierte Ausarbeitung findet statt. Immer deutlicher wird das Wesen, das sich herausarbeiten möchte, der Dialog wird inniger. Mit allen seinen Möglichkeiten verhilft man diesem Wesen zum Durchbruch. Nähe und Distanz werden zu zwei gleichermaßen wichtigen Betrachtungsweisen. Die Vollendung der Arbeit zeichnet sich ab. Auch den Abschluß zu finden ist wichtig.

In einer ersten einfachen *Kreativitätsbalance* testen wir die Phasen Zwei bis Fünf auf Streß, das heißt, wir testen, ob der Indikatormuskel bei einer der Phasen abschaltet. Bei der anschließenden Streßablösung berühren wir Stirn und Hinterhaupt, der Klient schildert seine Empfindungen und Wahrnehmungen zur jeweiligen Phase. Da es sich um das Thema Kreativität handelt, ermuntern wir den Klienten, mit Farben und Symbolen ein neues, positives „Bild“ und Empfinden zu erschaffen, das die Phase gewissermaßen von innen erleuchtet.

Die spirituelle Basis der Kreativität

Das Thema „Spiritualität“ hat alle großen Künstler zutiefst bewegt. Leider finden sich ihre Aussagen nicht dort, wo sie hingehören: in Musiklehrbüchern. Sie stehen in kleinen Geschenkbändchen und vermitteln dort den Eindruck schwärmerischer Ausbrüche. Wo stehen sie als Vorbild der Musikerziehung, als Anleitung für den jungen Musiker auf der Bühne, ja, wo überhaupt für die, die es betrifft?

In unseren Lernfabriken geht es nicht um die innere Bildung und Formung eines Menschen, sondern um Abmessung und Einteilung von scheinbar objektiver Realität durch den Intellekt. Die Schule verteilt Noten, und dazu bedarf es meßbarer Werte, abrufbarer Lerninhalte: die Merkmale der Wissenschaft. Eigene Kreativität, Sensibilität, Liebe, Toleranz, Intuition, Öffnung inspirativer Kanäle fügen sich nicht in ein Bemessungssystem und fehlen folglich im Lehrplan. Auch Methoden der Konfliktlösung, Gruppenarbeit, Umgang mit Streß und Verspannung oder Atemlehre, die entscheidend für die Entwicklung des Bewußtseins sind, werden in der Regel völlig übergangen. Die künstlerischen Fächer in den Schulen sind schlichtweg eine Farce und folgen ausschließlich musik- und kunstwissenschaftlichen Vorbildern – wieder ein Lernstoff, der an Leistung gekoppelt ist. Schon der Schüler lernt bis zum Schulabschluß nur seine linke Hirnhemisphäre zu gebrauchen, und dies wird in den Hochschulen weiter gefördert. Was aber ist das anderes als eine Erziehung zur Illusion? Wir haften an den materiellen, körperlichen Erscheinungen, an den vergänglichen Elementen, und lernen nirgendwo etwas über das geistige Prinzip, das sich des Körperlichen als *Hilfsmittel* bedient. Wir lernen die Funktionen des Gehörs und wissen doch nicht, was ein Ton ist. Wir wissen um die Funktionen des Auges und fragen: Was ist Sehen? Wieso können Blinde „sehen" und Taube „hören"? Besonders schlimm ist das Fehlen jeglicher spiritueller Ausrichtung für den schöpferischen, den künstlerischen Menschen, der aufgrund seiner Sensibilität weniger Halt in den starren Regeln einer auf das Materielle konzentrierten Welt findet. Wer nicht das große Glück hat, einen aufgeschlossenen Lehrer zu finden, der einem das innere Wesen der Musik erschließt, stolpert blindlings in das Heer der frustrierten, unkreativen, negativ denkenden Musiker.

Für einen Menschen in der westlichen Welt ist es ohnehin nicht leicht, eine andere Dimension als sich selbst, als sein Ego wahrzunehmen. Diese Einseitigkeit aber führt unweigerlich zur Frustration. Der Begriff „Spiritualität" löst bei den meisten Musikern Naserümpfen aus, weil er mit Esoterik gleichgesetzt wird. Dabei bedeutet dieses Wort einfach nur Geistigkeit, eine immaterielle Kraft, die die Materie weit überflügelt. Nach unseren bisherigen Erfahrungen resultieren die meisten Probleme aus dem Fehlen jeglicher Spiritualität in der Haltung des modernen Künstlers. Er ist perfekt und weiß gleichzeitig nicht, welchen tieferen Sinn die Perfektion haben soll. Die innere Ausrichtung auf ein höheres, geistiges Ziel wird mit einem Haften an religiösen Dogmen, Glaubensmustern und Ritualen verwechselt, deshalb abgelehnt und durch nach außen gerichtete Wertvorstellungen von Erfolg, Leistung, Perfektion kompensiert. Die Erklärung, warum dies zu tiefgreifenden Problemen führt, ist einfach: Die spirituelle Kraft ist eine natürliche Energie, die jedem Menschen eigen ist, folglich verlangt sie nach Nahrung, um wirken zu können. Der Künstler geht im schöpferischen Prozeß mit feinstofflichen Energien um, ohne es zu merken. Werden diese Energien bewußt wahrgenommen, richtet der Künstler sie auf ein höheres Ziel, das er in die Worte seiner Kultur kleidet. Je inniger er sich der höchsten Universalkraft weiht, desto weniger betrachtet er seine Kunst als Werk seines Ego. Und dies, vereinfacht ausgedrückt, ist eine spirituelle Ausrichtung. Das Ego tritt in den Hintergrund, der Künstler wird zum Medium, durch das eine höhere Kraft hindurchfließt, und er betrachtet sich als Bote erhabener Energien. Ob er sie nun „Gott" oder „Wahres Wesen" oder „Schöpferkraft" nennt, ist einerlei und, wie gesagt, durch seine Kultursprache bedingt. An der Art und Weise, wie er diese innere Haltung lebt und in seiner Kunst zu verwirklichen trachtet, erkennen wir die Qualität seiner Spiritualität.

Was bewundern wir denn an unseren großen Komponisten und Musikmeistern und, vor allem, was sagen sie selbst über ihre Schöpfungen? Nach ihren Aussagen entstanden ihre Werke nicht nur durch hervorragende Technik, durch Können und Wissen, sondern jeder bestätigte, daß alles menschliche Bemühen unzureichend gewesen sei. So folgte der Anstrengung eine Phase tiefer Depression und Frustration, und erst in dem Moment, als der Künstler die Idee fast aufgab, sich zurückzog und innerlich losließ, kam plötzlich die entscheidende Inspiration und Offenbarung. Erst nach diesem Augenblick war es wichtig, daß der Künstler ein geeignetes „Gefäß" war und ein exzellentes handwerklich-technisches Können besaß, um die Inspiration perfekt zu manifestieren.

Die Idee und das Wesen des Werkes entspringt nicht der Leistung der Künstlerpersönlichkeit, diese ist nur Ausdrucksorgan und Empfänger. Wann die Inspiration eintritt, in welcher Weise und ob überhaupt, entscheidet nicht unser Ego, sondern das bewirkt die spirituelle Kraft und Ausrichtung in uns. Die bedeutenden Werke von Mozart oder Beethoven stammen nicht von dem „Leberecht Mozart" oder dem „Wüterich Beethoven", sie wurden lediglich von ihnen aufgeschrieben. Ihre Größe und Genialität bestand in ihrer Kunst des innerlichen Hörens und Sehens und natürlich in der perfekten handwerklichen Niederschrift.

Die folgenden Zitate würden wir gerne in Lehrbüchern über Formenlehre, Werkanalyse, Musikgeschichte, Tonsatz, Komposition und Musikästhetik lesen; sie sind ergreifende Beispiele für die Menschlichkeit und Bescheidenheit, die aus denen spricht, die wir mit dem Begriff „Genies" abtun, um nicht das Wort „Spiritualität" zu benutzen. Im Grunde sagt das abendländische Etikett „Genie" nichts anderes, als daß sich dahinter ein außerordentlich weites geistiges „Gefäß" für die Wahrnehmung und Umsetzung von universeller Schöpferkraft verbirgt.

„Ich sage dir, mir ist manchmal selbst unheimlich zumute bei manchen Stellen, und es kommt mir vor, als ob ich das gar nicht gemacht hätte."

Gustav Mahler an Anna Bahr-Mildenburg[4]

„Jede echte Erzeugung der Kunst ist unabhängig, mächtiger als der Künstler selbst und kehrt durch ihre Erscheinung zum Göttlichen zurück und hängt nur darin mit dem Menschen zusammen, daß sie Zeugnis gibt von der Vermittlung des Göttlichen in ihm."

Ludwig van Beethoven[5]

„Die bewußte, zweckvolle Aneignung der eigentlich seelischen Kräfte ist das höchste Geheimnis... Ich fasse zuerst die ganze Kraft des Ichs in mir. Dann spüre ich das brennende Verlangen und den starken Entschluß, etwas Würdiges zu schaffen. Dieses Verlangen, dieses Sehnen schließt das Wissen ein, daß ich mein Ziel erreichen kann. Dann bitte ich die Macht, die mich schuf, inbrünstig um Kraft... Dieser vollkommene Glaube gibt den Schwingungen den Weg frei, die vom Dynamo, dem Zentrum meiner Seele, in mein Bewußtsein einströmen."

Giacomo Puccini[6]

„Wenn ich den Drang in mir spüre, wende ich mich zunächst direkt an meinen Schöpfer... Ich verspüre unmittelbar danach Schwingungen, die mich ganz durchdringen... In diesem Zustand der Verzückung sehe ich klar, was bei meiner üblichen Gemütslage dunkel ist; dann fühle ich mich fähig, mich wie Beethoven von oben inspirieren zu lassen... Diese Schwingungen nehmen die Form bestimmter geistiger Bilder an."

Johannes Brahms[7]

„Während die Ideen auf mich einströmten – die Motive, Themen, Grundmelodien, das harmonische Gewand, die Instrumentation – kurz, die gesamte Musik, Takt für Takt, war mir, als diktierten mir zwei gänzlich verschiedene Wesenheiten... Ich war mir je-

doch der Hilfe einer anderen als einer irdischen Kraft bewußt, die auf meine bestimmten Vorstellungen einging.“

Richard Strauß[8]

Diese Worte sind für jeden schöpferischen Menschen wichtig. Sie verdeutlichen, daß die Inspiration, um die jeder Künstler kämpft, eben nichts mit Nachdenken gemein hat, sondern spontan im Zustand des Loslassens, des Schlafes, des Traumes, der Meditation entsteht. Erst kommt eine Phase dichter Energieansammlung, eine Idee, ein Drang, der vom Motor des Willens angetrieben wird. Unweigerlich führt dies zum Energiestau, Frustration und Depression sind die Folge. Dann folgt der entscheidende Akt des Loslassens, des Sich-Hingebens an scheinbar „andere, höhere Kräfte“. Das ist nichts anderes als das erwachende Vertrauen auf das spirituelle, das wahre Wesen, die *göttliche Natur* in uns. Wir gewinnen den Eindruck, es *komme* etwas von *oben*, aber dies beruht auf der Wahrnehmung feinerer Schwingungen (siehe Puccini und Brahms), die uns innerlich *erheben*.

Der Künstler ist ein medial begabter Mensch, ob er es nun bewußt erlebt oder nicht, und viele erschrecken bei diesem Gedanken. Aber was ist das Komponieren eines großen Werkes anderes als ein Akt der Hellhörigkeit, was die Schaffung eines Gemäldes, einer Skulptur anderes als ein Akt der Hellsichtigkeit?! Unsere Genies der Kunst bedienten sich der Sprache ihrer Kultur, aber der schöpferische Akt, die Inspiration, die Erleuchtung fließt immer aus derselben Quelle, und diese Quelle ist in uns selbst.

Kommen wir noch einmal auf den Begriff „Genialität“ zurück. Wir lernen schon als junge Musiker, daß es Genies gibt, an die wir nicht im entferntesten heranreichen. Wir stellen unsere genialen Lehrmeister außerhalb von uns, haben nichts mit ihnen zu tun, grenzen sie aus unserem Leben aus. Genialität aber ist keine persönliche Spitzenleistung, sie ist der auf ein Wort zusammengezogene klarste Ausdruck des Wirkens seelischer Kräfte im Menschen. Alles, was dem Intellekt nicht ein- und vorhersehbar ist, bezeichnen wir schnell als „genial“. Die allgemeine Unfähigkeit, größere, unsichtbare Kräfte in und um uns zu akzeptieren, könnte nicht besser demonstriert werden als durch die Vermessenheit, kleine Geistesblitze des Egos in der modernen Kunst zu Geniestreichen aufzuwerten. Kunst ist kein Wissensgebiet oder Fach, sondern ein *Lebensweg.*

> *„Das große Geheimnis aller schöpferischen Genies liegt darin, daß sie die Kraft besitzen, sich die Schönheit, den Reichtum, die Größe und Erhabenheit ihrer Seele als Teile der Allmacht anzueignen und diesen Reichtum anderen mitzuteilen."*
>
> Giacomo Puccini[9]

Nicht nur den Musikern legen wir es ans Herz, über diese Worte zu meditieren, sondern ebenso den Musikwissenschaftlern und den Kritikern. Da wird oft analytisch versucht, aus den Biographien herauszufiltern, was den Menschen zum Genie machte und macht, worauf die Größe seines Werkes fußt. Es wäre für jeden Künstler wichtig zu begreifen, daß er ein Pilger zwischen den Welten ist, der geistigen und der materiellen - das Haupt erhoben in den Sternenhimmel, in das Universum, und mit beiden Beinen fest auf der Erde stehend. Auf diese Weise nehmen wir dann auch die Menschlichkeit, das Menschsein mit all seinen Größen und Schwächen bei unseren verehrten Genies wieder wahr.

Unser Verstand, unser Intellekt, gleich wie scharf und analysierend er sei, vermag nichts zu schaffen, das überpersönliche oder gar universelle Bedeutung hätte. Selbst im Bereich der Wissenschaft gilt dies. Egal, ob Nils Bohr, Dimitri Mendelejew oder Albert Einstein - sie berichten einhellig, daß nicht ihr kontinuierliches, logisches Denken zum Ergebnis führte, sondern ein Traum, ein Wachtraum, ein plötzliches Erkennen und Herausgehobensein aus Zeit und Raum. Der Mathematiker Carl Friedrich Gauß schrieb an eine Zeitung, als es ihm gelungen war, nach jahrelanger Arbeit ein mathematisches Problem zu lösen:

> *„Schließlich ist es mir vor zwei Tagen gelungen, und zwar nicht aufgrund mühseliger Anstrengungen, sondern durch die Gnade Gottes. Des Rätsels Lösung erschien mir wie ein Blitz aus heiterem Himmel. Ich kann nicht sagen, welcher Faden das, was ich vorher schon wußte, mit dem verknüpfte, was meinen Erfolg ermöglichte."*
>
> Carl F. Gauß[10]

„Ich muß mich im Zustand der Halbtrance befinden, um solche Ergebnisse zu erzielen, ein Zustand, in welchem das bewußte Denken vorübergehend herrenlos ist und das Unterbewußtsein herrscht."

Johannes Brahms[11]

„... Ich glaube sogar, daß dem Menschen kein unmittelbarerer Zugang zum Erahnen des Logos und seines Wirkens gegeben ist als durch die Musik, die von seinem göttlich schöpferischen und ordnenden Wesen tönende Kunde gibt... Man kann im gewöhnlichen Sinne des Wortes musikalisch sein, man kann Musik lieben und sogar mit Talent ausüben, und doch eine höhere als die rein künstlerische Einschätzung der Musik verstiegen finden. Woher aber kommt es, sollten sich solche Skeptiker fragen, daß seit jeher die Musik zu fast jeder bedeutenden gemeinsamen Feierlichkeit im Leben der Völker, deren Sinn über das Irdische hinausweist, herangezogen wurde? ... Diese Wirkung der Musik als Erhöhung der Feierlichkeit kann, glaube ich, nur daraus verstanden werden, daß sie nach oben weist."

Bruno Walter[12]

„... Von der Darstellung Beethovenscher Werke sprach ich schon. Hier wie bei anderen großen Meistern verlangt die heutige Öffentlichkeit nicht mehr so sehr die Durchdringung des einzelnen Werkes und seines Inhalts, als vielmehr eine Wiedergabe nach gewissen allgemeinen Richtlinien, wie sie dem ins Abstrakte und Theoretische gehenden Denken von heute entspricht. Wenn Werke „klassisch" sind, muß man sie vor allem „stilvoll" aufführen. Das kann allerlei heißen; nur das eine nicht, nämlich sich als moderner Mensch mit dem Werke unmittelbar auseinanderzusetzen...

Unser Musizieren hat erheblich an Freiheit und Naivität verloren. Es ist bewußt geworden bis in die kleinsten Details, es wird von Leitbildern und Methoden beherrscht, die mit den einzelnen Werken, auf die sie angewendet werden, oft nicht das geringste zu tun haben. Die großen Werke der Vergangenheit sind in hohem Maße auf die Intuition gestellt. Anstatt nun auch in der Darstellung dieser Intuition zu ihrem Rechte zu verhelfen, wird sie mit allen Mitteln verfolgt, verfemt.“

Wilhelm Furtwängler[13]

„Ich glaube sogar, daß dem Menschen kein unmittelbarerer Zugang zum Erahnen des LOGOS und seines Wirkens gegeben ist als durch die Musik, die von seinem göttlich schöpferischen und ordnenden Wesen tönende Kunde gibt.“

Bruno Walter[14]

„Ja, von oben muß es kommen, das, was das Herz treffen soll, sonst sind's nur Noten – Körper ohne Geist!“

Ludwig van Beethoven[15]

„Die vollkommene Musik hat ihre Ursache. Sie entsteht aus dem Gleichgewicht. Das Gleichgewicht entsteht aus dem Rechten, das Rechte entsteht aus dem Sinn der Welt. Darum vermag man nur mit einem Menschen, der den Weltsinn erkannt hat, über Musik zu reden... Die Musik beruht auf der Harmonie zwischen Himmel und Erde, auf der Übereinstimmung des Trüben und Lichten.“

Lü Bu We[16]

„Oh God! I am instrumental in abiding by your order like a tame bird. My music is my life, both grow in one, take music from me, I am undone.“

Allauddin Khan[17]

Alle diese Zitate mögen im Musiker die gleiche Inspiration auslösen wie in uns. Anstatt zu sagen: „Das ist ja auch ein Brahms, ein Bruno Walter – *der* kann das, ich nicht!“ können wir auch eine andere Haltung einnehmen: „Ich möchte mehr begreifen von der Kraft, von der die großen Komponisten, Dirigenten und Interpreten zehren und aus der sie schöpfen. Sie waren Menschen, das habe ich mit ihnen gemein.“ Das mag unbedeutend klingen, aber was gibt es Größeres, als ein *ganzer Mensch* zu sein?!

Wir wollen und können keine abstrakten Vorgaben an Künstler weitergeben, wie man seiner Kunst eine spirituelle Kraft verleiht. Schauen wir lieber, was wir ganz naheliegend in unserer Einstellung ändern können: Aus der Erkenntnis und eigenen Erfahrung eines tieferen Sinnes von Kreativität haben wir für die Musik-Kinesiologie Testmöglichkeiten geschaffen, die dem Künstler und Musiker nahebringen, in welcher Phase des schöpferischen Aktes er sich gerade befindet und welcher Art sein Problem, seine Blockade oder sein Streß in diesem Prozeß ist.

Kapitel 3
Künstlerische Motivation

Motiviert zu sein zu künstlerischem Tun lädt den Künstler auf wie eine Batterie. Seine Energien in Fluß zu halten ist sein großer Wunsch, und wenn er sich erfüllt, ist er glücklich.

Nicht motiviert zu sein kann vieles bedeuten, aber auf keinen Fall, daß wir tot, leblos, wertlos im Sinne einer nicht funktionierenden Maschine sind. Versuchen wir doch einmal, diese Nicht-Motivation wertfrei als Innehalten, als schöpferische Pause wiederzuentdecken. Versuchen wir weiter, uns wieder als Teil der natürlichen Gezeiten zu verstehen. Die Ebbe am Meer bedeutet ja auch nicht, daß es kein Wasser mehr gibt – es ist nur woanders. Die künstlerische Ebbe hat die gleiche Kraft wie die Flut, nur auf einer anderen Ebene und mit anderen damit verbundenen Energien. Während wir uns tagtäglich bis zur Erschöpfung mit der Flut-Energie befassen, negieren, verleugnen und verdrängen wir die Ebbe-Energie. Es lohnt sich, im Falle eines Nicht-motiviert-Seins hierüber nachzudenken und nicht gleich in Trübsal und negatives Denken zu verfallen.

Abgesehen davon kann die Motivation eines Künstlers ganz unterschiedlichen Quellen entspringen – ein Aspekt, der für die musikkinesiologische Arbeit sehr aufschlußreich ist und einen Zugang zur Problematik auf diesem Gebiet verschafft. Die Frage nach der Art der Motivation verlangt einen erhöhten Standpunkt, der Künstler wird hier nicht in seinem Schaffensprozeß gesehen, sondern ganzheitlich, sozusagen von oben auf sein Leben blikkend: Was bewegt ihn, sich musikalisch, malerisch, tänzerisch usw. zu betätigen und auszudrücken? Was ist seine latente kreative

Triebfeder im Leben? Wie sieht der „rote Faden“, das Leitmotiv aus?

Wie der Umgang mit Musikern zeigt, ist es ein typischer Leidensfaktor, nicht zu wissen, warum man eigentlich Musik macht. Die Motivation entspricht zum Beispiel nur einem *intellektuell* gelernten Anspruch: „Ich bin Musiker, weil ich dazu berufen bin“ oder „Ich bin Musiker, weil ich ein Instrument gelernt habe“. Zum Künstler gehören nun aber die Ansprüche Perfektion und Stärke. Das gelernte Muster verleitet also zu dem Glauben, man müsse, um diese Ansprüche zu erfüllen, nur so gut wie irgend möglich in der Ausübung der Musik sein. Doch nicht jedes „Gefäß“, nicht jeder Künstler faßt gleich viel Inspiration und ist zu höchstem Kunstausdruck berufen. Es gibt viele sinnvolle Ebenen, auf denen man sich künstlerisch verwirklichen kann. Ein nur intellektuell nachvollzogenes Motivationsmuster führt zur Überforderung. Darunter leiden zum Beispiel alle diejenigen, die Musizieren in der Kindheit als Trauma erlebten, die künstlerisch durch Eltern oder Lehrer völlig überfordert wurden und dieses Muster fortsetzen, indem sie sich ständig selbst überfordern. Dann ist Musik nicht mehr Ausdruck von Lebensqualität, sondern ein mehr oder weniger interessanter Zusatz zu den täglichen Pflichten. Musik wird zum Fach, zur Schublade. Die Frustration erreicht ihren Gipfel, wenn der Künstler entdeckt, daß er den gelernten Anspruch „Ich bin Künstler, weil ich dazu berufen bin“ nicht ausfüllen kann. Zur tatsächlich gelebten künstlerischen Motivation gehört somit ein Akt der Selbsteinschätzung und der Wahrnehmung, daß es mehr gibt als diese eine Motivation.

Betrachten wir noch einen anderen Gesichtspunkt. Wenn ein Künstler seine Technik beherrscht und seine kreativen Kräfte fließen lassen kann, stellt sich eines Tages die Frage: Was ist mein Motiv, diese Arbeit zu tun und alle damit verbundenen Schwierigkeiten auf mich zu nehmen? Ein Mensch, dessen Motivation an erster Stelle in materiellen Zielen liegt, ist kein Künstler. Das Motiv, der Beweggrund, schöpferisch tätig zu sein, etwas aus sich herausfließen zu lassen, ist ein Prozeß *von innen nach außen*. Das Außen aber ist der Betrachter, der Zuhörer, der energetische Partner, der für den Künstler wichtig ist, um zu wachsen. Kunst, die nie gesehen, nie gehört oder nie wahrgenommen wird, stagniert. Es reicht nicht, daß der Künstler allein sein Werk sieht und es gutheißt, außer es dient, wie zum Beispiel in den Zen-Künsten, der spirituellen Schulung. Aber selbst in Ostasien wurde und wird die Kunst als Ausdruck von Meditation anderen Menschen zugänglich gemacht, so daß jeder sehen kann, welche künstlerische Meisterschaft erreicht wird. Wieviele bedeutende Künstler des Abendlandes haben die Anerkennung, das positive Feedback ihrer Kunst nicht zu Lebzeiten erlebt! Irgendwann jedoch wurde und wird sie vom Betrachter oder Zuhörer wahrgenommen. Nur im Falle des ausführenden Musikers ist die Situation etwas anders. Er gibt ein Konzert, danach bleibt nur die Erinnerung, es sei denn, seine Musik wird konserviert durch Rundfunk-, Fernseh- oder Plattenaufnahmen. Jahrhundertelang gab es nur die mündliche und schriftliche Tradition von musikalischen Ereignissen, die aber nur einen verschwindend kleinen Teil des Musikerpotentials betrafen. Für den praktizierenden Musiker ist der schöpferische Prozeß deshalb im besonderen Maße vom Austausch mit einem Publikum abhängig.

Für unsere musikkinesiologische Arbeit mit Klienten haben wir die Motivation in drei Ebenen unterschieden, die völlig wertfrei sind; sie sind nicht mehr als „Behelfsbrücken", die wir immer dann in Anspruch nehmen können, wenn wir die Motivationsproblematik eines Künstlers nicht sofort und ganz erfassen. Da die Künstlerpsyche wegen ihrer gelebten Kreativität auch recht kreativ Probleme verdrängen und kompensieren kann, sind die drei Ebenen zu Beginn einer Balance nur grobe Raster, die allerdings oft sehr informativ sind, denn das Selbstbild künstlerischer Motivation muß durchaus nicht mit dem Testergebnis übereinstimmen.

Erste Ebene

Auf dieser Ebene wird das künstlerische Tun als Ausgleich zu einem Beruf ausgeübt, bei dem vor allem die linke Gehirnhälfte beansprucht ist. Menschen, die einen extrem anstrengenden und verantwortungsvollen Beruf ausüben, zum Beispiel Ärzte, Krankenschwestern, Polizisten, Wirtschaftsmanager oder Fließbandarbeiter, und die eine künstlerische Ambition haben, tun sich dadurch wesentlich leichter im Verarbeiten und Umsetzen der beruflichen Anspannungen und finden Ent-Spannung in ihrem kreativen Tun. Diese Menschen leiden seltener unter Dis-Streß und betreiben, bewußt oder unbewußt, eine kreative Problemlösung. Man könnte auch sagen, sie balancieren unbewußt die Fähigkeiten beider Gehirnhälften aus.

Trotz aller Anstrengungen wirken diese Menschen gelassen im Vergleich zu jenen, die keinen kreativen Ausgleich pflegen. Natürlich können Sport und Gartenarbeit auch ausgleichend wirken, doch ist das künstlerische Tun hier besonders hervorzuheben, da es ohne Leistungs- und Zweckgedanken als „Seelennahrung" empfunden wird; es wirkt selbsttherapeutisch im besten Sinne und kann nicht genug gefördert und unterstützt werden. Menschen auf dieser Ebene kommen selten zur Balance wegen spezifischer psychischer oder emotionaler Probleme in ihrer Kunst, sondern aufgrund anderer Sorgen. Doch sollten sie in ihrem künstlerischen Tun ermuntert und bestärkt werden, da sich über diesen Kanal viele Blockaden auflösen lassen.

Zweite Ebene

Die künstlerische Arbeit ist hier sowohl Hobby als auch Beruf, bei dem der selbsttherapeutische Aspekt, bewußt oder unbewußt, im Vordergrund steht. Bei einem Berufsmusiker dieser Ebene dient die Kunst als Weg zur Selbstfindung, als Ventil psychischer Spannungen, als Lösung emotionaler Probleme.

Auf der zweiten Ebene sind die Erfolge kinesiologischer Entstressung spontan wirksam. Das handwerklich-künstlerische Tun verbessert sich auffallend, die Lösung von Blockaden wird bei keinem Künstler so befreiend, so umfassend positiv empfunden wie bei dem, der unbewußt seine Kunst als Kompensation emotionaler, spiritueller oder auch physischer Probleme ausübt. Unter diesen Künstlern findet sich sehr häufig ein ausgeprägtes Ego-Bewußtsein als Schutzmantel für mangelndes Selbstvertrauen oder Minderwertigkeitskomplexe. Auch intellektuelle, fanatische, perfektionistische Künstler arbeiten häufig auf dieser Ebene. Das Lampenfieber in seinen lähmenden Aspekten kann bei diesen darstellenden Künstlern wahre Horrorvisionen auslösen, deren Auflösung hingegen ein befreites Darbieten mit dem Gefühl bewirkt, sein Talent unter Beweis stellen zu können.

Dritte Ebene

Das künstlerische Schaffen auf dieser Ebene gehorcht Gesetzen, die nicht rational faßbar sind. Im Zuge der Vermassung, der sogenannten „Demokratisierung“ der Kunst als Folge des Marketings, ist diese Ebene fast in Vergessenheit geraten. Das Kunst-Business hat an die Stelle der inneren Berufung den Namen gesetzt, der heute mit Geld erkauft werden kann. Das Mega-Star-Denken der Pop-Szene hat Fuß gefaßt, die Medien - Presse, Funk und Fernsehen - entscheiden, wer „hochkommt“ und wer nicht, wer zur Kunst berufen ist, und sie selbst meinen tatsächlich, Künstler berufen zu können.

Die dritte Ebene wird in Wirklichkeit nur von wenigen Künstlern bevölkert, und es spielt keine Rolle, ob sie zu Lebzeiten berühmt und von der Masse wahrgenommen werden. Sie fragen nicht, was „in“ ist, sie haben den Drang und die Kraft, das nach außen zu bringen, was in ihnen ist, und sich ihrer Kunst ganz hinzugeben. Der Außenstehende nimmt diese Künstler als Persönlichkeiten mit einer besonderen „Ausstrahlung“ und einem verstärkten Energiefeld wahr. Die künstlerische Sprache ist unmittelbar und bedarf keiner intellektuellen Erläuterungen. Das Talent ist überdurchschnittlich und bewirkt oft enorme Spannungen zwischen dem künstlerischen Tun und dem Alltagsleben. Man kann diesen Künstlertypus daran erkennen, daß er leicht erregbar, hochsensibel und nervös ist. Er ist nicht damit befaßt, die Wirkung seiner Kunst zu hinterfragen, sondern damit, seinem inneren Drang zu gehorchen und die maximale schöpferische Schubkraft zu entwickeln.

Wenn wir kinesiologisch mit einem Künstler arbeiten, stellen wir zuerst fest, auf welcher Ebene er seine Kunst lebt und erlebt. Man wird oft Künstler treffen, die von sich meinen, sie seien genial begabt, sie arbeiteten auf einer spirituellen Ebene und seien berufen zu Außerordentlichem. Im Musik-Business gilt eine neue Idee schon als genial, und in der modernen Kunst ist man schnell mit kosmischen Energien bei der Hand, wenn es gilt, die Genialität eines Werkes anzupreisen. Hier ist ein geschultes „inneres Auge“ vonnöten und das sichere Wissen, daß kein Genie, kein Meister sich selbst reflektiert und als Meister bezeichnet. Umgekehrt gibt es den starken Selbstzweifler als Künstlertyp, der in seinem schöpferischen Prozeß oft gefangen ist, dessen Talent alle sehen, nur nicht er selbst. Mit der Erfahrung wächst auch die Intuition, schon im Vorgespräch zu erkennen, welchen Künstlertyp wir vor uns haben.

Die *Motivations-Balance* hat zum Ziel, einerseits die Motivation zu künstlerischem Tun zu steigern und andererseits dem Künstler zu vergegenwärtigen, auf welcher Motivationsebene er sich wirklich bewegt. Wir testen einen Indikatormuskel, prüfen, ob das Problem der Motivation eine Altersrückführung benötigt und testen dann die drei Ebenen, indem der Klient laut die folgenden Affirmationen sagt:

Erste Ebene
Musizieren/Malen/Dichten/Bildhauern/Schauspielern/Tanzen usw. ist mein Ausgleich im Alltag/im Leben.

Zweite Ebene
Musizieren/Malen/Dichten/Bildhauern/Schauspielern/Tanzen usw. ist mein Lebensinhalt.

Dritte Ebene
Musizieren/Malen/Dichten/Bildhauern/Schauspielern/Tanzen usw. ist meine Berufung.

Schaltet der Indikatormuskel ab, signalisiert dies den Streß beziehungsweise die Blockade. Auf der Meridianebene testen wir außerdem Dünn- und Dickdarm, denn sie sind die wichtigsten Energieträger für Kreativität und Ausdruck – beim Säugling ist die Ausscheidung der erste kreative Akt, mit dem auch Probleme verbunden sein können. Dies können wir tun, indem wir entweder die beiden Alarmpunkte auf der Körpervorderseite berühren (siehe Abbildung Seite 65) oder die beiden Muskeln *Quadrizeps femoris* (Vierköpfiger Schenkelstrecker) für den Dünndarm und *Tensor fasciae latae* (Spanner der Oberschenkelbinde) für den Dickdarm testen. Wir nehmen außerdem die zu den beiden Meridianen gehörende Emotion hinzu:

Dünndarm: Ich bin voller Freude – Ich bin traurig.
Dickdarm: Ich bin es wert, geliebt zu werden – Ich habe Schuldgefühle.

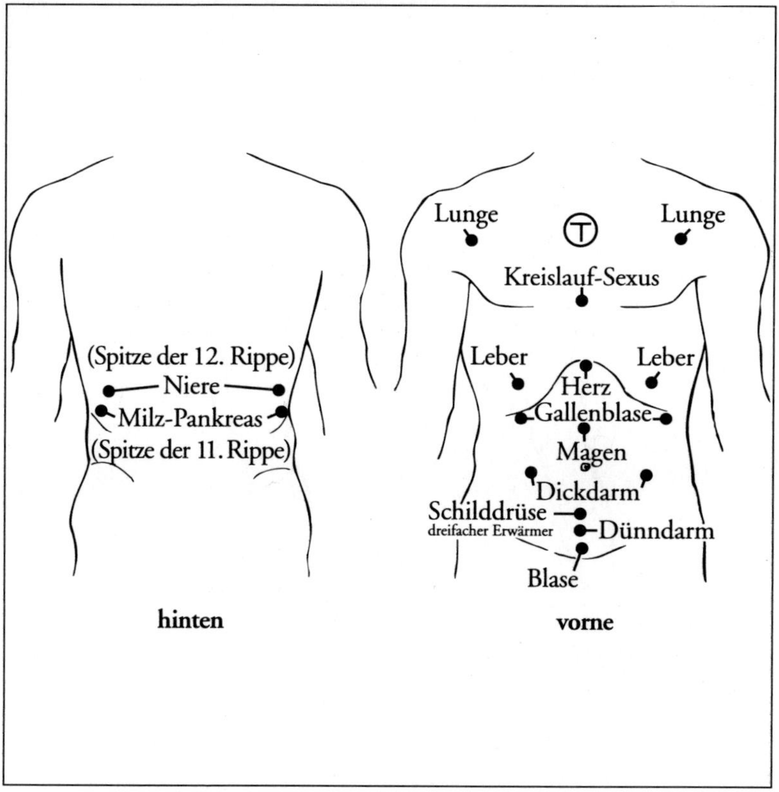

Zur Korrektur beziehungsweise Streßablösung werden die Akupunkturpunkte des Dünndarm- und Dickdarmmeridians leicht massiert, dann halten wir Stirn und Hinterhaupt und lassen den Klienten erzählen, was er mit der ausgetesteten Ebene gefühlsmäßig und körperlich, ja, mit allen Sinnen verbindet. Mit Hilfe aller Sinne bewerkstelligt er dann auch seine Harmonisierung.

Wir haben oft bei solchen Balancen erlebt, daß der darstellende oder bildende Künstler immer wieder versucht, seine mangelnde Motivation auf äußere Probleme zu projizieren. Wir erinnern uns an eine Blockflötistin, die sagte: „Wie kann ich an meine innere Motivation denken, wenn ich kein Geld verdiene und nicht weiß, wie ich die Miete zahlen soll?!"

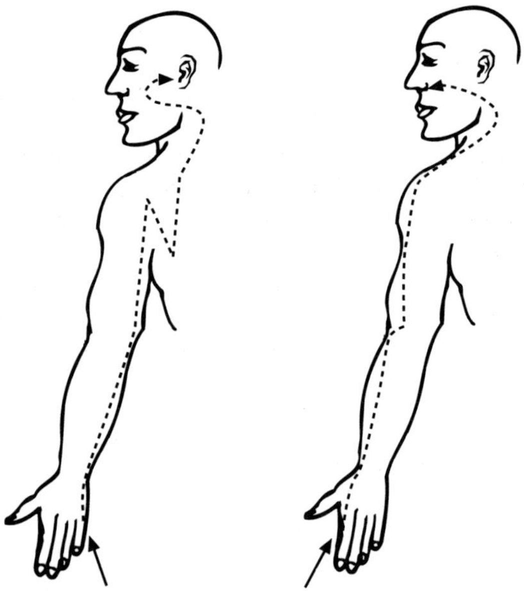

Dünndarm-Meridian
aufwärts steigend
vom kleinen Finger

Dickdarm-Meridian
aufwärts steigend
vom Zeigefinger

Verständlicherweise resignierte sie angesichts der Existenzprobleme und fand es lächerlich, von inneren Werten in der Kunst zu sprechen. Bei ihr hatte die zweite Ebene angezeigt. Hier ein Auszug aus der Balance, nachdem sich die Klientin ihren ganzen Schmerz von der Seele geredet, heulend und wutschnaubend auf die Musikszene geschimpft hatte:

Tester: Fühlst du dich jetzt besser?
Klientin: Ja, schon...
T.: Was hat denn deine Wut mit deiner musikalischen Motivation zu tun?
K.: Eigentlich nichts, aber es ist alles so sinnlos.
T.: Ist dein Flötenspiel wirklich sinnlos?
K.: Ja und nein - für mich hat natürlich das Musizieren Sinn.
T.: Welchen Sinn?
K.: Ich brauche das Selbstvertrauen, daß ich meine Musik verwirklichen kann. Dann bin ich echt motiviert.
T.: Kannst du das noch näher beschreiben mit allen Sinnen? Wie ist das körperliche Gefühl, wenn du motiviert bist?
K.: Klar, da ist das gute Gefühl im Bauch... ich höre in die Musik rein... ich spüre die Musik in jeder Zelle und habe viel Energie.
T.: Versuche einmal, ganz tief in dieses beglückende Gefühl einzutauchen, nimm dir Zeit, es auszukosten.
K. (nach einer Weile): Ja, das ist gut so.
T.: Wie ist es jetzt mit deiner Motivation, wenn du musizierst?
K.: Es ist so, als wenn ich jetzt nicht mehr so verletzlich wäre. Das gibt mir Vertrauen und Sicherheit.
T.: Wie wirkt sich das auf deine Motivation aus?
K.: Wenn ich motiviert bin, habe ich auch neue Ideen. Ja, da kommt mir schon gleich eine Idee, ich könnte mal ein Repertoire spielen, das ich bis jetzt vernachlässigt habe. Das ist schwer...
T.: Hast du das Vertrauen, es zu schaffen?
K.: Ja, auf jeden Fall!

Die Klientin war kaum zu bremsen und wäre am liebsten sofort losgestürmt zum Üben. Wir beendeten die Balance dennoch in Ruhe, weil es wichtig ist, über den Enthusiasmus hinaus auch das Vertrauen zu stärken, damit die neuen Möglichkeiten greifen. Künstler sind spontane Menschen, die manchmal sprunghaft in extreme Gefühlszustände geraten können. Indem wir alles nachtesteten und prüften, ob der Streß auch abgelöst war, traten Ruhe und Besonnenheit ein. Die Blockflötistin gab uns das Feedback, daß sie mit Freude ein neues Repertoire erarbeitete und die Motivation wie ein sanfter Motor im Hintergrund ihres Alltags wirkte. Sie bestätigte uns immer wieder, daß sie es zu Beginn kaum für möglich gehalten hatte, wie entscheidend die innere Motivation auf ihre äußeren Bedingungen einwirkt.

Kapitel 4

Einstellung und Einstimmung

Eng mit der Motivation verknüpft ist die innere Einstellung zum künstlerischen Schaffen. Sie bestimmt, wie der Musiker mit Problemen umgeht.

Bei den Balancen zum Thema „Einstellung zu meiner Musik/Kunst" testen wir folgende Aussagen:

1. Musik ist für mich Arbeit/Leistung.
2. Musik ist für mich Spiel.
3. Musik ist für mich Unterhaltung.
4. Musik ist für mich Ernst.
5. Ich muß/soll/darf/kann immer perfekt sein in der Musik.

Den spielerischen Umgang mit Musik und Kunst erleben wir am ehesten noch auf der ersten Motivationsebene, wenn zum Beispiel Hausmusik mit Freunden gemacht wird. Unter Nachwuchsmusikern dagegen herrscht die Einstellung vor: Musik ist Streß, Arbeit, Leistung, Benotung, Konkurrenzkampf.

Noch ein anderer Gesichtspunkt sei genannt: Wenn Eltern in die Musikausbildung ihres Sprößlings Geld investieren, entstehen oft hohe Kosten durch den Kauf eines Instruments. Unter 40 000 DM ist kaum noch eine gute Geige zu bekommen, wenn das Instrument im Wettbewerb oder im Konzert erklingen soll. Die billigste Harfe kostet 25 000 DM, ein Klavier wird durch einen „preiswerten" Flügel von 35 000 DM ersetzt. Bei Kontrabaß, Blech- und Holzblasinstrumenten sind die Preise zwar mitunter wesentlich niedriger, aber dennoch gehen die Kosten für ein gutes Instrument in die Tausende. Dieses Geld will verdient sein, zum Beispiel vom Vater, der dafür wiederum Leistung erbringen muß. Wen wundert es, daß sich der Leistungsgedanke auf das Kind überträgt, das die hohen Kosten für seine Musikausbildung durch Fleiß, Arbeit und Leistung wettmachen möchte! Wir haben oft das Argument gehört: „Ja, aber mein Papa hat doch soviel Geld für das Instrument bezahlt - da muß ich doch gut spielen."

Das Verantwortungsgefühl jugendlicher Musiker ihren Eltern und ihrem Instrument gegenüber ist bemerkenswert, und dies berücksichtigen wir immer in der kinesiologischen Balance. Wenn jedoch darüber hinaus des Erfolgsdrucks wegen die kindliche, jugendliche, ja, überhaupt menschliche Spielfreude versiegt, liegt etwas im argen.

Die dritte und vierte Affirmation „Unterhaltung" und „Ernst" berühren noch ein anderes problembeladenes Kapitel. Seitdem die unglückselige Unterteilung in E-Musik = ernste, klassische Musik, L-Musik = leichte Musik, etwa Schlager, und U-Musik = Unterhaltungsmusik, zum Beispiel Jazz und Popmusik, aus marktwirtschaftlichen Gründen vorgenommen wurde, sind wir davon geprägt. Jeder schimpft über diese sinnlose Einteilung und hat seine Probleme damit.

Jahrhundertelang dienten Kunstmusik und Volksmusik gleichermaßen der Unterhaltung; zahllose Kompositionen erfüllten keinen anderen Zweck als den des Entertainments. Sind sie aber deshalb schlechtere Musik als die für Kirche und Konzertsaal? Das ganze Opernfach diente einzig der Unterhaltung, selbst im Vatikan wurden Komponisten im 16. und 17. Jahrhundert eigens für Unterhaltungsmusik engagiert, um den hohen Klerus von seinen „schwierigen Staatsgeschäften" abzulenken.

Bei genauerer Betrachtung stellt sich heraus, daß in der Klassik zwei Dinge verwechselt werden: Spaß und Freude beim Musizieren von „ernster" Musik aus der Sicht des Musikers und der Wunsch nach Entertainment seitens einer Gesellschaft, die „ernste" Musik konsumiert, ohne ihren eigenen Anteil am künstlerischen Geschehen zu erkennen. E-Musik ist heute zum gesellschaftlichen Ereignis geworden, bei dem ein bißchen Klassik mit ein bißchen Delikatessen und ein bißchen „Small talk" zum Festivalereignis hochgestylt wird. Mit Recht kommt sich der Musiker, der sozusagen im Hintergrund als „Klassik-Garnitur“ die Party unterhält, überflüssig vor und wird kaum Spaß und Freude am Musizieren entwickeln. Hier lockt vielleicht das Honorar, und wenn dem so ist, sollte sich der Musiker über seine Unterhaltungsfunktion auch nicht beklagen. Er hat die freie Wahl, diese Rolle zu spielen oder nicht zu spielen. Es hat auch keinen Sinn, die Veranstalter von solchen unterhaltsamen Klassik-Parties zu kritisieren, solange es Musiker gibt, die sich dafür hergeben. Gerade die klassische Musik des 18. Jahrhunderts mit ihren großen Namen wie Mozart und Beethoven ist heute zum Unterhaltungsartikel, das heißt zum Konsumartikel Nr. 1 herabgewürdigt worden.

In feudalistischen Gesellschaftsformen der Vergangenheit war der Musiker von der Gunst eines Mäzens abhängig, der in der Regel der Kirche oder dem Adel angehörte. Der Willkür und den Launen des Mäzens ausgesetzt zu sein war eine schwere Last für Komponisten und ausführende Musiker. Allerdings waren sehr viele Mäzene selbst Künstler oder zumindest Kunstkenner, was man von den modernen Firmenmäzenen, die heute Musiker in Anspruch nehmen, nur im Ausnahmefall sagen kann.

Viele klassische Musiker reagieren allergisch auf das Reizwort „Unterhaltung“, schütten aber das Kind mit dem Bade aus, indem sie arrogant auf gehobene oder semiklassische Unterhaltungsmusik, sogenannte „Salonmusik“ des 18. und 19. Jahrhunderts, herabschauen. Für sie muß klassische Musik ernst sein, es darf nicht gelacht werden – und dementsprechend sind dann auch die Konzerte: Die Musiker treten in schwarzer „Begräbniskleidung“ auf, sitzen mit Leidensmiene an ihren Instrumenten und spielen mit todernstem Ausdruck, so daß sämtliche Energie dahin ist. Der Zuschauer kann allenfalls sagen: „Ich war in einem E-Musik-Konzert, es war alles so ernst und feierlich.“ Betrachtet man aber einmal das dargebotene Repertoire der E-Musiker, dann sind darunter nicht selten Werke, die zu ihrer Zeit der gehobenen Unterhaltung, das heißt einem Kreis von Musikliebhabern dienten.

Schon Kinder gehen mit Leichenbittermiene auf die Bühne und verbeißen sich das Lächeln und Lachen, weil sich das bei Bach oder Schubert nicht geziemt. Dieses Auftreten bringt uns immer wieder dazu, Musiker, die zur Balance kommen, zu fragen: „Warum kannst du keinen Spaß an klassischer Musik haben? Wer sagt, daß Bach ernste Musik sei? Hat Bach nie gelacht, geweint, geliebt, war er ein Neutrum?“ Zwischen dieser mangelnden Emotionalität im Umgang mit sogenannter E-Musik und den Show-Effekten, mit denen das Musik-Business Klassik an den Mann und an die Frau bringen will, klafft eine große, langweilige Leere. Sowohl die todernsten als auch die affektierten Klassikkonzerte sind nichtssagend und langweilig. Um aus dieser Kunst-Wüste herauszukommen, bedarf es einer anderen inneren Einstellung als der des Profitdenkens und der Bigotterie.

Die letzte Affirmation schließlich betrifft die Perfektion, deren Qualität ebenfalls von der inneren Einstellung abhängt. Deshalb verwenden wir in der Balance auch immer die Variationen „Ich erlaube mir, perfekt zu sein, ich darf perfekt sein, ich kann perfekt sein“. Die fixe Idee, immer perfekt sein zu müssen oder zu sollen, verwandelt sich so in einen liebevolleren Umgang mit sich selbst.

Hat sich die Einstellung zum schöpferischen Tun harmonisiert, ist der nächste Schritt das *Einstimmen* auf dieses Tun, vor allem dann, wenn Üben, Proben, Konzert oder Aufnahmen angesagt sind. Wir unterscheiden zwischen zwei Arten des Einstimmens:

1. Das Einstimmen des Instruments nach akustischen Gesetzmäßigkeiten und nach dem Kammerton.
2. Das psychische Einstimmen des Musikers auf seine Musik.

Wie jeder Musiker weiß, ist das Stimmen eines Instruments nicht leicht, vor allem dann, wenn mehrere verschiedene Instrumente zusammenklingen sollen oder wenn es um das Stimmen von sogenannten „historischen“ Instrumenten geht. Das Problem des Instrumentenstimmens kann zunächst einmal ein rein physisches, nämlich das des Hörens sein. Meist aber verbirgt sich dahinter ein psychisches Problem, weil wir selbst nicht eingestimmt sind. Man braucht nur einmal einen Musiker beim Stimmen zu beobachten: Er vertieft sich ganz in den Stimm-Klang, verändert Gesichtsausdruck und Iriden, bläht die Nüstern auf und atmet tiefer als sonst – er wendet sich nach innen. Gibt es jemanden im Ensemble, mit dem man nicht gut harmoniert, wirkt sich allein das schon belastend auf das Einstimmen aus. Unruhe, Gereiztheit und Nervosität sind die Folgen.

Jemand hat einmal die Instrumentensaiten mit den Strängen der Rückenmarksnerven verglichen - ein Vergleich, der sehr sinnvoll erscheint! In der nordindischen Musikausbildung lernt der Musiker, sich beim Stimmen auf die drei feinstofflichen auf- und absteigenden Energiekanäle (Susumna, Ida und Pingala) im Rückenmark zu konzentrieren, und der Lehrmeister achtet sehr sorgsam darauf, daß sich der Musiker nicht nur auf seine Hörgewohnheiten verläßt. Hören ist in Südasien ein hochgeschätzter Energievorgang, der Physis und Geist verbindet. Es heißt dort: Wenn die Energie in der Wirbelsäule blockiert ist, ist auch die Instrumentenstimmung leblos. Viele körperliche Verkrampfungen im Rücken und in den Schultern bei Musikern entstehen schon beim Stimmen des Instruments, da sie kein streßfreies Verhältnis zu ihrem Instrument haben.

In der Balance zum Thema „Einstimmen" arbeiten wir deshalb immer zuerst auf der Körperebene, das heißt, wir kontrollieren die Meridianenergie und fragen zum Beispiel:

1. Welcher Meridian schaltet bei dir ab bei der Vorstellung, dein Cembalo zu tragen, deine Flöte/Gitarre/Harfe, dein Klavier/Saxophon usw. zu berühren?
2. Welche Muskeln reagieren mit Streß, wenn du dein Instrument stimmst?

Anschließend schauen wir uns die zum jeweiligen Meridian gehörige Emotion an und gehen mit Hilfe von ESR auf die negativen und positiven Aspekte des Klienten ein.

Spielen beim Musizieren typische Haltungsprobleme eine Rolle, zum Beispiel die Körperdrehung beim Flötisten, die Belastung der Schulterpartie beim Pianisten oder das Einziehen der Brust beim Gitarristen, massieren wir die entsprechenden lymphatischen und neurovaskulären (Durchblutungs-)Punkte sowie die Meridianpunkte des Klienten, während dieser liegt, und korrigieren auf diese Weise. Körperliche Schmerzen beim Musizieren zeigen ein Zuviel an Energie der entsprechenden Muskeln und Muskelpartien an. Mit dem *Touch for Health*-Programm[18] der Kinesiologie läßt sich viel zur Harmonisierung der Beziehung Muskel – Organ – Emotion beitragen. Da diese Form der Balance jedoch die Kenntnis und Praxis des Touch for Health-Programms und einen erfahrenen Kinesiologen erfordert, können wir an dieser Stelle zwar keine Selbsthilfe für den Musiker anbieten, aber den interessierten Kinesiologie-Kollegen vorschlagen, bei Musikern, die Zupf-, Streich- und Schlaginstrumente (dazu gehört auch das Klavier!) spielen, besonders zu achten auf die Muskeln von *Teres major* (großer Rundmuskel), *Levator scapulae* (Schulterblattheber), Nakken und Hals, *Brachioradialis* (Oberarmspeichenmuskel), *Latissimus dorsi* (Breiter Rückenmuskel), *Trapezius* (Kappenmuskel), *Opponens pollicis* (Daumengegensteller), *Trapezius brachii* (Dreiköpfiger Armstrecker), *Subscapularis* (Unterschulterblattmuskel), Abdominal-Muskel (Bauchmuskeln), *Sacrospinalis* (Rückenstrekker), *Oberen Trapezius* (Oberer Kappenmuskel), *Teres minor* (Kleiner Rundmuskel), *Deltoideus anterior* (Vorderer Teil des Deltamuskels), *Pectoralis major sternalis* (Großer Brustmuskel), *Rhomboideus* (Rautenmuskel) und *Quadratus lumborum* (Vierekkiger Lendenmuskel), während bei Bläsern und Sängern vor allem die Muskeln von *Serratus anterior* (Vorderer Sägemuskel), *Coracobrachialis* (Oberarmmuskel), *Deltoideus* (Deltamuskel am Oberarm) und das Zwerchfell zu berücksichtigen sind.

Schmerz, Überanstrengung und einseitige Belastung dieser Muskeln wirken sich auf den Magen-, Milz-Pankreas-, Dünndarm-, Gallenblasen-, Leber- und Lungenmeridian aus, was wir in fast allen Symptomen des Lampenfiebers wiederfinden. Wenn uns also ein Musiker über Schmerzen im Schulterblattgürtel berichtet, während er sein Instrument stimmt, kontrollieren wir alle dazugehörigen Haupt- und Nebenmuskeln. Das gleiche gilt für Rücken, Arme und Brust. Auf diese Weise finden wir eine Erklärung, warum bereits beim Stimmen von Streich-, Blas- und Zupfinstrumenten, von Cembalo und Trommel, aber auch beim inneren Sich-Einstimmen auf Instrumente, die der Musiker meist nicht selbst stimmt, zum Beispiel Klavier oder Orgel, mehrere Meridiane abschalten und die gleichen emotionalen Symptome auftauchen wie später beim Auftritt.

Eine Körperbalance im Stadium des Einstimmens wirkt als Basis-Korrektur ausnehmend positiv auf alle folgenden Themen. Wir haben die Berührung des Instruments beim Einstimmen, das körperlich und emotional geschieht, deshalb als eigenes Thema herausgegriffen, weil der Musiker in dieser Phase noch nicht in den musikalischen Prozeß eingetaucht ist und damit eventuelle

Probleme noch nicht von künstlerischen Aspekten der Instrumentenbedienung überschattet werden.

Der Musiker und sein Instrument

John Diamond konnte bei seinen Tests feststellen, daß viele Musiker kein streßfreies Verhältnis zu ihrem Instrument haben; auf die Aussage „Ich liebe mein Instrument" testen viele schwach. Es ist kein Zufall, welches Instrument wir uns auswählen. Auffällig ist, daß manche Musiker, die ihr Instrument wechseln, mit dem alten Instrument auch den Streß ablegen und nun streßfreier musizieren, das heißt, energiestärker und mit mehr Erfolg. Der Grund dafür ist leicht zu durchschauen: Mit dem ersten Instrument unserer Wahl machen wir erste Erfahrungen, darunter viele negative, weil nicht alle Experimente beim Vorspielen gleich von Erfolg gekrönt sind. Haben wir dann mehr Erfahrungen gesammelt und wechseln auf ein zweites Instrument, fehlen diese negativen Erfahrungen, und vor uns tut sich ein noch jungfräuliches Neuland auf, das uns ermutigt und wie ein neuer Motor wirkt. Zu diesem Thema werden folgende Affirmationen getestet:

1. Ich liebe mein Instrument/Ich liebe mein Instrument nicht.
2. Ich liebe Flöte/Viola/Gitarre/Klavier/Stimme usw.
3. Ich bin eins mit meinem Instrument, wenn ich musiziere.

Oft lohnt es sich zu fragen, ob noch andere Personen mit dem Spielen des Instruments verbunden sind, etwa Familienmitglieder oder Lehrer, weil sich damit ein mögliches Problem „Musiker – Instrument" noch weiter eingrenzen läßt. Ist dies der Fall, erwägen wir immer eine Altersrückführung, denn häufig läßt sich bei Musikern ein bestimmtes Alter in der Kindheit oder Jugend feststellen, in dem der Streß im Hinblick auf das Instrument entstand. Auch das Material eines Instruments kann aufschlußreich sein, denn niemand wird etwa gern ein metallenes Blasinstrument spielen, wenn er Metall nicht mag. Die Gesangsstimme wiederum ist aus Fleisch und Blut, also ein sehr körperliches Instrument.

Der Musiker geht mit seinem Instrument eine Partnerschaft ein, die oft ein Leben lang dauert, sofern die Musik zu seinem Beruf wird. Doch wie in einer menschlichen Partnerschaft, so kann auch in der ständigen Gemeinschaft von Musiker und Instrument nicht immer eitel Sonnenschein herrschen und der Musiker sein Instrument nicht immer nur lieben. Es geht vielmehr um seine Grundhaltung, die bestimmt, ob schon beim Berühren oder Ingangsetzen des Instruments alle mit der Musik gekoppelten Streßfaktoren in Kraft treten.

Unsere bisherigen Balancen haben gezeigt, daß die erste und zweite Affirmation weitaus öfter Streß anzeigen als die dritte, da der Begriff „Liebe" in Künstlerkreisen generell streßbesetzt ist, während das Einssein, selbst unter Spannung, auf der Bühne relativ oft erlebt wird. Das Ziel einer Entstressung im Hinblick auf das Instrument ist der freie Umgang mit ihm, aber auch die emotionale Vielfalt in der Wahrnehmung des Instruments. Deshalb beziehen wir nicht nur die drei Affirmationen in die Balance ein, sondern auch alle weiteren kinesiologischen Hilfsmittel, die uns zur Verfügung stehen. Wesentlich dabei ist, das Instrument mit allen Sinnen zu erfassen, es auch während der Balance anzufassen. Wir gehen auf das Material, auf seine Größe und Lautstärke ebenso ein wie auf die Musik, die vorzugsweise darauf erklingt. Wir erinnern uns an den Trompeter Thomas, für den es „ein unfaßbares Erlebnis war, mein Instrument zu riechen, zu schmekken, daran zu lauschen, es zu ertasten". Er verstand auf einmal den Ausspruch „Ein Instrument hat eine Seele", und daß der Musiker dem Instrument die Seele einhaucht.

Der Solist und das Ensemble

Bei fast jeder Instrumentengattung gibt es Werke für solistische Besetzung, das heißt, es ist nur ein Musiker auf der Bühne. Die häufigsten Soloinstrumente sind Orgel, Klavier, Harfe, Gitarre, aber auch Cello, Violine oder Flöte. Eine andere Form des Solistentums besteht darin, daß der Solist von einem Ensemble, meistens von einem Orchester, begleitet wird. Dazu gehören die unzähligen Solokonzerte für alle Instrumentenarten, einschließlich Gesang. Optisch gesehen steht der Solist vorne, während sich das Orchester hinter ihm befindet. Auch klanglich ragt der Solist aus dem Werk heraus und steht im Rampenlicht der musikalischen Schönheit und Virtuosität. Wer als Solist auftritt, weiß, daß er sehr sicher sein muß und daß ihm die Aufgabe zukommt, das Orchester energetisch miteinzubeziehen. In der Regel sind Solisten Musiker, die gerne auftreten und auch gerne vorne stehen. Dennoch gibt es auch bei ihnen Probleme.

Eine junge Geigerin kam zu einer Einzelbalance mit dem Thema: „Ich habe das Gefühl, die Männer im Publikum gaffen mich als Frau an und kommen nicht wegen meiner Musik". Man könnte meinen, dies sei ein Bagatellproblem, aber meist steckt doch mehr dahinter. Weibliche Konzertsolisten, so will es seit Jahrzehnten das Musik-Business, müssen auch dem Auge etwas bieten. Sie sollen in einer schönen Robe auftreten, während bei den Männern immer noch der phantasielose schwarze Frack genügt, um die Konventionen zu erfüllen. Die Vorstellung, in Galakleidung musikalisch zu versagen, ist etwa für viele Sängerinnen ein Alptraum. Sie würden am liebsten in Sack und Asche auftreten, um einen möglichen Versagensschock zu mildern. Solistinnen stehen in dem Zwiespalt, sich als Musikerin und Frau zeigen zu müssen; sie möchten zwar bewundert werden, aber nur in einem bestimmten Maß.

In der Balance mit einer Musikerin, bei der dieses Thema anzeigt, gehen wir zunächst darauf ein, was vor allem für sie selbst wichtig ist, welche Motivation sie hat, als Solistin aufzutreten und was sie bereit ist, sichtbar werden zu lassen. Hierzu ein Ausschnitt aus einer Balance mit der jungen Geigerin Katrin, in der sie eine positive Erfahrung mit den Affirmationen „Ich bin eins mit mir, mit meinen Kollegen, mit dem Publikum" machte:

Tester: Du spielst jetzt solistisch auf der Bühne, alle Menschen schauen dich an und hören dir zu. Wie ist das für dich?
Katrin: Schrecklich, wie die mich anstarren. Ob die überhaupt zuhören?...
T.: Hast du wirklich Zeit, dir darüber Gedanken zu machen?
K.: Ich spüre das einfach. Die starren auf mein Kleid, die starren mich an, weil ich noch so jung bin.
T.: Wenn ich jetzt zu dir sage: Du bist schön anzuschauen und spielst schöne Musik, das genieße ich.
K.: Das ist was ganz anderes, du verstehst ja meine Musik, aber die Leute...
T.: Na, bist du so sicher, daß sie nichts von Musik verstehen, bist du da nicht etwas überheblich?
Schweigen.

K.: Ich habe mir das letzte Konzert nochmal vorgestellt. Stimmt, da waren ein paar Leute, die hatten die Augen geschlossen. Ich hatte das Gefühl, sie genießen ganz besonders.
T.: Und die mit den offenen Augen?
K.: Ich weiß jetzt, was ich mache. Ich habe mir gerade einen hauchdünnen Mantel erschaffen, den ich um meine Schultern lege, und der läßt nur die guten Gedanken der Zuschauer durch.
T.: Gehe tief in das Gefühl hinein: Du hast den Mantel an und musizierst.
K.: Ja, das ist gut so. Ich habe den Mantel in Pink gefärbt, das strahlt und gibt mir Sicherheit vor den Blicken.
T.: Ist das so optimal?
K.: Nein!
T.: Was fehlt?
K.: Jetzt starrt mich der Dirigent so aufdringlich an.
T.: Beim Spielen oder nachher?
K.: Beim Spielen. Ja, ich weiß, wir brauchen ja Blickkontakt, aber trotzdem – er könnte ja auch weniger lüstern gucken.
T.: Der Dirigent steht für andere Menschen, die dich lüstern anschauen. Was änderst du bei dir, daß es dich nicht behelligt?
K.: Ich baue einen Lichtschutzwall. Ich sehe nur seine musikalischen Impulse und nicht, *wie* er guckt.
T.: Hilft dir dein Lichtwall bei deiner Musik?
K.: Ja, sehr gut. Ich bin ganz bei mir.
T.: Und was ist mit dem Publikum?
K.: Das schaut mich an, das ist ganz in Ordnung so. Ich fühle mich sicher und geborgen.

Was dieser kleine Balanceausschnitt zeigt, ist die enorme Energetik, die jeder Solist in der Tat aushalten und bewältigen muß, die jeder Solist anders zum Ausdruck bringt. Die Geigerin drückte es mit dem Bild von „aufdringlichen Blicken" aus, aber dahinter steht, daß ein Solist alleine dem riesigen Energiepotential „Publikum" gegenübersteht. Dieses Potential wird im Laufe des Konzerts – vor allem, wenn der Solist etwas zu sagen hat – geordnet, gebündelt und dadurch noch um ein Vielfaches erhöht. Der Solist muß dem Publikum energetisch immer ein paar Schritte voraus sein, denn er ist es, der die Energien ordnet. Entsteht bei ihm Unordnung in der ausstrahlenden Schwingung, überträgt sich dies blitzschnell auf die Zuhörer. Wir werden oft gefragt, wie denn die Energie des Publikums harmonisiert wird. Die Antwort ist ganz einfach: durch die ungeteilte Aufmerksamkeit.

Kommen wir nun zum Ensemble, das vom Duo bis zum großen Orchester reicht. Jeder Musiker bringt seine Energiedisposition in das Ensemble ein und beeinflußt damit auch das Zusammenspiel. Harmonien und Disharmonien können durch das Energiefeld der Mitglieder gestärkt und geschwächt werden.

Bei Balancen mit Ensembles setzen wir den Atemlänge-Test ein, um Veränderungen im Energiefeld festzustellen. Die Erfahrung zeigt nämlich, daß manche Probleme allein durch die Aufstellung beziehungsweise Sitzordnung des Ensembles bedingt sind und mit Hilfe einer Veränderung behoben werden können, die sich für die Zuhörer in einem deutlichen Klangunterschied zeigt. Allerdings läßt sich die Sitzordnung etwa eines Streichquartetts aufgrund seiner vorgegebenen hierarchischen Struktur nicht verändern, was oft zu den bekannten menschlichen Problemen führt. Doch auch hier können wir kinesiologisch positive Veränderungen bewirken.

Der Atemlänge-Test für Ensembles

Das Ensemble spielt zuerst in gewohnter Sitzordnung. Dann wählen wir eine Surrogat-Testperson, die für die Zuhörer steht, und stellen sie den Musikern gegenüber. Bei dieser Testperson führen wir zunächst alle Vortests durch, um zu gewährleisten, daß ihr Muskelfunktionskreis gut funktioniert und damit korrekte Ergebnisse zustande kommen.

Beim anschließenden Atemlänge-Test, genauer gesagt, beim Lebensenergie-Atemdauer-Test nach John Diamond, geschieht folgendes: Wir testen den ausgestreckten starken Deltamuskel der Testperson, während diese den Atem anhält, indem wir so lange leicht auf ihren Arm drücken, bis er nachgibt. Diesen Vorgang testen wir zunächst ohne Musik und stoppen die Zeit, bis der Muskel schwach wird. Dadurch erhalten wir die individuelle Atemlänge der Testperson und notieren das Ergebnis. Nun lassen wir das Ensemble spielen und messen, wie lange der Muskel der

Testperson, die dabei wieder den Atem anhält, jetzt stark bleibt. Erfahrungsgemäß beträgt die Atemlänge bei energieschwachem Spiel etwa fünf Sekunden, bei energiestarkem Spiel dagegen bis zu 40 Sekunden und mehr. Nun beginnen wir mit einem einzelnen Musiker des Ensembles, lassen ihn spielen und testen die Atemlänge der Testperson, dann nehmen wir einen zweiten Musiker hinzu, testen wieder usw., bis alle Musiker gemeinsam spielen. Es wird sich ergeben, daß in diesem Prozeß ein Musiker beim Atemlängetest eine Schwächung auslöst. Nun ist größtes Einfühlungsvermögen gefragt, denn es soll weder ein Sündenbock gefunden noch ein Konkurrenzdenken ausgelöst werden. Wir stellen klar, daß die Musiker sich zum gemeinsamen Musizieren eingefunden haben und daß der Test zum Wohl aller Mitspieler geschieht – nicht um einen von ihnen zu brandmarken.

Wir testen jetzt den Delta-Muskel des betreffenden Musikers an seinem Platz im Ensemble. Ist der Muskel schwach, kann vielleicht ein Platzwechsel helfen. Fühlt sich nämlich ein Musiker an seinem Platz nicht wohl, kann er keine 100prozentige Leistung bringen. Ist der Platzwechsel nicht möglich, zum Beispiel im Orchester oder im Streichquartett, versuchen wir, das emotionale Problem des Musikers mit Hilfe von ESR herauszufinden. Eine andere Möglichkeit bietet sich, indem dieser Musiker getestet wird, während er der Reihe nach seine Kollegen anschaut. Schaltet der Muskel bei einem bestimmten Gegenüber ab, versuchen wir, dieses Beziehungsproblem unter Einbeziehung aller kinesiologischen Balancemöglichkeiten mit ESR abzulösen.

Wir können nicht oft genug betonen, daß dieses Thema zu den heikelsten gehört. Musiker sind in gewisser Weise aufeinander angewiesen, das Zusammenwirken von Sympathie und musikalischem Können aber ist der Idealfall, nicht die Regel. Zugunsten des perfekten Musizierens ist fast jeder Musiker bereit, seine Emotionen dem oder den Kollegen gegenüber zu unterdrücken. In Kammermusikensembles sind schwelende Aggressionen leichter zu entlarven als in Orchestern, wo manches Problem allein schon durch die große Anzahl von Musikern verflacht und diffus wird. Hier ist es eher das Verhältnis zum Dirigenten, das klare Probleme erkennen läßt. Mit kinesiologischen Mitteln läßt sich jedoch auch hier Positives bewirken, denn letztlich geht es immer um individuelle Probleme einzelner Musiker.

Der Puls und die Dreidimensionalität in der Musik

Beim Musizieren zeigt sich häufig das Phänomen, daß der Atem des Musikers stockt und völlig anders ist als der Puls des Musikwerkes. Daraus folgen viele Arten von Verspannung. Der Puls ist die innere Bewegung der Musik. Rhythmus und Metrik sind einzelne Bestandteile des Pulses, sozusagen sein „Skelett". Der Puls beruht auf der übergeordneten harmonischen Ganzheit von Spannung und Entspannung. Dieser ganzheitlichen Bewegung entspricht der Atem des Musikers, genauer, die sogenannte „Prana-Energie" oder Atemenergie. Spielen wir ein Musikstück, sollte unser Puls trotz aller Individualität mit dem Puls des Stückes zu einem harmonischen Ganzen werden. Daß dem oft nicht so ist, zeigt sich in jenem atemlosen, schnellen Musizieren, das keine Schwerpunkte, keine Ruhepole, keine Ziele hat. Gute Musiklehrer empfehlen ihren Instrumentalschülern, das Werk, an dem sie üben, zu singen, da sich durch das Ein- und Ausatmen ein Gefühl für den Puls beziehungsweise den Atemfluß des Werkes ergibt. Gerade bei Lampenfieber entsteht aber oft das Problem, daß sich der Pulsschlag des Interpreten erhöht und dieser dadurch schneller und schneller spielt, bis es ihn womöglich aus der Musik „herauskatapultiert" wie einen Rennfahrer aus der Kurve. Perfekten Musikern passiert letzteres zwar nicht, aber dennoch entsteht eine ungesunde Spannung bei Mitspielern und Zuhörern, weil man die fehlende Übereinstimmung förmlich spürt.

Der Puls ist aber nicht auf die gefühlsmäßige und akustische Wahrnehmung beschränkt, sondern wirkt auch nach außen in den dreidimensionalen Raum. Im Musizieren äußert sich dies durch eine Harmonie von Denken und Körperbewegung. Eine mangelnde Integration erkennen wir am sogenannten „flachen" Spiel und an der fehlenden oder unpassenden Körperbewegung des Musikers zu seiner Musik. Viele Balancen haben das Problem der Musiker gezeigt, sich zu ihrer Musik zu bewegen. Das Denken „Wie ist der Puls des Stückes?" und das körperliche Handeln „Wie drücke ich den Puls körperlich aus?" reagieren dann völlig getrennt voneinander – sehr zur Verblüffung vieler Musiker.

Bedenklich dabei ist, daß junge Musiker sich oft weigern, Bewegungen zur Musik auszuführen, weil sie überhaupt keinen Zusammenhang zwischen ihrer Musik und ihrem Körper sehen. Drastischer könnte sich unsere verkopfte Bildung nicht ausdrücken! In der landläufigen Musikerziehung fehlt leider meist jede Basis, die uns erfahren läßt, daß Musik nicht außerhalb von uns selbst stattfindet.

Durch die Bewegung erschließt sich uns der innere Atem der Musik, und wir lernen zu begreifen, daß Bewegung schöpferische Kraft ausdrückt. Wenn die Körperzellen den Puls erfassen, können wir frei mit der Musik umgehen. Es reicht nicht, daß der Kopf die Musik steuert. Jede einzelne Zelle muß mit der Musik schwingen, denn nur so verstärkt sich die Energieausstrahlung und entsteht kein Widerstreit zwischen „Körperzellen" und „Gehirnzellen".

Musiker, die nicht gelernt haben, sich zur Musik zu bewegen, können sich zwei ausgezeichnete kinesiologische Körperübungen zunutze machen, die die Integration von Körper und Gehirn fördern. Bei der ersten Übung arbeiten wir mit zwei Symbolen:

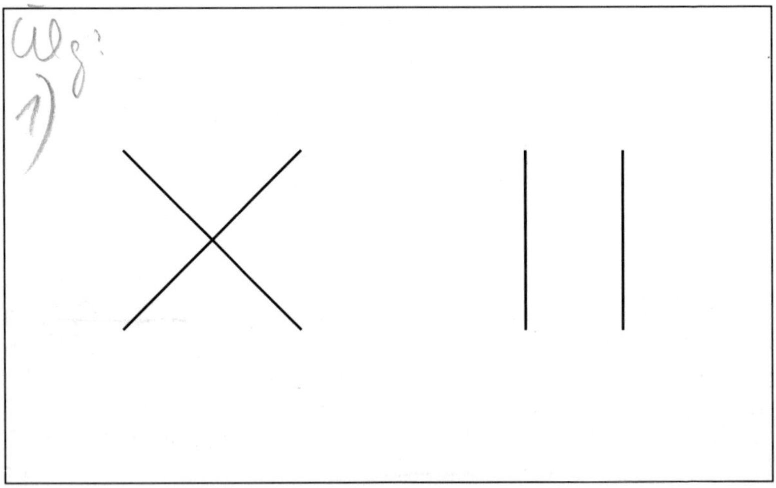

Das Kreuz steht für die Überkreuzbewegung: Rechter Arm und linkes Bein, anschließend linker Arm und rechtes Bein bewegen sich rhythmisch wie beim Wandern, nur daß dabei die Beine so hoch wie möglich angehoben und die Ellbogen, wenn möglich, jeweils zum gegenüberliegenden Knie geführt werden.

Die Parallelen entsprechen der Homolateralbewegung (Bewegung auf der gleichen Seite): Rechter Arm und rechtes Bein, anschließend linker Arm und linkes Bein bewegen sich wie bei einer Marionette. Gemäß der *One Brain*-Methode[19] empfiehlt es sich, beim Überkreuzgehen zu summen und beim homolateralen Gehen zu zählen, wobei das Überkreuz- und das Homolateralgehen mindestens achtmal miteinander abwechseln, bis die Übung mit dem Überkreuzgehen beendet wird. Durch diese Übung wird die Aktivität des Corpus callosum, das in Überkreuzbahnen die Neuronen der linken und rechten Gehirnhälfte verbindet, im großen Maßstab und in Zeitlupe nachgebildet. Für den Musiker ist diese die wichtigste Übung; ihre Wirkung wird im Übungsteil dieses Buches auf Seite 294 beschrieben.

Die zweite Übung dient ebenfalls der Gehirn- und Körperintegration von linker und rechter Seite und eignet sich ausgezeichnet für das Erleben der Dreidimensionalität:

Wir lassen den Musiker, wenn möglich mit Instrument, musizierend auf einer sichtbaren Linie über Kreuz gehen, um Denken und Körperbewußtsein zu integrieren (siehe Seite 292). Dabei fällt auf, daß selbst dann, wenn der Puls der Schritte schließlich mit dem der Musik übereinstimmt, die Bewegungen oft immer noch eckig, schroff, stockend und zweidimensional und damit flach wirken. Entsprechend ist dann auch der Klang immer noch kantig und flach. Diese Menschen sind zu sehr von der Zweidimensionalität unserer Schrift auf dem Papier, auch dem Notenpapier, geprägt. Ein gespielter Ton sollte sich dreidimensional, in alle Richtungen des Raumes entfalten, nur so kann er den Raum auch rund und stark füllen, anstatt flach zu klingen. Schließlich haben wir es auf der Bühne mit einem dreidimensionalen Raum zu tun, den wir nicht nur durch Töne ausfüllen, sondern durch unser ganzes Selbst. Wir sind die Musik, die wir spielen.

Wir wollen an dieser Stelle einmal ein mögliches Vorgehen bei einer solchen Balance in Form einer Tabelle vorstellen (siehe Seite 84). Dies könnte auch für Musiklehrer sehr interessant sein, die mit ihren Schülern musikkinesiologisch arbeiten wollen.

Die Dreidimensionalitäts-Balance

1. Die Erlaubnis des Musikers einholen; seine uneingeschränkte Bereitschaft sicherstellen, die positiven Auswirkungen der Balance zu akzeptieren.
2. Den Musiker etwas vorspielen lassen. Die Symbole X (für das Überkreuzmuster) und II (für das Homolateralmuster) testen. Das Ergebnis sollte ein starker Muskel sein. Reagiert der Muskel schwach, folgt eine *Korrektur*:

3. Den Musiker wie oben beschrieben zunächst für einige Minuten im Wechsel über Kreuz und homolateral gehen lassen.
4. Anschließend den Musiker auf einer Linie über Kreuz gehen lassen gemäß der Abbildung auf Seite 292. Wenn das Instrument transportabel ist, den Musiker musizieren lassen, während er die Linie überkreuzt. Andernfalls singt oder summt der Musiker einen Ausschnitt aus dem Musikwerk.
5. Schließlich soll sich der Musiker im Raum *tanzend* zu seiner Musik bewegen und dabei den ganzen verfügbaren Raum ausnutzen. Darauf achten, daß jede Nuance der Musik körperlich sichtbar wird. Sänger und Instrumentalisten, die ihr Instrument nicht transportieren können, sollen Arme und Hände in die Bewegungen einbeziehen.
6. Den Musiker abschließend an einem festen Standort (Sinnbild für die Bühne) musizieren lassen; dabei soll er sich die räumliche Vorstellung einer *Kugel* (Sinnbild für Dimensionalität) vor Augen halten.

Kapitel 5
Strukturprobleme in der Musik

Mit diesem Kapitel betreten wir das weite Feld der Musizierpraxis. Nach unserer Erfahrung wurzeln hier die meisten Blockaden und Streßfaktoren, weil der Musiker von Kindesbeinen an damit umgeht und während seiner musikalischen Ausbildung Kindheit, Pubertät und Jugend durchläuft.

Während John Diamond die Energetik und Ausstrahlung eines Musikwerks und des Musikers, der das Werk spielt, untersuchte, testete und wertete, befassen wir uns intensiv mit den *Strukturelementen* eines Musikwerks. Wir rollen es gewissermaßen von innen nach außen auf, indem wir die Energie des Einzeltons, des Intervalls, der Tonarten und schließlich die größeren melodischen, rhythmischen und harmonischen Zusammenhänge betrachten. Dieses Vorgehen hat sich als sinnvoll erwiesen, weil der Musiker bereits als Kind die Strukturelemente in dieser Reihenfolge wahrnimmt und dabei speichert, was schwierig und was leicht zu bewältigen ist. Die Strukturelemente sind zwar die Grammatik der Musik, aber wir betrachten sie nicht, wie dies in der herkömmlichen Musikausbildung üblich ist, als rein technische, voneinander unabhängige Einzelheiten, sondern als lebendige Organismen, die entscheidenden Einfluß auf das Musikwerk als Gesamtorganismus haben. Unsere ganzheitliche Betrachtungsweise der musikalischen Strukturelemente ist das Herzstück der Musik-Kinesiologie.

Für die kinesiologische Arbeit mit dem Musiker ergeben sich dadurch vollkommen neue Perspektiven: Hat ein Musiker ein Problem mit einem Musikstück, fragen wir nicht nach seinen körperlichen oder psychischen Dispositionen, auch nicht nach der Energetik in der Ausstrahlung seines Spiels, sondern wenden uns den Strukturelementen zu, aus denen das Werk besteht. Hier fühlt sich der Musiker zuhause, und hier gewinnen wir auch sein Vertrauen in die kinesiologische Arbeit.

Seit 16 Jahren befassen wir uns mit dem Thema „Farben" und dem Zusammenhang von Klang und Farbe. Der Autor ist außer als Musiker auch als Maler tätig und beobachtete über Jahre, wie sich Musik und Malerei wechselseitig beeinflussen. Es gibt zwar viele verschiedene Ansichten über die Beziehung zwischen Tönen (Tonarten) und Farben, doch berufen wir uns zum einen auf unsere eigene Erfahrung, zum anderen auf unsere Zusammenarbeit mit Ray Williamson aus Manchester, der seit über 30 Jahren auf dem Gebiet der *Aurafarben* arbeitet und dank einer besonderen medialen Begabung die Aura farbig sieht. Darüber hinaus erhielten wir viele Anregungen aus anthroposophischen Werken über Musik, Farbe, Proportionen und Planetenkräfte von Autoren wie Rudolf Steiner[20], Wilhelm Dörfler[21], August Aeppli[22] oder Friedrich Oberkogler[23]. Auch Forschungsergebnisse der Autorin über die Strukturelemente und Prinzipien des Yoga in der klassischen nordindischen Musik sind hier eingeflossen.

Auf dieser Basis arbeiten wir beispielsweise seit sechs Jahren mit Sängern, deren Intonationsprobleme wir allein über Farb-Ton-Beziehungen korrigieren. Anstatt dauernd zu sagen: „Du singst zu hoch, du singst zu tief, nimm das Gis etwas schärfer" usw., sind wir dazu übergegangen, den Musiker zu bitten, eine adäquate Farbe zu visualisieren. Die Musiker sind überrascht, daß dies so einfach und schnell funktioniert und begreifen intuitiv den Zusammenhang zwischen Ton und Farbe.

Unsere langjährige Beschäftigung mit der Musik des italienischen Frühbarock (etwa 1580–1660) gab uns außerdem die Inspiration, die alte italienische *Affektenlehre* zu studieren, nach der Töne mit Farben und diese wieder mit Emotionen zusammenhängen. Aus diesem Grund wählte man im Barock nur bestimmte Tonarten, um beim Künstler und Zuhörer bestimmte Empfindungen und Wahrnehmungen auszulösen. Als wir mit Gerhard Konzelmann in Venedig einen Musikfilm mit italienischer Frühbarockmusik drehten, fanden die Aufnahmen in einem alten Palazzo statt. Hier erlebten wir die Einheit von Formen, Raumproportionen, Klängen und Farben. Die Musik spielte sich wie von alleine, wir Musiker kamen uns als geistiger Kanal vor, durch den die Musik einfach hindurchfloß. Der Reichtum an Obertönen wurde durch die akustischen Bedingungen ermöglicht, die Wahl der Farben paßte zu den Tonarten der Werke, die Tonarten paßten zu den Instrumenten (Gesang, Laute, Viola da gamba, Cembalo). Wir erlebten zum erstenmal die vollkommene Harmonie im Musizieren, und dies als moderne Menschen und trotz aller Technik um uns herum. Dieses Erlebnis gab uns den Impuls, so viel wie möglich über die Beziehung Ton – Farbe – Emotion zu erfahren, um dieses Wissen dann Jahre später kinesiologisch umzusetzen. So entstand durch zahllose Tests das *Farb-Ton-Barometer*, auf das wir noch ausführlicher eingehen werden.

Bezüglich des Strukturelements „Intervall" kam die Inspiration zunächst aus Nordindien, wo die Autorin im Verlauf von zwei großen Forschungsarbeiten unter anderem die indische Intervalllehre untersuchte. Wie die europäische Musik basiert auch die klassische nordindische Musik auf den pythagoreischen Proportionsgesetzen und hat durch den indischen Geist eine unvergleichliche Umsetzung in Musik und Farbe erfahren. Beim Studium der europäischen Musikkultur fanden wir, daß auch hier die emotionale Wertigkeit von Intervallen zwischen 1200 und 1800 sehr oft gewechselt hat. So war im Mittelalter die Terz verpönt, während die Quinte als Inbegriff der Klarheit galt, in der Romantik wiederum war die Terz unersetzlich. Jahrhundertelang war der Halbton oder Leitton in seiner starken Spannung zum nächsten Ton für die Schlußbildung einer Komposition wichtig und faßte emotional das Vorausgegangene zusammen, während im Impressionismus des 20. Jahrhunderts in den Kompositionen die kleine Sekunde als Gemütsträger für Melancholie überall auftauchte – um nur ein paar Beispiele für das sich wandelnde Verständnis von Intervallen aufzuzeigen.

Als Musikstudent lernt man die Intervalle heutzutage hauptsächlich in der Gehörbildung, einem ungeliebten Fach, da es von der lebendigen Musik vollständig abgekoppelt ist. Was dabei für das musikalische Gehör getan wird, bleibt uns bis heute ein Rätsel, denn das Gehör ist kein technisches Gerät, sondern ein wichtiges feinenergetisches und ganzheitliches Wahrnehmungszentrum. Wir sagen deshalb auch nicht „Intervalle hören", sondern „Intervalle erleben", was für die meisten Musiker neu ist. So merkwürdig es klingen mag: Ein Intervall ist eine klangliche und farbliche Dehnung, denn hier treten zwei Töne in Beziehung, und diese findet nicht außerhalb des Menschen statt, sondern wird von ihm wahrgenommen - er ist also Teil dieses Ereignisses.

In Indien spricht man von der sichtbaren und unsichtbaren Aura eines Intervalls. Das hört sich unlogisch an, weil wir Töne nicht zu sehen pflegen und die Aura für uns nicht dem auditiven Bereich angehört. Doch der indische Musiker lernt in seiner Ausbildung von Kindheit an, klangliche und farbliche Entsprechungen zu erkennen und alle seine Sinne in der Musik einzusetzen. Fragen wie zum Beispiel „Wie schmeckt dieser Ton, was fühlst du um ihn herum, was hörst du hinter ihm, was siehst du, wenn du ihn spielst?" vermitteln dem Schüler bereits, daß Musik nicht nur mit den Ohren erlebt wird. Musik wird in Indien als Weg der Bewußtseinsschulung angesehen, und der erste Schritt dazu ist, alle Sinne in der Wahrnehmung der Musik einzusetzen. Wenn indische Musiker im Westen ein Konzert geben, betreten sie vorher den Raum, um in ihm wahrzunehmen, welche Schwingung da ist, nach welcher Musik es riecht und schmeckt, welche Farben sie vor ihrem inneren Auge sehen. Erst danach entscheiden sie, welcher Raga, welche Klangpersönlichkeit in *diesem* Raum zu einer bestimmten Konzertzeit angebracht ist.

In der Tat ist das Intervall die mächtigste Strukturpersönlichkeit, denn ohne sie gäbe es keine musikalische Bewegung und keine Melodie. Schon zwei aufeinanderfolgende Töne sind Bewegung, bilden ein Intervall und die Keimzelle für eine Melodie. Der gravierende Unterschied zwischen Ost und West in der Betrachtungsweise von Intervallen ist, daß wir die beiden Intervalltöne als Grenzsteine sehen, die einen exakt definierten Abstand voneinander haben und genau intoniert sein müssen, während die Inder ihre Aufmerksamkeit vor allem auf das richten, was *zwischen* den Grenzsteinen stattfindet. Die Ecktöne eines Intervalls sind mehr oder minder statisch, aber dazwischen findet ein energetischer Prozeß statt, der von dem Gesamtorganismus „Komposition" bestimmt wird. Wir erkennen hier eine ganzheitliche Sichtweise von innen und außen. Sie war und ist unser Vorbild für die Arbeit mit den Strukturelementen.

Bei der Beschäftigung mit diesem Thema fiel uns auf, daß es bestimmte Intervalle gibt, die einem Musiker liegen, während er andere nur ungern singt oder spielt. Wir fragten uns nach den Gründen, ließen jedoch die vordergründigen Argumente, dies sei auf technische Schwierigkeiten des Instruments oder der Stimme zurückzuführen, außer acht. Bei Balancen stellten wir Ängste vor bestimmten Intervallen fest, ferner eine starke emotionale Reaktion, wenn wir die Intervalle einzeln heraushoben, sie singen und spielen ließen. Dabei kamen wir auf die Idee des *Intervall-Barometers*, das bestimmte emotionale Polaritäten ausdrückt. Unser Vorbild war das berühmte kinesiologische Verhaltensbarometer, das wir ständig benutzten, das uns aber für Probleme mit den Intervallen nicht ausreichte, weil ein Musiker sich beim Spielen oder Hören eines Intervalls nicht in der einen oder anderen Weise verhält, sondern vielmehr bestimmte Empfindungen hat.

Nicht nur die Inder sind für das energetische „Dazwischen“ bei Intervallen empfänglich, sondern jeder Musiker. Das wird besonders bei großen Intervallen wie Sexte, Septime oder Oktave deutlich. Wir überspringen dabei nicht fünf, sechs oder sieben Töne, sondern wir durchleben sie in dem Intervall! Das wird jedem Musiker klar, dem wir das einfache Bild vor Augen halten: „Stell dir vor, du stehst hier bei Ton D und willst nach Ton H – welche Töne liegen dazwischen?“ Gewohnt, nur die Eckpfeiler des Intervalls zu hören, wird er spontan vier Töne nennen: E, F, G, A. Beim zweiten „Hinsehen“ und „Hinhorchen“ wird er die Halbtöne registrieren und vielleicht sechs Töne nennen: ES, E, FIS, G, GIS, A, AIS. Beim dritten Betrachten wird ihm klar werden, daß die enharmonische Verwechslung eine willkürliche Festlegung ist, um die gleichmäßig temperierte Stimmung zu ermöglichen, und daß die lebendige Musik durchaus zwischen DIS, ES, E, EIS, F, GES, FIS, G, AS, GIS, A, B, AIS unterscheidet, wobei wir schon 13 Töne zwischen D und H wahrnehmen können. Was aber geschieht erst, wenn wir den klassischen Tonsatz verlassen und – wie die Inder – anstatt mit Halbtönen auch mit Drittel- und Vierteltönen umgehen? Bei dieser Betrachtungsweise des Intervalls wird jeder Musiker nachdenklich, aber wichtiger ist noch, daß er innerlich bewegt wird, daß er Empfindungen verspürt und manchmal beinahe ängstlich reagiert, wenn sich ein unermeßlich großes Wahrnehmungsfeld vor ihm auftut, das bislang brachlag.

Aufgrund dieser Erfahrungen und auf dem Hintergrund unseres musikgeschichtlichen und musikpsychologischen Wissens begannen wir, den einzelnen Intervallen bestimmte Emotionen zuzuordnen. Es stellte sich heraus, daß zu einem Intervall mehrere emotionale Zustände paßten, je nach musikalischem Umfeld, zum Beispiel der Tonart. Deshalb einigten wir uns auf vier meist polare Begriffe pro Intervall.

In letzter Instanz befaßten wir uns mit den *kompositorischen* Elementen eines Werks, zum Beispiel dem Aufgesang und Abgesang, mit den Formen von Lied, Arie, Sonate und Symphonie als den größten Strukturelementen unserer Kunstmusik, die eine Vielzahl von Botschaften enthalten und viel deutlicher zum Vorschein kommen, wenn auswendig gespielt wird und der Musiker nicht mehr am Notenbild haftet.

Ausgehend von Einzelton, Intervall und Tonart kommen wir zur Komposition, die den Gesamtorganismus darstellt. In Indien spricht man bezeichnenderweise von einer „Klangpersönlichkeit“. Dieser Begriff läßt ahnen, daß es um mehr geht als die Summe aus musiktheoretischen Einzelteilen. Wie ein Mensch, so ist auch ein Musikwerk von feinstofflicher Energie durchdrungen – von der des Komponisten und der des Interpreten. Nicht das Notenblatt ist die Musik, sondern das Umsetzen aufgeschriebener Ideen durch die menschliche schöpferische Kraft. Was der Komponist hellhörig wahrnimmt, was er bei der Schaffung seines Werkes visualisiert und empfindet, ist weder genau das, was er zu notieren vermag, noch was der Musiker ausführt. Besonders in der Musikpraxis gibt es eine große Bandbreite schöpferischer Freiheit – weit mehr, als sich die meisten Musiker zugestehen! Viele aber kleben am Notenbild, an musikwissenschaftlichen und musiktheoretischen Vorgaben, anstatt sich zu fragen: Was nehme *ich* mit allen meinen Sinnen wahr? Wie will *ich* das Werk spielen? Um diese Fragen zu beantworten, braucht es nur eines: Phantasie. Und darum ist es bei vielen Berufsmusikern schlecht bestellt. Nähme man uns Klassikmusikern die Noten weg, würden nur wenige künstlerisch überleben, denn wir sind nicht gewohnt, selbst schöpferisch zu sein, sondern wähnen uns vom Komponisten abhängig.

Das Musikwerk bildet die Basis für verschiedene Einzelbalancen, bei denen wir die Musiker grundsätzlich ihr „Problemwerk" oder ihre Problemstelle in einem Werk farbig malen lassen. Dieser einfache und doch so tiefgreifende Prozeß eröffnet dem Musiker, daß er persönlich etwas mit diesem Werk zu tun hat, das er spielt, und zwar als ganze Persönlichkeit. Die Wahl seiner Farben bringt ihn auch heilsam fort von dem Schwarzweißdenken der Notenblätter.

Interessant war eine Umfrage unter Musikern, die nicht gerne auswendig spielen. Wir fragten sie: „In welcher Farbe visualisierst du die Musik?". Die Anwort war: „Ist doch klar - in Schwarzweiß, so wie die Noten!" Musiker, die eher auditiv auswendig spielen, fragten wir: „In welchen Farben hörst du deine Musik?" Die Verwirrung stand auf den Gesichtern geschrieben: „Farbig hören? Was ist denn das für'n Blödsinn?" Bessere Zeugnisse für Phantasielosigkeit könnten wir nicht dokumentieren! Natürlich gab es auch sehr sensitive Musiker, die sofort davon begeistert waren, ihre Wahrnehmung zu erweitern, und die problemlos farbig hören und visualisieren konnten, wenn man ihnen das Warum und Wie erklärte. Außerdem wußten wir ja, daß die aggressiven Reaktionen nicht aus Besserwisserei rührten, sondern aus Unsicherheit.

Wir erlebten bei Jugendlichen häufig, daß sie zu Beginn alles abblockten, was vom Notenbild und vom perfekten Spiel abwich. Dann kamen wir auf die Idee, ein Musikwerk, das alle kannten, auch von allen malen zu lassen. Plötzlich waren die jungen Leute neugierig, wie das Ergebnis wohl aussehen könne, wie ihre Bilder sich voneinander unterscheiden würden. Wir wählten zum Beispiel die „Kleine Nachtmusik" von Mozart. Die einen hatten in dem Werk schon mitgespielt, andere hatten das Stück bis zum Überdruß in der Schule analysiert, wieder andere fungierten als Projektionsfläche ihrer Eltern, indem sie diese Musik wichtig und gut fanden, weil sie von Mozart ist. Das Experiment gelang hervorragend, denn 13 Schüler malten 13 Fassungen von der „Kleinen Nachtmusik", und anhand der Bilder konnten wir die farblichen und strukturellen Gemeinsamkeiten wie auch die Abweichungen feststellen, wobei den Jugendlichen die Gemeinsamkeiten wie Zauberei vorkamen. Durch diese Bilder hatten wir die Möglichkeit, die Strukturelemente der Musik herauszulösen und den Blick dafür zu öffnen, wie einzigartig jede Interpretation eines Werkes sein kann, das die „Spatzen von den Dächern pfeifen“ und das in Deutschland, neben den „Vier Jahreszeiten“ von Vivaldi, das am meisten gespielte und gehörte Musikwerk ist. Die jungen Musiker wurden nachdenklich. Schließlich wollte jeder sein Musikwerk, an dem er sich gerade die Zähne ausbiß, auch so angehen. Der Bann war gebrochen, und wir arbeiteten zwei Tage intensiv an den Möglichkeiten, ein Werk farbig zu hören, zu sehen und mit allen Sinnen zu erleben. Plötzlich konnten alle die Musik riechen, schmecken, fühlen, hören und sehen. Was mühsam begann, mündete in ein phantastisches gemeinsames Erleben, und bald wurden wir von verschiedenen Volkshochschulen gebeten, Vorträge über das Thema „Neue Wege des Musikerlebens“ zu halten. Wir verpackten die kinesiologischen Aspekte, nämlich die Lösungsmöglichkeiten von Streß, in das Thema „Strukturelemente in der Musik“ und erreichten so den Musiker wie den potentiellen Konzert- oder Operngänger.

Die Beziehung Farbton – Tonfarbe

Franz Liszt rief seinem Orchester einmal zu: „Blauer, meine Herren, diese Tonart erfordert es!“ und ein andermal: „Das ist ein tiefes Violett, nicht so rosa!“

Farbe ist Ausdruck von Leben und ruft bestimmte psychische Stimmungen in uns wach. Der Umgang mit Farben beeinflußt die Erlebnisfähigkeit des Menschen und setzt kreative Lebensenergie frei. Aus dieser Sicht ist es wichtig, daß auch Musiker mit Farben umgehen. Dazu müssen sie keine Malkünstler sein – sie tun es für sich und ihre Musik. Und: Es lohnt sich, über die Begriffe von „Farbton“ und „Tonfarbe“ nachzudenken, denn dies sind keine Wortspielereien. Dabei geht es nicht darum, diesen oder jenen Ton in Gelb zu sehen oder die Farbe Rot zu hören, sondern die Parallelität in den Stimmungen und Eigenschaften zu erleben. Das Wesen der Töne ist dem der Farben verwandt, da beide auf die Seele und Psyche des Menschen wirken – von außen nach innen – und sich in der seelischen Ausdruckskraft äußern – von innen nach außen.

Die Farbe benötigt für ihren schöpferischen Ausdruck eine Fläche und einen Raum. Stellt man mehrere verschiedene Farbflächen nebeneinander, so ergibt sich eine Dreidimensionalität, da jede Farbe durch ihre Helligkeit eine unterschiedliche Raumtiefe erzeugt. Man könnte sagen: Im Raum kommt das Seelenleben, das innere Wesen der Farbe zum Ausdruck, weshalb wir sie psychisch erleben können. So gesehen erweitern und verengen Farben einen Raum.

Töne dagegen bedürfen in erster Linie der Zeit, um zu leben beziehungsweise zu klingen, in zweiter Linie des Raumes, um sich klingend auszudehnen. Die Töne wirken gestaltend auf die Zeit ein. Farben zu betrachten bedarf der Zeit, und Töne zum Klingen zu bringen bedarf ebenfalls der Zeit. Hier treffen sich Farbe und Ton. Die Zeit ist eine Art der inneren Anschauung und entspricht dem Zentrum und dem Radius eines Kreises. Die Zeit gibt es nur subjektiv und sukzessiv vom Menschen aus gesehen. Der Raum ist eine äußere Art der Anschauung, er existiert auch außerhalb des Menschen und entspricht dem Umfang eines Kreises. In dem Verhältnis von Ton und Farbe spiegelt sich somit dasjenige von Radius und Umfang wider, ausgedrückt in der Zahl π (pi).

Die Schwingungszahl eines Tons pro Sekunde, mit π multipliziert, ergibt die Schwingungszahl der entsprechenden Farbe. Diese wird mit einer Billion multipliziert, das heißt, eine Farbe schwingt eine Billion mal schneller pro Sekunde als der dazugehörige Ton. Legt man die Beziehung von Farbspektrum und Obertonreihe zugrunde, ergibt sich folgende Zuordnung von Farben und Tönen:

Rot = C
Orange = D
Gelb = E
Grün = F
Blau = G
Indigo = A
Violett = H

In unserer Farb-Ton-Beziehung berufen wir uns auf zwei wesentliche Quellen: erstens auf die Lehre von August Aeppli[24] und zweitens auf die indische Rasa-Lehre, die ebenfalls von C = Sa als dem Träger der Farbe Rot ausgeht und von dort aus die Spektralfarben entfaltet. Wir wissen, daß es noch andere Ansatzpunkte und Theorien gibt, daß die Töne auch ganz anders farblich zugeordnet werden können, doch ist die oben stehende Zuordnung von Ton und Farbe begründet und einsichtig, wenngleich der Einwand erhoben werden könnte, die einzelnen Töne würden hier in ihrem harmonikalen Kontext gesehen. Natürlich steht es jedem frei, anderen Theorien zu folgen, aber die Praxis ist entscheidend. Wir selbst wenden die oben genannte Farbzuordnung bei unserer eigenen Konzerttätigkeit und bei musikkinesiologischen Balancen mit Erfolg an.

Bei Sängern wie Instrumentalisten gibt es das Phänomen, daß einzelne Töne streßbesetzt sind und deshalb falsch intoniert werden oder zu flach klingen. Wenn wir davon ausgehen, daß den Tönen Farben entsprechen, dann lassen sich Intonationsprobleme damit auf hervorragende Weise lösen. Sind einzelne Töne in bestimmten Lagen nicht „frei", ist es nicht möglich, die Intonation bewußt in den Griff zu bekommen. Es gibt nur Annäherungswerte nach oben oder nach unten, aber der Musiker fühlt sich, als könne er den Ton nicht recht „greifen". Das betrifft in besonderem Maße Sänger und Spieler historischer Instrumente, von denen gerne behauptet wird, sie könnten gar nicht „sauber" klingen. Anstatt nun dauernd die linke Gehirnhälfte des Musikers zu aktivieren, indem wir von ihm verlangen, höher oder tiefer zu intonieren, sind wir schon seit Jahren dazu übergegangen, die entsprechende Farbe in einem Bild nach Wahl visualisieren zu lassen. Manche Intonationsprobleme sind zum Beispiel mit Registerwechseln, etwa im Gesang, oder mit Oktavierungen, etwa bei Blasinstrumenten, verbunden. Hier bewirkt die Farbvisualisierung nicht nur eine bessere Intonation, sondern auch eine bessere Klangqualität. Das läßt erahnen, wie tief und umfassend die Farbe auf den Musiker, das heißt auf den Menschen wirkt! Ein tadellos geschultes Gehör ist selbstverständlich die Voraussetzung für jeden professionellen Musiker, doch können aufgrund von Streß selbst beim besten Gehör schwer kontrollierbare Intonationsprobleme entstehen. Die spontane Farb-Visualisierung kann dann momentane Intonationsschwankungen beheben. So sagen wir etwa einem Musiker, wenn beispielsweise der Ton G zu flach und tief ist: „Stell dir Blau in einer Weise vor, daß du tief in das Blau eintauchen kannst." Die meisten Musiker stellen sich dann das Meer oder den Himmel vor. Sie können nun immer an der kritischen Stelle ihr Blau-Bild visualisieren, und wenn kein wirklicher Streß vorliegt, sondern vielleicht nur eine momentane Blockade, kann auf diese Weise die Blockade aufgelöst werden. Erst wenn das G in verschiedenen Musikstücken ständig zu flach, zu hoch oder tief ist, gehen wir von einem streßbesetzten Ton aus und wenden die Farb-Ton-Balance für den Einzelton an.

Das Farb-Ton-Barometer und die Farb-Ton-Balance

Wir haben das nachfolgende Farb-Ton-Barometer entwickelt und oft erprobt, um die Gemeinsamkeit von Tonschwingung, Farbe und Emotion erfahrbar zu machen. Auf den ersten Blick scheint dies eine Variante des in der Kinesiologie angewandten Verhaltensbarometers zu sein, doch geht es bei diesem, wie der Name schon sagt, um bewußte und unterbewußte *Verhaltens*weisen, während das Farb-Ton-Barometer von der *Empfindung* ausgeht, die durch klangliche und farbliche Schwingungen entsteht.

FARB-TON-BAROMETER

		ROT - C	
angetrieben	kraftvoll	zerstört	zornig
selbstbewußt	gespannt	bestraft	angegriffen
siegreich	prächtig	herumgehackt	verbittert
sinnlich	erregt	alarmiert	unruhig
		ORANGE - D	
stimuliert	frisch	überreizt	stolz
schöpferisch	ästhetisch	eigensüchtig	angepaßt
heilend	zuversichtlich	destruktiv	leistungsorientiert
begeistert	mutig	ehrgeizig	skrupellos
		GELB - E	
gebend	durchdringend	unbescheiden	einsam
erobernd	bestimmt	wütend	absolut
angeregt	kommunikativ	eitel	fanatisch
extravertiert	einsichtig	verletzt	gierig
		GRÜN - F	
hoffnungsvoll	beruhigt	instinktiv	unbeweglich
gestärkt	lebendig	passiv	hektisch
hingebungsvoll	erfrischt	triebhaft	ermüdet
selbstlos	optimistisch	betrogen	unbewußt
		BLAU - G	
gelöst	introvertiert	labil	materialistisch
friedvoll	befreit	fern	Gefühle verbergend
unbegrenzt	verinnerlicht	blockiert	verloren
geborgen	sehnsüchtig	kalt	abhängig
		INDIGO - A	
träumend	intuitiv	vernachlässigt	schutzlos
ruhig	mystisch	bedrückt	depressiv
medial	sensitiv	verängstigt	alleingelassen
beschützt	strebend	frustriert	besiegt
		VIOLETT - H	
erlöst	würdig	schwül	schwer
meditativ	erhaben	erstarrt	dominierend
ernst	geläutert	traurig	gereizt
verzaubert	opferbereit	dunkel	selbsthassend

Für die Balance lassen wir uns zunächst das Intonationsproblem des betreffenden Musikers beschreiben, dann testen wir die sieben Spektralfarben, zum Beispiel in Form von kleinen Farbkarten, oder wir befassen uns gleich mit der Farbe des kritischen Tons. Während wir gemäß ESR Stirn und Hinterhaupt des Klienten halten, führen wir mehrere Korrekturen durch. Wir lassen zum Beispiel eine Farbkarte in einer Achterbewegung vor seinen Augen kreisen, ermuntern ihn zu Assoziationen, während die Farbe kreist, und stellen dann aufgrund seiner Aussagen fest, bei welcher Augenstellung die Farbe die stärksten Assoziationen hervorruft. Dazu ist es nötig, ein weiteres Hilfsmittel der Kinesiologie kennenzulernen: die Augenpositionen und ihre Bedeutung für das Abrufen bestimmter Gehirnfelder, die mit dem Hören und Sehen zu tun haben (weitere Augenpositionen sind im Übungsteil auf Seite 289 beschrieben):

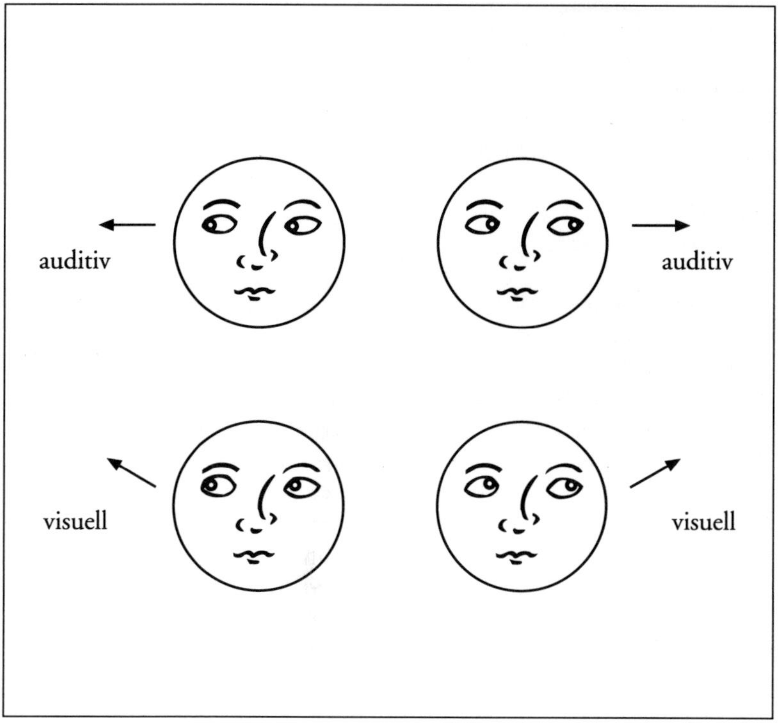

Im Falle des auditiven Bereichs: Wir beobachten, wie der Klient die Farbe *klanglich* erlebt.

Im Falle des visuellen Bereichs: Wir beobachten, welchen *visuellen* Zusammenhang von Ton und Farbe der Klient erlebt.

Wenn möglich, lassen wir den Musiker einige Töne singen oder spielen und gehen dann auf die ausgetestete Farbe und deren Tonlage ein. Häufig gibt ein Musiker genau an, welcher Ton in welcher Lage ein Problem für ihn darstellt; meist sind es die höchsten oder tiefsten Töne des Tonumfangs, wobei bei manchen Musikern die Probleme durch Vorurteile regelrecht vorprogrammiert werden: „Tenöre haben keine Höhe", „Die dritte Oktave klingt beim Koloratursopran flach und piepsig", „Beim Horn kieckst es in der Höhe", „Der Trompeter verliert in der Tiefe die Lippenspannung" usw. Die Erfahrungen in der Operngesangsklasse von Eva Krasznai in Basel waren besonders aufschlußreich, da hier alle Stimmlagen vertreten sind und trotz bester Gesangstechnik dennoch Ängste vor hohen oder tiefen Tönen bestehen. Allerdings ist auch zu bedenken, daß der Kammerton der meisten Orchester bereits von a = 440 Hertz auf a = 446 Hertz gestiegen ist. Dadurch wird es nicht nur immer anstrengender, die Höhen zu singen, sondern es verschwinden auch immer mehr lyrische Gesangsfächer, weil die moderne Belcantostimme auf metallene „Durchschlagskraft" getrimmt wird.

Wie oft erlebten wir tränenreiche Balancen, wenn die Klientin/der Klient das Problem hatte: „Meine Stimme ist zu klein." Dann wandelten wir das Thema in die positive Affirmation „Meine Stimme trägt in allen Lagen" um. Nicht immer haben Sänger das Glück, eine entspannende Technik zu erlernen; die meisten erleiden zahlreiche Schiffbrüche, ehe sie die richtige Lehrerin oder den richtigen Lehrer gefunden haben. Aber selbst bei Sängerinnen und Sängern mit vielen schlechten Erfahrungen konnten wir Gutes bewirken, indem wir ihnen halfen, Töne ihrer Wahl zu entstressen. Die Idee, hierbei mit Farben zu arbeiten, wurde ausnahmslos begeistert aufgenommen. Als Feedback hörten wir des öfteren: „Wenn ich anfange zu singen, bin ich schon in der entsprechenden Musikfarbe, ich kann endlich sauber singen, auch die Kollegen bestätigen mir das."

Die nächste, intensivere Stufe des Streßabbaus im Hinblick auf einzelne Töne schließt den emotionalen Aspekt mit ein. Es ist leider nicht allen Musikern klar, daß die Einzeltöne aufgrund ihrer Schwingung auch eine emotionale Komponente haben. Wie bereits erwähnt, war dies das zentrale Thema der musikalischen Affektenlehre des Barock, denn man war überzeugt, daß die Töne im Menschen bestimmte Gefühle und Zustände auslösen. So hat es sich auch in der Balance als sinnvoll erwiesen, den Klienten durch wiederholtes Ansingen oder Anspielen des kritischen Tons in den Prozeß der Streßablösung einzustimmen; ebenso empfiehlt es sich, die Lage des Tons zu berücksichtigen.

Die Intervalle

In der üblichen Musikausbildung werden strukturelle Aspekte der Musik wie Skalen, Intervalle und Einzeltöne lediglich hinsichtlich ihrer unmittelbaren Funktion betrachtet. Jeder Moment in der Musik, jeder Ton, jedes Intervall hat jedoch in sich einen eigenen Kosmos, sofern man ihn nicht nur mathematisch oder physikalisch betrachtet.

Daß die Intervalle tatsächlich etwas mit unserer inneren emotionalen und mentalen Struktur zu tun haben, merken wir an dem Streß, mit dem viele Musiker auf dieses Thema reagieren, sei es, weil auf ihrem Instrument das saubere Spielen von bestimmten Intervallen schwierig ist (Trompete, Posaune, Cello, Geige, Gesang), oder sei es, weil ihnen grifftechnisch bestimmte Intervallsprünge auf dem Instrument schwer fallen (Holzblasinstrumente, Klavier, Kontrabaß, Zupfinstrumente). Dem Sänger fällt eher auf, daß einige Intervalle wie die aufsteigende Quarte und Sexte oder die kleine oder große Terz im Melodieverlauf eine besondere Wirkung haben und sehr häufig vorkommen. Doch werden die Intervalle in der Regel kaum als eigenständige Elemente wahrgenommen, die auf Geist und Seele des Menschen wirken.

Dieser Umstand führte uns dazu, ein *Intervall-Barometer* zu entwickeln, das innere und äußere Empfindungen beziehungsweise Wahrnehmungen widerspiegelt und das sich bei Musikern bestens bewährt hat, da es mit seiner Betonung des Emotional-

Mentalen eng an das Wesen der Intervalle angelehnt ist. Das Hintergrundwissen über die einzelnen Intervalle ist für Tester und Klient zwar auch wichtig, aber das Intervall-Barometer hilft, das Wesentliche in greifbare Nähe und auf den Punkt zu bringen. Diese begrifflichen „Essenzen“ haben wir seit 1990 bei Musikern ausgetestet, hier und da noch ein Wort ausgewechselt, doch hat sich die jetzige Gestalt am besten bewährt. Zunächst wollen wir die Intervalle im einzelnen mit ihren verschiedenen Aspekten und Erscheinungsformen vorstellen, die wir in Anlehnung an die Anthroposophie und die indische Musiklehre gewonnen und folgendermaßen formuliert haben:

Die Prim – Gabe der Beharrlichkeit

Grundzüge: Verhüllung, Grund, Stofflichkeit, Tod, Ganzheit
Symbole: die dunkle Erde oder der Grund, in dem der keimfähige Samen ruht; die Nacht als Urgrund
Empfindung: dunkel, leer, karg, kalt

In der Prim begegnen wir unserer dichtesten Bewußtseinsstufe, in der langsam die Erkenntnis für den Beginn einer Genesis aufkeimt. Die Welt erscheint uns dunkel, verhüllt und fast wie ausgelöscht. Uns fehlt der Zugang zu einem großen Teil unseres Selbst. In der Prim spiegelt sich die Verdichtung und Konzentration der Wahrnehmung auf einen Punkt wider. Sie ist der Mittelpunkt der Ich-Wahrnehmung. In ihr erleben wir Sicherheit, Ruhe und Festigkeit. In ihrer Absolutheit ist sie auch ein Symbol für geistige Einsamkeit oder für die stumme Welt. Die Kraft der Prim kann wie ein Sog sein, der uns hineinsaugt in die geistige, nichtmaterielle Welt unseres Selbst. Können wir dieser Energie nicht widerstehen, zersplittert sie unsere Kräfte und macht uns morbide. Dies zeigt sich sehr deutlich beim Musizieren, denn wenn wir dauernd eine Prim, das heißt denselben Ton wiederholen, fühlen wir förmlich den Wunsch zum Beschleunigen, zum Accelerando.

Die Sekunde - Gabe der Entfaltung

Grundzüge: Entfaltung, Verwunderung, Ohnmacht, Angst
Symbole: Quelle, fließender Bach, rauschendes Wellenmeer, Wiese, Frost
Empfindung: frisch, wohl, lahm, schlimm

Die Sekunde hat eine starke Bewegungsdynamik und gibt jeder Melodie etwas Fließendes. Gleichzeitig vereint sie durch ihre Stufendynamik alle Töne zu einer Skala oder Tonleiter. Sie trägt etwas ewig Fragendes in sich, durch sinnvolle Beziehungen führt sie zu Erkenntnis. Ihre Beweglichkeit löst Starrheit und Verkrampfung, Tränen wirken lösend (in der Barockmusik wurden Tränen durch Sekundschritte dargestellt). Wird die große Sekunde vor allem durch die Kräfte des Wachstums getragen, so werden diese in der kleinen Sekunde durch die Nähe des Todes gestaut und gestört. In diesem Widerstreit entstehen Angst und Ohnmacht, und das Leben scheint in bitterem Mißklang aufzugehen. Diese die Lebenskraft bedrohenden Mächte können in Haß auf alles Lebendige umschlagen. In der Musik ist die kleine Sekunde oft das melodische Darstellungsmittel von quälendem Schmerz.

Die Terz - Gabe der Verinnerlichung

Grundzüge: Empfindung, Innigkeit, Freude, Sorge, Last, Lust, Leid
Symbole: Blüte, Heimat
Empfindung: froh, heiter, ernst, traurig

In der Terz spiegelt sich die Entfaltung der Seelenkräfte, die das Leben gestalten und durchwärmen. Sie ist das Intervall der Persönlichkeit und der individuellen Welt der Empfindungen. Die Innerlichkeit hat auch die Bedeutung von Geborgenheit, und so ist die Terz auch mit Heimat und Volksgut verbunden. Die innere Verbundenheit der Terzen zeigt sich in Volksliedern, in denen die Stimmen oft im Terzabstand geführt werden („Küchenterz"). Die Terz sucht Gleichgesinnte und Freunde. Die kleine Terz, die den Moll-Charakter eines Akkords bestimmt, hat mit nach innen gerichteten Kräften, mit Gemüt, aber auch mit der dunklen Schwere des irdischen Lebens zu tun und kann in ihrem Ernst zu Kummer und Sorge führen. Das Leben wird zum Kerker. In der großen Terz als Dur-Qualität im Akkord finden wir Heiterkeit und Fröhlichkeit, die genährt wird vom Vertrauen in die höheren Mächte, die schützend über unser Leben wachen. Leichtigkeit und Beschwingtheit verbindet sich mit der großen Terz. Die Gabe der Verinnerlichung und die Visualisierung von Farben sind Hilfsmittel, um das Wesen der kleinen und großen Terz zu erfassen.

Die Quarte – Gabe der Selbstbeobachtung

Grundzüge: Behauptung, Abwehr, Verneinung
Symbole: Turm, Berg, Schwelle, Stamm
Empfindung: schroff, eng, frei, kühn

In der Quarte wird gleichsam eine schützende Umhüllung um das Innere gebaut, die Herzlichkeit weicht zugunsten einer kühlen Selbstbehauptung. Eine gewisse Ernüchterung folgt der romantischen Terz. Ein bewußtes Begreifen und Erkennen unseres irdischen Anteils setzt ein. Die Persönlichkeit liegt geschlossen da, der Ruf nach geistiger Erweiterung hin zur Oktave erwacht. Dieser Ruf nach Aufmerksamkeit findet seinen musikalischen Ausdruck in der Verwendung der Quarte als Motiv für Signale und Fragen. Das Ich wird zum Schicksalsträger und steht in der Quarte zwischen Erde und Geist. Die Gabe der Selbstbeobachtung ist das Hilfsmittel, um das innere Wesen dieses Intervalls zu erfassen; ihr Charakter könnte als zusammenziehend bezeichnet werden.

Die Quinte – Gabe der Imagination

Grundzüge: Empfänglichkeit, Bejahung, Erwägung, Gewissen, Bewußtwerdung
Symbole: Tor, Helligkeit, Weitsicht, Zweig
Empfindung: freundlich, weit, eitel, leer

Die Quinte führt über unser Selbst hinaus zu größeren Zusammenhängen. Wir neigen uns froh dem Leben und unserer Umwelt zu; klar, abgerundet und entmaterialisiert wirkt die Quinte auf unser Gemüt. Die Erlebnisfähigkeit verlagert sich mehr zum Geistigen hin. Oft erscheint uns heute die Quinte leer und unbefriedigend, da sie entmaterialisiert und mehr im Feinstofflichen zuhause ist. Die Gabe der Imagination ist das Hilfsmittel, um das innere Wesen der Quinte zu erleben.

Die Sexte – Gabe der Inspiration

Grundzüge: Erfahrung, Einsicht, Vertrauen, Ahnung, Scheu
Symbole: Wind, Ferne, Nebel, Wolke, Luft, Duft
Empfindung: klar, kundig, fremd, trüb

In der Sexte finden wir einen Zustand von gleichzeitiger Ruhe und Bewegung, der sich als Zustand von glückseliger Harmonie und Entrückung ausdrückt, schwerelos, wie das Schweben und Gleiten der Vögel durch die Lüfte. Sie hat etwas Engelhaftes, strahlend Helles an sich, und oft steht sie als Motiv dafür in der Musik. Sie führt uns in die Weite und Ferne. Diese Erfahrung reicht über unser Selbst hinaus und bewirkt eine zunehmende Reifung in uns. In der kleinen Sexte ist die Sehnsucht nach dem Verheißungsvollen noch durch Enge behindert. Wir ahnen den Traum des Lebens und können doch nicht zu ihm durchdringen. Die große Sexte ist wie eine Verkündigung. Einsicht und Verständnis eröffnen uns die geistigen Dimensionen. Die Gabe der Inspiration ist das Hilfsmittel, um das innere Wesen der Sexte zu erfassen.

Die Septime – Gabe der Intuition

Grundzüge: Begeisterung, Tatkraft, Ehrfurcht, Andacht
Symbole: Flamme, Stern, Funken, Glut, Frucht
Empfindung: stark, ergeben, überspannt, verzehrend

In der Septime liegt eine intensive Dynamik, die sie zum Leittonprinzip geradezu prädestiniert. Auf der einen Seite hält sie fest, auf der anderen Seite zieht sie die Sehnsucht hin zur Oktave. Dies verleiht ihr eine innere Gespaltenheit und ein Gefühl von Unerlöstsein. Im Extremfall kann sie ein Außer-sich-Sein durch übergroßes Leid anzeigen. Die Tatkraft, die sich in den Kanal feuriger Begeisterung ergießt, gehört ebenso zur Septime wie Gipfelerlebnisse schöpferischen Wirkens. In der großen Septime liegt eine Spannung von starker Willenskraft, die eine Lösung im Schöpferischen und Spirituellen finden muß, sonst zerreißt diese übergroße Spannung den Menschen. Wie durch ein Wüten von Feuergewalt wird alles Irdische geläutert, um die Transzendierung zum Geistigen hin zu erreichen. In der kleinen Septime spiegelt sich eher ein Wesen wider, das sich in stiller Andacht und Demut auf das große Werk vorbereitet, wissend um die ungeheuren Energien, die im Innern schlummern. Der Eigenwille stellt sich in den Dienst des größeren Ganzen. Die Gabe der Intuition hilft, das innere Wesen der Septime zu begreifen.

Die Oktave – Gabe der Meditation

Grundzüge: Erfüllung, das vervollständigte Ich, Ziel
Symbole: Sonne, Himmel, Krone
Empfindung: heil, ganz, belastet, entzweit

Der Schritt nach der Septime zeigt, welche Qualität die Oktave haben wird. Sie ist ein Intervall der Entzweiung oder der Vollkommenheit. Die Oktave birgt in sich himmlischen Frieden mit erlösender Wirkung. Das Wiederfinden des Ich auf einer höheren Stufe drückt sich darin aus. Die Meditation als Mittel zur geistigen Vereinigung ist die Gabe zum inneren Erschließen der Oktave.

Das Intervall-Barometer und die Intervall-Balance

Das Intervall-Barometer besteht aus polaren emotionalen Begriffen, weil jedes Intervall in seiner großen und kleinen Form – kleine und große Sekunde, kleine und große Terz, kleine und große Sexte und kleine und große Septime – eine wichtige Rolle in unserer Musik spielt. Zum anderen hat die emotionale Wirkung der eindeutigen Intervalle – Prim, Quarte, Quinte und Oktave – durch die Jahrhunderte hindurch gewechselt. Als Menschen der westlichen Kulturgeschichte haben wir dieses Wissen genetisch gespeichert und können es uns durch das Intervall-Barometer wieder bewußt machen.

INTERVALL-BAROMETER

	PRIM	
sicher	-	leer
stofflich	-	stumm
klar	-	verhüllt
selbstbewußt	-	einsam
	SEKUNDE	
dynamisch	-	lähmend
erkannt	-	schmerzlich
nachsichtig	-	verkrampft
verbindend	-	ohnmächtig
	TERZ	
lustvoll	-	leidend
gestaltend	-	dumpf
beherzt	-	düster
ausdauernd	-	dicht
	QUARTE	
aufmerksam	-	trotzig
beherrscht	-	schroff
kühn	-	abwehrend
wärmend	-	kühl
	QUINTE	
licht	-	labil
empfänglich	-	inhaltlos
gesammelt	-	hohl
zustimmend	-	unbefriedigt
	SEXTE	
schwebend	-	scheu
harmonisch	-	verloren
sehnsüchtig	-	rückwärtsgewandt
vertrauensvoll	-	fremd
	SEPTIME	
begeistert	-	festhaltend
schöpferisch	-	verzehrend
aktiv	-	überspannt
ehrfürchtig	-	unerlöst
	OKTAVE	
absolut	-	geplagt
vergeistigt	-	belastet
perfekt	-	in Frage gestellt
transzendiert	-	entzweit

Die Intervall-Balance geht so vor sich, daß wir zuerst alle Intervalle von Prim bis Oktave austesten und festhalten, bei welchem Intervall der Muskel schwach wird. Dann testen wir die Begriffspaare des Intervalls. Nach unserer Erfahrung zeigen meistens zwei bis drei Intervalle an. Da sie ein so wichtiges Strukturelement sind, gehen wir auf alle angezeigten Intervalle ein. Das bedeutet, es kann zum Beispiel nacheinander die Quarte mit „wärmend - kühl", die Septime mit „aktiv - überspannt" und die Oktave mit „perfekt - in Frage gestellt" den Muskel abschalten. Dann gehen wir in der Balance in dieser Reihenfolge auf die Intervalle ein. Das wichtigste bei der Streßablösung ist für den Klienten, daß er mit seinen Sinnen sowohl die physische als auch die emotionale und mentale Ebene erlebt. Da Instrumentalisten oft über kein so natürliches Körpergefühl wie Sänger verfügen, haben wir bewußt Begriffe ausgetestet, die ein Körpergefühl und -empfinden ansprechen.

Bleiben wir bei dem Beispiel der Quarte „wärmend - kühl", das bei dem Cellisten Kristian anzeigte. Hier ein kleiner Ausschnitt aus der Balance:

Tester: Die Quarte signalisiert bei dir „wärmend - kühl". Wie geht es dir dabei körperlich?
Kristian: Mir ist richtig kalt.
T.: Wo spürst du die Kühle am deutlichsten?
K.: Hier am Hals und an den Füßen, die Hände sind auch kalt.
T.: Wenn du die Quarte einmal singst, welcher der beiden Töne ist kühler?
K.: (singt oder summt) Der obere Ton ist irgendwie kühler als der untere, komisches Gefühl!
T.: Sing noch mal langsam die Quarte und beobachte, wann die Wärme verlorengeht, gleich am Anfang oder später?
K.: Ziemlich schnell am Anfang.
T.: Lege einmal beide Hände sanft auf den Solarplexus und sing wieder die Quarte.
K.: Das tut gut - es wird warm.
T.: Geh tief in das wärmende Gefühl und führe es durch den ganzen Körper, nimm dir Zeit.
K.: Ich fühle mich sehr wohl, es ist überall warm.
T.: Wenn du jetzt wieder die Quarte singst - wie ist das?
K.: Sehr ausgewogen. Ich habe die beiden Töne sozusagen eng bei mir, sie liegen nicht mehr so weit auseinander.

T.: Die Quarte hat als Gegenkraft Kühle. Wo hat sie ihren Platz?
K.: Im Konzert hab ich's gerne kühl um mich herum. Wenn ich mir vorstelle, irgendwann die Quarte bewußt wahrzunehmen, gibt mir die Kühle Sicherheit und Festigkeit. Trotzdem will ich warme Füße behalten.
T.: Klar, wie machst du das?
K.: Ich vertraue darauf, daß die beiden Seiten der Quarte mich in der Musik tragen, ob ich das Intervall nun bewußt oder unbewußt spiele.

Dieser letzte Satz ist wichtig, denn es geht nicht darum, im musikalischen Geschehen plötzlich alle Intervalle bewußt wahrzunehmen. Aber wenn das einzelne Strukturelement in der Musik einmal herausgegriffen, näher beleuchtet und, wenn nötig, entstreßt wird, dann kehrt sozusagen ein polierter Edelstein in die Schmuckkette zurück und trägt zu deren Glanz bei. Für die meisten Musiker ist es ein heilsamer Prozeß, ein Strukturelement als eigenen Organismus einmal aus der Nähe zu betrachten und mit ihm umzugehen.

Die Autorin erinnert sich, ein Jahr lang aus unerfindlichen Gründen eine schnelle Koloratur mit aufwärtssteigenden Terzen nur mit Mühe präzise singen zu können. Diese melodische Figur in einigen Mozart-Konzertarien war einfach im Vergleich zu anderen Koloraturen, die völlig selbstverständlich dahinperlten. Nur die Terzen streikten. Nach einigen kinesiologischen Balancen, die wenig fruchteten, wendeten wir das Intervall-Barometer an. Was kam heraus? Es zeigte tatsächlich die Terz mit „ausdauernd - dicht" an. Ein enormer Streß saß buchstäblich auf dem Aspekt „dicht", die Terzen folgten zu dicht aufeinander. Die Körper- und Emotionalebene waren frei von Blockaden, nicht aber die Mentalebene. Hier half das amüsante Symbol eines Reifrocks, der dicht und doch weit genug war, um locker die Terzfolge zu bewältigen. Außerdem betonte er das ausdauernde Element beim Singen dieser schnellen Passagen, und so war das Problem gelöst. Als dann ein Live-Mitschnitt des Mozart-Konzerts für eine CD stattfand, war das Bewußtsein natürlich nicht mehr auf diese Tonfolgen gerichtet, aber es gab auch keine Bremse mehr, sondern ein befreites Darauf-Zugehen. Diese eigene Erfahrung war fruchtbar auch für andere Musiker, die Probleme mit Intervallen hatten.

Mit dem Intervall-Barometer zielen wir direkt auf ein wichtiges musikalisches Strukturelement ab, aber das ist noch nicht alles. Ein Intervall ist auch Teil eines Ganzen, das wir Melodie oder Komposition nennen können. Um auf das Zusammenwirken von Innen und Außen, von schöpferischer Kraft und Handwerk zu kommen, betrachten wir die geistigen Wirkkräfte der Intervalle, die wir oben ausführlich beschrieben haben. Aus diesen Informationen haben wir die wichtigsten Punkte extrahiert und zu einer Tabelle geordnet, die das Testen und die Balance erleichtern soll, da nicht jeder Kinesiologe in der Musiktheorie zuhause ist. Die Elemente der Tabelle lassen eigene Assoziationen zu und sind dennoch sehr eng mit dem Thema „Intervall“ verknüpft.

Intervall	**Gabe**	**Grundzug**	**Symbol**	**Empfindung**
Prim	Beharrlichkeit	Verhüllung, Ganzheit	Erde, Nacht	dunkel, leer
Sekunde	Entfaltung	Verwunderung, Angst	Quelle, Wiese	frisch, lahm
Terz	Verinnerlichung	Innigkeit, Last	Blüte, Heimat	heiter, traurig
Quarte	Selbstbeobachtung	Behauptung, Abwehr	Turm, Schwelle	schroff, kühn
Quinte	Imagination	Bejahung, Gewissen	Tor, Zweig	freundlich, weit
Sexte	Inspiration	Vertrauen, Scheu	Wolke, Nebel	klar, trüb
Septime	Intuition	Tatkraft, Andacht	Flamme, Frucht	stark, ergeben
Oktave	Meditation	ICH, Ziel	Sonne, Krone	heil, ganz

Wie wir erkennen können, haben einige Intervalle gegensätzliche Grundzüge und Empfindungen, andere wieder nicht. Das gilt interessanterweise nicht nur für unsere Kultur, sondern die sehr differenzierte Musiktheorie der klassischen indischen Musik bestätigt, was wir aus anthroposophischen Schriften kannten. Wir kamen zu dem Ergebnis, daß Intervalle tatsächlich so etwas wie Klangpersönlichkeiten darstellen, die sich voneinander abgrenzen und die von innen nach außen strahlen. In diesem Sinne verwenden wir auch die Tabelle. Wir rufen einzig die Charakteristika eines Intervalls ab und gehen dann intensiv auf diese ein.

Dazu ein Beispiel aus einer Balance mit dem Opernsänger Konrad. Zu seinem völligen Unverständnis zeigte im Test die Prim an, worauf er sagte: „Was soll das wohl bedeuten? Tonwiederholungen sind kein Problem für mich; ich muß halt darauf achten, daß die Intonation trotz Text gleich bleibt." Amüsiert ließ er sich auf eine Balance der Prim ein, obwohl sein Oberflächenbewußtsein auf die schwierig zu singende Septime fixiert war. Nun hatte aber die Septime nicht angezeigt, folglich testeten wir die Charakteristika der vermeintlich „lächerlich einfachen Prim", und es kamen die Begriffe „Verhüllung - Nacht" und „dunkel - leer" zum Vorschein, die den Sänger aufbrachten, erschienen sie ihm doch alle negativ und einseitig, wie dieser Auschnitt aus der Balance zeigt:

Tester: Verhüllung und Nacht, es ist dunkel und leer. Was bedeutet dir das?
Konrad: Ich kann nicht mehr singen, alles tot!
T.: Hast du so ein Erlebnis gehabt?
K.: Das nicht, aber wenn ich mir so die Prim vorstelle - schrecklich!
T.: Was ist daran schrecklich?
K.: Es bewegt sich nichts, ich bin in totaler Finsternis.
T.: Versuche deine feineren Sinne einzusetzen, was nimmst du wahr?
Nach einer langen Pause:
K.: Es ist kaum zu fassen, ich fühle mich wie im Augenblick der Schöpfung. Jeden Moment kommt das Licht, das Wasser, ja, alle Elemente kommen jeden Moment in Bewegung. Toll!
T.: Stell dir nun vor, wie du musikalisch mit der Prim umgehst.
Konrad bricht in Tränen aus. Nach einer Weile:

K.: Nie hätte ich mir vorstellen können, daß ich diese Schöpferkraft bin, ich bin die Prim und durch mich entsteht die Bewegung.
T.: Wie ist es jetzt, wenn du Tonwiederholungen singst?
K.: Ganz was anderes, das sind keine *Wiederholungen* mehr, jeder Ton ist wie eine Knospe kurz vorm Aufbrechen. Irgendwie empfinde ich diesen verhüllten Ton wie hinter einem Schleier.
T.: Dunkel und leer...
K.: Das ist so beruhigend, weil ich weiß, gleich geht das Licht an, gleich kommt alles in Bewegung. Mann, ist da eine tolle Spannung drin! Hätt' ich nie gedacht.
T.: Denken ist auch nur ein kleiner Teil im Erfassen des Intervalls, oder?
K.: Eigentlich hat Denken gar keinen Platz, so großartig fühle ich mich jetzt...

Diese Balance war auch für uns unerwartet dramatisch und bestärkte uns in der Idee, außer dem Intervall-Barometer noch die übergeordneten Charakteristika der Intervalle zu berücksichtigen.

Die Tonarten

Nach Einzelton und Intervall stellt die Tonart das nächste Strukturelement dar. Jedes Musikwerk steht in einem Modus oder in einer Tonart und erhält so seine „Grundfarbe". Deshalb ist hier die Zuordnung von Ton und Farbe am wirksamsten. Was wir eine farbige Musiksprache nennen, ist das Zusammenfließen der kompositorischen Grundfarbe mit den Farben der Modulationen im Verlauf des Musikwerks und mit der interpretatorischen Färbung durch den Musiker. Selbst begabte Musiker leiden oft unter „farblosem" Spiel, wenn, unbewußt oder bewußt, eine Blockade im Bereich der Tonarten oder einzelner Töne vorliegt.

Das innere Wesen einer Tonart kommt klarer zum Vorschein, wenn man sie im Verhältnis zu ihrem astrologischen Zeichen und zur psychologischen Bedeutung der entsprechenden Farbe sieht. Daß es gemeinsame Wirkkräfte gibt, daran besteht kein Zweifel. Die großen Komponisten, vor allem die des Mittelalters bis zum

Barock, wußten noch um die psychische Wirkung der Tonarten auf den Menschen.

Für die Balance zerlegen wir eine Tonart in ihre Bestandteile. Im kinesiologischen Test werden somit zuerst die Tonart als Ganzes, dann der Dreiklang (Tonika) und schließlich dessen Bestandteile getestet. Die folgende Tabelle ist eine Hilfe, um sich die wichtigsten Aspekte einer Tonart zu vergegenwärtigen. In die vierte Spalte kann man dann mit Bleistift die ausgetestete Tonart eintragen und hat mit einem Blick die wichtigsten strukturellen Merkmale zur Verfügung, die für diese Tonart gelten:

Ton des Dreiklangs	**Eigen-schaften**	**Ebene**	**Tonart**
Grundton	organisch, körperlich, Basis	physisch	
Zentralton (Terz)	seelisch, schöpferisch, beweglich	emotional	
Dominante	geistig, innerlich, konzentriert	mental	

Die Dreiklänge entsprechen unserer menschlichen *Dreigliederung;* Körper, Geist und Seele sind als Ganzes ein Sinnbild unserer integrierten Persönlichkeit. Ein Konflikt zwischen einer dieser Ebenen und den anderen bringt Unordnung und somit Streß. Ist dies zum Beispiel auf der physischen Ebene der Fall, lohnt es sich, die entsprechenden Organsysteme in die Balance mit einzubeziehen.

Das jeder Tonart entsprechende Tierkreiszeichen und die Tonart-Grundfarben sind zusätzliche Informationen für die Balance. Zu den Farbzuteilungen der Dreiklangtöne sei gesagt, daß sie stark vereinfacht dargestellt sind. Den Tönen C und Cis ist zum Beispiel jeweils die Farbe Rot zugeteilt, wobei dies natürlich unterschiedliche Schattierungen sind, die sich aus dem zwölfteiligen Farbkreis ergeben.

An dieser Stelle sei noch einmal der Charakter der sieben Spektralfarben ins Gedächtnis gerufen, denn bei der Tonarten-Balance ist es auch wichtig, eine Vorstellung von der Bedeutung der Farben „im Hinterkopf" zu haben:

Rot = selbstbewußt, aktiv, willensorientiert, sinnlich
Orange = strahlend, warm, lebhaft, stofflich
Gelb = positiv, beweglich, zart, extravertiert
Grün = passiv, beruhigend, erfrischend, selbstlos
Blau = kalt, lösend, allumfassend, tröstend
Indigo = befreiend, einsam, schützend, tief
Violett = mystisch, dunkel, angespannt, würdig

Als Spezialisten für Barockmusik haben wir uns lange Jahre mit dem Wesen der Tonarten, ihren Farben und emotionalen Kräften befaßt und unsere Erfahrungen in die Aufführungspraxis einfließen lassen. Daraus und aus den Inspirationen anthroposophischer und indischer Schriften ergaben sich folgende Charakterbilder der Tonarten.

Die Dur-Tonarten

C-Dur
C = Rot, Grundton, organisch, körperlich sichtbar, äußeres Leben
E = Gelb, Zentralton, seelisch, schöpferisch, Beweglichkeit
G = Blau, Dominante, geistig, Inneres, Konzentration

Die C-Dur-Tonleiter symbolisiert den Durchbruch des Lichts. In der astrologischen Zuordnung entspricht sie dem Zeichen *Widder*, dessen Regent der Planet *Mars* ist. Der Frühlingspunkt und das Heraufsteigen des klaren Sonnenlichts sind seine Bilder. Die erweckenden zunehmenden Lichtkräfte überwinden die Winternacht und lassen die Natur zu neuem Leben erwachen. C-Dur als Tonart gehört dem Feuerelement an. Die Überwindung des Dunkels der Nacht durch das klare, reine Seelenlicht – oder wie Beethoven sagte: „Durch die Dunkelheit zum Licht" – beleuchten diesen Prozeß, denn das Ziel ist noch nicht erreicht, sondern C-Dur kämpft noch darum. Das „Seelenlicht" E bringt die Aktivität, um voranzuschreiten, vom Dunkel hinaus ins Licht. So hat C-Dur auch mit Überwindung, Glanz und Sieg zu tun. Der Heldenwille als Wille des Ich macht den Menschen zum Herrn über das Schicksal.

Im Zeichen des Widders sammelt sich in der Natur alle Kraft, vom Eingeschlossensein im Mutterleib der Erde (Samenkörner) ins Licht, in die Weite und Freiheit hinauszutreten. Der Gedanke „Ich will" ist sozusagen der Motor für das neue Leben im Jahreszeitenzyklus. Kraft, Mut und Zielstrebigkeit gehören zur Verwirklichung des Prozesses.

Physiologisch sind dem Zeichen *Widder* Kopf, Zunge, Augen und das Muskelsystem zugeordnet.

G-Dur

G = Blau, kühl, dunkel, stofflich
H = Purpur, prächtig, seelisch, vollendet
D = Orange, warm, lebhaft, gestalterisch

Heiterkeit und Lebensfreude zeichnen diese Tonart aus, die eine Art Frühlingsbotschaft enthält. Der natürliche Gefühlsüberschwang in der frühlingshaften Natur, der Duft des Flieders und der volkstümliche Charakter der Maienfeste sind ihr Charakter.

Astrologisch ist diese Tonart dem Zeichen *Stier* zugeordnet, das von dem Planeten *Venus* beherrscht wird. In diesem Zeichen geht es um das körperliche Wachsen in den Raum hinein. Damit ist auch der Trieb des Hungers nach Erfahrung im körperlichen Wachstum verbunden, dem sich ein Hunger nach geistigen Erfahrungen hinzugesellt. G-Dur ist eine Tonart des Fühlens, der Empfindungen; ihr Charakter ist lieblich, frühlingshaft und kindlich, was im negativen Extremfall zu einer naiven Langeweile führen kann. Venus bestimmt diese Tonart und gibt ihr das aphroditische Element.

Physiologisch sind dem Zeichen *Stier* Hals, Kehlkopf, Ohren und Schilddrüse zugeordnet.

D-Dur

D = Orange, warm, lebhaft, leuchtend, durchdringend
F = Grün, innerlich, bescheiden, dienend, wachsend
A = Indigo, ahnungsvoll, selbstlos, geheimnisvoll, tröstend, lösend, umfassend

Der Ton D war in den Kirchentonarten als Ausgangspunkt von großer Bedeutung und stand als Mittler zwischen Licht und Dunkel. D-Dur ist die Tonart der geistigen Offenbarung und der Freude. Sie strebt auf die Himmelsmitte zu und dient als Kraft, die den Aufstieg der Tonartenspirale zum Kulminationspunkt drängt; sie ist somit eine starke Tonart, die Empordringen, höchste Ziele und Sieg verspricht. Ihr Symbol ist der Frühling, der alle sprießenden Kräfte auf die Höhe des Sommers treibt durch die Entfesselung der schöpferischen Kräfte. So wie die Farbe Orange aus zwei Komponenten gebildet ist, besteht auch das emporstrebende D-Dur aus der Zweiheit Wille (rot) und Bewußtsein (gelb). Beide vereint führen zum Sich-selbst-Begreifen.

In der Astrologie wird diese Tonart durch das Zeichen der *Zwillinge* symbolisiert, dessen Herrscher der *Merkur* ist. Der Zwilling-Geborene verkörpert den unermüdlichen Wahrheitssucher, gebunden durch die Spannungen zwischen Erde und Himmel. Durch Irrtum und Zweifel führt der Weg zur Wahrheit. Es ist das Zeichen der Bipolarität.

Physiologisch sind dem Zeichen *Zwillinge* Thymusdrüse, Lungen, Arme und Hände zugeordnet.

A-Dur

A = Blau, ausgedehnt, körperlich, umhüllend, stofflich, Melancholie
Cis = Rot, Glut, heiß, Lebensgier
E = Gelb, lebhaft, hell, Intellekt

Dem Ton A wird das Zeichen des *Krebs* zugeordnet, dessen Planet der *Mond* ist. In diesem Zeichen hat die Sonne ihren Hochstand und damit den Wendepunkt erreicht und beginnt nun wieder hinabzusteigen zur Nachtseite im Jahreslauf. Deshalb wohnt ihr ein Hauch des Abschieds inne. Alles Erlebte verinnerlicht sich und wird zur Erinnerung. Der Hochstand der Sonne im Krebs gibt der Tonart etwas Lichtes, Sphärisches und Leichtes, doch weiß man auch um die Tiefe des Falls, wenn man von dieser Höhe herunterblickt. Nur das seelische Erleben ist ohne Angst vor dem Fall und der Vergänglichkeit. Das wäßrige Zeichen des Krebs ist der Punkt der Umkehr von der physischen Wirklichkeit zum Seelenleben.

In alten Hochkulturen (China, Indien, europäisches Mittelalter) stand das Zeichen des Krebs für das Tor der Erkenntnis, dessen Durchschreiten den Menschen vom Zustand des Schlafes zum Bewußtsein führt. Dunkelheit, Leere, Vereinsamung, Leid können der Kerker sein, an dem der Krebs rüttelt, bis die Mauern nach und nach zerbrechen und Licht hereindringt. Der Vorgang der geistigen Vereinigung und Vermählung findet statt, die Hoffnung auf ewiges Leben. Bei Richard Wagner ist A-Dur deshalb auch die Tonart des Gralsthemas.

Wird das Rot vollkommen von Blau überlagert, ergibt sich eine sehr naive, fast banale Natur des Indigo, und viele Musikstücke in A-Dur können diesen Charakter annehmen.

Physiologisch sind dem Zeichen *Krebs* Magen, Verdauungsorgane und Zwerchfell zugeordnet.

E-Dur

E = Gelb, hell, heiter, empfindsam, kommunikativ
Gis = Blau, Purpur, weit, selbstlos, ruhig, himmlisch, innerlich
H = Violett, königlich, vollendet, Neigung zur Selbstherrlichkeit

Noch liegt die Wärme und Sonnenkraft über der Natur, wenn der *Löwe* als astrologisches Symbol dieser Tonart in die *Sonne*, sein Planetenzeichen, tritt. Doch ahnt man schon den Herbst. Die Glut dieser Zeit bringt Samen und Früchte zum Reifen. Die Farbe Gelb hat die Fähigkeit, durch ihre Helligkeit dunklere Farben heller zu machen, das heißt zu transzendieren. Sie wirkt entrückend und kann ätherische Wesen sichtbar machen, sofern die Begabung der Hellsichtigkeit vorliegt.

> *„Darin liegt auch der Grund, warum E-Dur so gerne mit seinem Naturerlebnis die Märchenpoesie einer Nixen- und Elfenwelt verbindet... Mendelssohn bringt uns dies in seiner zart gewobenen Sommernachtstraum-Musik nahe.“*
>
> Friedrich Oberkogler[25]

Lebendigkeit, Innigkeit und Lebenswärme leben in den Klangbildern von E-Dur.

Physiologisch sind dem Zeichen *Löwe* Pankreas, Magen, Galle und Solarplexus zugeordnet.

H-Dur

H = Violett, vollendet, majestätisch, mystisch
Dis = Orange, warm, strahlend, schöpferisch aktiv
Fis = Grün, fruchtbar, hingebungsvoll

Das astrologische Zeichen dieser Tonart ist die *Jungfrau*, sie wird vom Planeten *Merkur* regiert. Das Zeichen der Jungfrau steht in Verbindung mit der Kraft der Nacht, der Macht des überindividuellen Willens. Das kleine Selbst des Menschen beginnt sich in das größere Ganze mit seiner Kraft einzuordnen, das Individuum öffnet sich dem Kollektiven. Hugo Riemann schreibt in seiner Analyse des H-Dur-Präludiums aus dem „Wohltemperierten Klavier" von Johann Sebastian Bach:

> *„...begibt sich der sinnig geartete Mensch am vollständigsten seines Egoismus und geht auf im Gefühl des All-Daseins".*

Treffender läßt sich die Vergeistigung, die Transzendierung dieser Tonart kaum ausdrücken. Das erdhafte Ich transformiert sich hier zu einem höheren Sein. Dieser Akt ist immer mit Läuterung und Opfer verbunden. Um etwas Höheres zu gewinnen, muß man Niederes abstreifen; ein Vorwärtsstreben, das von Liebe geprägt ist – nicht auf Kosten anderer, sondern selbstlos. In diesem Sinne hat die Jungfrau mit Reinheit und Ordnung zu tun. Es gibt auch die andere Seite, das selbstsüchtige Voranstürmen ohne Rücksicht auf Verluste. Beide Aspekte finden wir im Charakter dieser Tonart, wie Schubart und Mattheson betonen.

Physiologisch sind dem Zeichen *Jungfrau* Bauchspeicheldrüse, Milz, Darm und Galle zugeordnet.

Fis-Dur/Ges-Dur

Fis = Grün, fruchtbar, feucht, hingebungsvoll, passiv
Ais = Violett,verbergend, mystisch, würdig, starr
Cis = Rot, sinnlich, triebhaft, eigenwillig, dynamisch

Diese Tonart birgt in sich das enharmonische Wandlungsgeheimnis und wird dementsprechend dem Sternzeichen *Waage* und den

Planeten *Venus* und *Neptun* zugeordnet, dem Äquilibrium, der Tag- und Nachtgleiche. Hier vollzieht sich der Übergang vom sinnlichen Erdendasein in die Geisteswelt. Das Ertasten der Materie weicht der Fassung in Begrifflichkeit, und daraus erwächst der Aspekt des Denkens. Man könnte dies auch als „spirituellen Realismus" bezeichnen, weil Geist und Materie untrennbar verknüpft sind. Sprachlichkeit und die Welt der Ideen sind die Heimat dieser Tonart. In ihrer niedersten Stufe kann sie Süße und irisierenden Klangzauber hervorrufen, auf der höchsten Stufe vermag sie zu entrücken. Die Sehnsucht nach höheren Welten hält sich die Waage mit dem leidenschaftlichen Trieb der Zerstörung. „Stirb und werde" ist das klangliche Leitmotiv dieser Tonart.

Physiologisch sind dem Zeichen *Waage* Nieren und Haut zugeordnet.

Des-Dur

Des = Rot, feurig, warm, leuchtend, gierig
F = Grüngelb, erleuchtend, hingebend, elastisch
As = Blau, aufopfernd, tief, ruhig, sensibel

Mit dieser Tonart nähern wir uns dem novemberlichen Spätherbst und damit der zunehmenden Finsternis des Winters. Das Tierkreiszeichen ist der *Skorpion*, dessen Planeten *Mars* und *Pluto* sind. Es ist die Zeit des Totengedenkens, der Tiefe, der Einsamkeit und der Transzendenz.

Eine große Intensität und magische Zauberkraft spricht aus dieser Tonart. Das innere Feuer verzehrt, brennt aus und transformiert. Daraus spricht Sehnsucht, Magie und sexuelle Leidenschaft. Der giftige tödliche Stachel des Skorpions wird verwandelt zu Weihe, Heilendem und Stille. Das transformierte Symbol ist der Adler.

Physiologisch sind dem Zeichen *Skorpion* Geschlechtsorgane, Blase und Dickdarm zugeordnet.

As-Dur

As = Blau, ruhig, tief, groß, rein
C = Rot, sinnlich, organisch, warm, liebend
Es = Gelb, hell, stark, aktiv, männlich

Das Zeichen des *Schützen* und der Planet *Jupiter* sind mit dieser Tonart verbunden. Langsames Absterben und Abstieg zur Erde vollenden sich. In sanftem, andachtsvollem Licht erscheint diese Tonart. Innen herrschen geistige Wachheit und Klarheit im Gegensatz zum äußeren Dunkel. Eine geistige Geburt wird innerlich vorbereitet. Die Umwandlung des Irdischen in Geistiges ist die Metamorphose, die für dieses Zeichen steht. Das Mysterium der Stille, das verborgene Licht und das wunderbare Reich der Nacht stehen symbolisch für Tonart und Sternzeichen. Es gibt eine expansive, streitbare Willenskraft, auf das Unendliche gerichtet, zugleich einen selbstbewußten Lebenswillen. Nur durch eine ethische Einstellung läßt sich aus den beiden Kräften eine gesunde Mischung herstellen. Das Animalische wird vom Geistigen überwunden. Die Kraft im Schützen wird solange gestaut und angespannt, bis sie sich in einem kreativen Akt entlädt - in der Geburt von etwas Höherem, der Verwandlung von unten nach oben.

Physiologisch sind dem Zeichen *Schütze* Hüfte, Schenkel, Adern und Knochen zugeordnet.

Es-Dur

Es = Gelb, männlich, expansiv, stark, hell
G = Blaugrün, kühl, berechnend, hart
B = Violett, mystisch, groß, starr, gespannt

Nun kommt der tiefste Punkt der Sonnenlaufbahn, die Wintersonnenwende - die dichteste Form der geistigen Konzentration. Dies ist die Ebene des *Steinbock*-Zeichens mit seinem Regenten *Saturn*. Nur langsam wendet sich diese Energie nach außen, Frühlingsstreben und Schöpfungsbeginn sind jedoch latent vorhanden. Es-Dur gilt als weihevolle Tonart und erinnert an eine warme Goldtönung; sie hat mit Wille, Macht, Selbstbehauptung, aber auch mit der Gegenseite, mit dem schicksalhaften Dienst am Menschen zu tun. Macht und Dienen gehören als Polaritäten zusammen. Hier stehen sich konzentrierte Energie, Macht, Feierlichkeit, Eigensinn und Ehrgeiz gegenüber.

Physiologisch sind dem Zeichen *Steinbock* Knie und Haut zugeordnet.

B-Dur

B = Violett, dunkel, tröstend, mystisch, gespannt
D = Orange, aktiv, vorwärtsorientiert, positiv, zuversichtlich
F = Grüngelb, hingebend, passiv, durchlichtet, erfrischend

Grenzenlos sich verströmend, oft sich verlierend ist diese metaphysische Ebene, die dem *Wassermann* zugeordnet wird. Sein Charakter ist ätherisch frisch, locker, leicht und durchsichtig. Glanz, Helligkeit und Anmut charakterisieren auch diese Tonart.

Kampf und Hoffnung auf Freiheit sind mit dem Wassermann-Zeichen und dessen Planeten *Uranus* und *Saturn* verbunden. Geistige Unabhängigkeit macht die Bindung zum „Du" schwierig. So schwingt darin etwas von Einsamkeit, vom Sonderling und Zyniker. Menschlichkeit und tiefe Zuversicht kennzeichnen seinen Weg zum Ziel, zur „Bruderschaft" der Menschheit.

Physiologisch sind dem Zeichen *Wassermann* Knöchel, Knie und nervöse Beschwerden zugeordnet.

F-Dur

F = Grün, fruchtbar, hingebend, halbhell
A = Indigo, mütterlich, ruhig, mystisch
C = Rot, organisch, lebendig, körperlich

F-Dur ist die Tonart der Natur. Sie drückt die ätherische Energie aus, die alle Körper durchwebt. Ihre Zeit ist der Vorfrühling und steht für den jugendlichen weiblichen Ausdruck. Ihr Charakter ist leicht wie Äther, anmutig, fast sylphidenhaft und entbehrt auch nicht einer humoristischen Komponente. Sie spricht vom Werden und Sein, dem Wechselspiel des menschlichen Schicksals. F-Dur durchzieht auch ein Hauch von Dankbarkeit, daß die Idylle nicht von Schicksalskräften hinweggespült wird. Die Naturschilderungen in Beethovens F-Dur-Sinfonie, der „Pastorale", spiegeln diesen Konflikt sehr gut wider, das heißt den Wechsel von Werden, Sein und Tod. Die Natur ist ein Kreislauf oder Lebensrad. In F-Dur ist die ätherische Schöpferkraft, die das Sprießen der Blätter und Knospen bedingt, noch unsichtbar, jenseits der festen Konturen irdischer Stofflichkeit. Licht und Wärme braucht es noch, um die klaren Formen in der Natur sichtbar zum Ausdruck zu bringen. Die ewige Neugeburt des Lebens ist ein Sinnbild für diese Tonart;

es kann der taufrische, noch ungetrübte Morgen eines Lebens sein, aber auch ein neuer Morgen nach einem Leben voll von Mühsal und Überwindung des Leidens.

Im Mittelalter galt der vierte Ton, F, als Ton von Golgatha. Tod und Auferstehung waren auch in späterer Zeit das Thema von F-dur und Fis-Dur. So kann die daraus sprechende Heiterkeit einerseits jugendlich naiv, andererseits von tiefer Lebensweisheit durchdrungen sein.

Dieser Tonart wird astrologisch das Zeichen der *Fische* zugeordnet. Als dazugehörige Planeten gelten *Jupiter* und *Neptun*. Die Fische bilden als Symbol das Grenztor zwischen Geist und Stoff oder zwischen Leben und Tod. Abkehr vom irdischen Leben und Hinwendung zum Geistigen gipfeln in der Verklärung. Transzendente Kräfte werden sichtbar, das Stoffliche verliert seine Dominanz.

Physiologisch sind dem Zeichen *Fische* Füße, Haut und Hände zugeordnet.

Die Moll-Tonarten

Die Moll-Tonarten erhalten ihren Charakter durch eine starke Bindung an die Farbe des Grundtons. Gleichzeitig sind sie auch durch den Leitton mit der gleichnamigen Dur-Tonart sowie durch die gleichlautenden Vorzeichen mit ihrer Paralleltonart verbunden. Nehmen wir als Beispiel die Tonart a-moll: Diese Tonart erhält viel von ihrem Charakter durch den Grundton A als Indigo-Färbung. Hier lassen sich die Farben gut in ihrer psychischen Qualität anwenden. Was die doppelte Verwandtschaft mit Dur- und Paralleltonart angeht, läßt sich sehr gut mit den Tierkreiszeichen arbeiten: Als parallele Tonart zu C-Dur ist a-moll mit der Qualität des Zeichens Widder verbunden. Durch die Leittonverwandtschaft zu A-Dur ist a-moll außerdem mit dem Zeichen Krebs verknüpft. Durch diese Beziehungen ergibt sich eine Bipolarität von Kräften, die in Moll wirksam werden. Im Falle von a-moll wäre demnach das in sich abgekapselte, verträumte, melancholische Wesen des Krebses mit dem Willensdrang, der Aktivität, der Zielgerichtetheit des Widders gepaart, verbunden mit allen Reibungen, die sich daraus ergeben.

a-moll

A = Indigo, selbstlos, gelöst, ganzheitlich, autark
C = Rot, sinnlich, aktiv, erregend, willensstark
E = Gelb, aktiv, strahlend, expansiv, konzentriert

Der Grundton A ist bestimmend für die Gesamtschwingung, und so haftet dieser Tonart eine gewisse Melancholie und Einsamkeit an. Die Polarität von Licht und Schatten und die Dämmerung sind ein Symbol dafür. Hier gibt es romantisches Schwärmen, ruheloses Wandern, klagende Resignation, aber auch kraftvolle Impulse mit finsterer Entschlossenheit, woraus Reibungen entstehen.

e-moll

E = Gelb, konzentriert, lebhaft, strahlend, expansiv
G = Blau, verhüllt, kühl, weiblich, innerlich
H = Violett, finster, mächtig, vollendet, mystisch

Diese Tonart kann äußerlich erhaben, strahlend, aber auch hart und unerbittlich klingen. Sie besteht aus einer Mischung von Klage und Erhabenheit. Ihre Leidenschaft kann mit Schmerz verbunden sein, dann wieder kann sie in meditativer Betrachtung eine fahle Herbstlandschaft beschreiben. Die Trägheit der Materie ist für die Seele eine Bürde, die getragen werden muß. Selbstverwirklichung durch Leiden ist das Thema, der Weltschmerz wird in der Tragik der Vergänglichkeit erlebt.

h-moll

H = Violett, vollendet, majestätisch, zerrissen, mystisch
D = Orange, strahlend, warm, aktiv, heilend
Fis = Grün, fruchtbar, hingebend, selbstlos, natürlich

Licht als Geburt, Schatten als Tod stehen einander gegenüber. Die Suche und das Ringen um die Wahrheit und den Sinn des Lebens sind hier vorherrschend. Erkenntniskraft und Glauben werden eins. Der Weg hinauf und hinab ist ein und derselbe. Klage und Melancholie, die Angst, das Licht nicht zu erreichen, Zweifel im Wechsel mit Gewißheit, Glauben und Ziellosigkeit, Verführung und Verführbarkeit sprechen aus dem Charakter dieser Tonart.

fis-moll

Fis = Grün, aufopfernd, fruchtbar, passiv, natürlich
A = Indigo, dunkel, weit, einsam, geistig
Cis = Rot, leidenschaftlich, aktiv, gierig, willensstark

Der Charakter dieser Tonart neigt zum Düsteren; Hector Berlioz bezeichnete ihn als „tragisch-schneidend". Der Abgrund mit der Frage „Sein oder Nichtsein?" tut sich auf. Schmerz und Abhängigkeit von Gefühlszuständen bringt hier das Zeichen *Krebs* hinein. Gefühle der Rache und des Festhaltens an egoistischen Vergangenheitsmustern sind die Hybris. Trost kommt nur aus der Erkenntnis des Lichts und der höheren Kräfte.

cis-moll

Cis = Rot, feurig, aktiv, sinnlich, willfährig
E = Gelb, leuchtend, geistig, einsam, expansiv
Gis = Blau, verhüllt, kühl, introvertiert, gläubig

Diese Tonart scheint uns entrückt, in der Schwebe befindlich. Träumendes Sehnen in einer Sommernacht, Sehnen des Herzens und schwermütiger Ernst paaren sich mit großem edlem Empfinden voll Energie und Tiefe.

gis-moll/as-moll

Gis = Blau, verhüllt, kühl, introvertiert
H = Violett, vollendet, majestätisch, mystisch
Dis = Orange, strahlend, warm, aktiv, heilend

Auch in dieser Tonart finden wir Entrückung und Übersinnliches zwischen Tag und Traum. Dies ist eine sehr weiche Tonart. Abschied und Entsagung von der Welt erscheinen hier als Motiv mit einer gewissen Verklärung oder wissenden Heiterkeit. Das bewußte Annehmen und Transformieren des Erdendaseins sind darin enthalten.

dis-moll/es-moll

Dis = Orange, vital, heilend, strahlend, warm
Fis = Grün, passiv, erfrischt, hingebend, natürlich
Ais = Indigo, geheimnisvoll, düster, introvertiert, einsam

Diese Tonart greift schon so weit hinaus, daß kein großer Gegensatz mehr zur Dur-Tonart vorhanden ist. Ernst und die Fähigkeit, Schmerz zu erleben, werden intensiviert, aber nicht in das Gegenteil der Dur-Tonart umgekehrt. Hier geht es um Erwägung und Entscheidung, wie dies dem *Waage*-Zeichen entspricht.

Meidet man jede Reibung und Konfrontation und lebt nur nach dem Gesetz des geringsten Widerstandes, so kann im Tod, an der Schwelle zu einem anderen Bewußtsein, größte Schwermut und Verzweiflung hereinbrechen. Christian Daniel Schubart (Musikschriftsteller, 1739–1791) schrieb: „Wenn Gespenster sprechen könnten, so sprächen sie aus es-moll. Die unüberwundenen Mächte des Unterbewußten drängen sich als Hüter der Schwelle."

b-moll

B = Violett, vollendet, majestätisch, zerrissen, mystisch
Des = Orange, heilend, warm, vital, strahlend
F = Grün, passiv, erfrischt, hingebend, natürlich

Diese Tonart gehört zu den dunkelsten. Nachtgestalten erscheinen aus der Erdentiefe. Als Gegensatz findet sich aber auch die Passionsstimmung mit ernstem Flehen. Todeskampf und Apokalypse drücken sich in der Stimmung aus.

f-moll

F = Grün, aufopfernd, passiv, hingebend, erfrischt
As = Indigo, geheimnisvoll, düster, introvertiert, einsam
C = Rot, leidenschaftlich, aktiv, gierig, willensstark

Der Schicksalsweg, der in den Abgrund, in den Tod führt, macht den Charakter dieser Tonart ernst und nachdenklich und ist von Schwermut erfüllt. Introvertiert und weltabgewandt, philosophisch, von Leidenschaft und dämonischen Kräften durchdrungen äußert sich hier die Tragik des Lebens. Symbolisch steht hierfür das sich aus der Tiefe herauswindende Selbst, das Ringen um Licht.

c-moll

C = Rot, aktiv, leidenschaftlich, gierig, willensstark
Es = Gelb, strahlend, expansiv, konzentriert
G = Blau, verhüllt, kühl, weiblich, innerlich

Auch hier führt nur der bitter und schmerzhaft errungene Weg zum Lichtdurchbruch. Doch herrscht noch die Nachtseite vor. Die Schwere der Materie steht dem Lebenswillen entgegen. Vergangenheitsorientierte, egoistische Introvertiertheit steht der Extrovertiertheit gegenüber. Heldenmut und Willensfestigkeit sind die Pole. Die Unerbittlichkeit des Schicksals, Destruktivität und Todessehnsucht erscheinen symbolisch als düstere Majestät.

g-moll

G = Blau, verhüllt, kühl, gläubig, introvertiert
B = Violett, finster, mächtig, vollendet, mystisch
D = Orange, heilend, warm, strahlend, aktiv

In dieser Tonart ist ein Hauch Vergänglichkeit zu spüren, deren Elemente Klage, Schmerz und Sehnsucht sind. Das Zerfließen des Lebens, der Zusammenbruch der Welt, Depression und furchterregende Züge liegen im Charakter dieser Tonart. Erdenschwere und Ätherhauch stehen sich gegenüber.

d-moll

D = Orange, strahlend, heilend, aktiv, warm
F = Grün, aufopfernd, fruchtbar, passiv, natürlich
A = Indigo, dunkel, weit, einsam, geistig

Kristallisation ist das Geheimnis dieser Tonart, die in den drei großen Epochen Mittelalter, Renaissance und Frühbarock sehr beliebt war. Das Leben steht hier dem Tod als materialisierte Gestalt des Knochenmanns gegenüber. Winter und Erstarrung, sich aufbäumender Trotz gegen die Ohnmacht des Unabwendbaren, Verbitterung über die Beschränkung des Daseins sind ebenso Themen wie Höherstreben, Sehnsucht und Starre, die sich im Bau der gotischen Kathedralen widerspiegeln. Die Abgründe des Unbewußten tun sich auf, vor dem nur ein starkes „Ich-Bewußtsein" schützen mag. Die Dualitäten Liebe - Haß, Grausamkeit - Milde kommen hier zum Ausdruck.

Die Tonarten-Balance

Die Tonarten-Balance zielt darauf ab, dem Musiker zunächst die Beziehung zwischen Tonart und Farbe bewußt zu machen. Die Erfahrung zeigt, daß Musiker sich allenfalls einer Ablehnung oder Vorliebe für eine Tonart bewußt sind und meinen, der Aspekt „Farbe" habe etwas mit der Klangfarbe des Instruments oder mit dem musikalischen Ausdruck zu tun. Das ist prinzipiell richtig, doch liegt sozusagen der Urgrund von farbiger Interpretation in den Strukturelementen der Musik, zu denen unsere Tonarten zählen.

Wenn der Musiker nur ein vages Gefühl von Unbehagen hat, können wir mit Hilfe des Muskeltests abfragen, ob im Dur- oder Mollbereich eine Tonart anzeigt. Dies kann zum Beispiel entstehen, wenn in einem Musikwerk moduliert wird und der Musiker dabei eine oder mehrere Tonarten berührt, die er nicht mag; dabei gehen wir, wie bei jedem Test, von einer klar definierten Tonart und ihrem Farbbezug aus.

In der Auflistung der Tonarten sind viele Informationen enthalten, und es lohnt sich, gleichsam als Vorübung, einmal ein Musikwerk in einer bestimmten Tonart anzuhören, die Informationen zu lesen und sie dann während des Hörens zu reflektieren. Manches ist auf Anhieb einleuchtend, anderes mag vielleicht fremd oder gar abwegig erscheinen. Auf diese Weise erhalten wir ein Feedback über unsere Wahrnehmung von einer Tonart und erleben Modulationen – das harmonische Fortbewegen von der Ausgangstonart – viel differenzierter, ja, wir beginnen zu lauschen, ob wir vielleicht eine Bestätigung der Informationen finden. Der nächste Schritt wäre, die gleiche Tonart in einem anderen Musikwerk zu hören. Nach vier bis fünf Beispielen gehen dem Hörer manche Lichter auf und er begreift, daß die Charakterisierung der Tonarten kein theoretisches Gebilde ist, sondern auf Erfahrungen beruht.

Wir haben, lange bevor wir uns der Kinesiologie zuwandten, Kurse für Musiker und Musikhörer gehalten, in denen das Thema „Musik und Farbe" in etwa so dargestellt wurde, daß wir Musikbeispiele zu einer bestimmten Tonart aus allen möglichen Epochen, Stilen und Kulturen auf einer Kassette zusammenstellten. Mit einer

Farblampe tauchten wir außerdem das Zimmer in die Grundfarbe der Tonart, während die Kursteilnehmer zuhörten. Eine Variante bestand darin, die Tonart und ihre Grundfarbe nicht anzukündigen und die Teilnehmer alle Musikstücke in Farbe malen zu lassen.

Die Farben und Qualitäten seiner Tonarten schimmern durch das musikalische Werk hindurch, das macht es interessant und abwechslungsreich, zumal fast keine Komposition durchgängig in einer einzigen Tonart geschrieben wurde und wird. Für eine kinesiologische Balance ist es jedoch wichtig, ob für den Musiker mit der tonalen Basis eines Werkes Streß verbunden ist. Damit der Test praktikabel ist, haben wir die Informationen zu den Dur-Tonarten noch einmal vereinfacht und tabellarisch zusammengefaßt. Die Moll-Tonarten haben sowohl astrologisch, planetarisch als auch farblich mit ihren parallelen Durtonarten Ähnlichkeit, doch ihr Charakter weicht erheblich von ihnen ab. Sie sind deshalb in einer eigenen Tabelle aufgeführt, wobei das Gewicht mehr auf dem gefühlsmäßigen Aspekt liegt.

Dur-Tonarten

Tonart	Grundfarbe	Farbaspekt	Astrolog. Zeichen	Planet	Physische Ebene
C	Rot	körperlich, organisch	Widder	Mars	Kopf, Zunge, Augen, Muskeln
G	Blau	kühl, stofflich	Stier	Venus	Hals, Kehle, Ohren, Schilddrüse
D	Orange	lebhaft, warm	Zwillinge	Merkur	Thymus, Lunge, Arme, Hände
A	Indigo	umhüllend, melancholisch	Krebs	Mond	Magen, Darm, Zwerchfell
E	Gelb	heiter, kommunikativ	Löwe	Sonne	Pankreas, Magen, Galle, Solarplexus
H	Violett	mystisch, vollendet	Jungfrau	Merkur	Pankreas, Milz, Darm, Galle
Fis	Grün	fruchtbar, passiv	Waage	Neptun, Venus	Nieren, Haut
Des	Rot	leuchtend, gierig	Skorpion	Mars, Pluto	Genitalien, Blase, Dickdarm
As	Blau	tief, ruhig	Schütze	Jupiter	Hüfte, Schenkel, Adern, Knochen
Es	Gelb	expansiv, stark	Steinbock	Saturn	Knie, Haut
B	Violett	dunkel, tröstend	Wassermann	Uranus, Saturn	Knöchel, Knie, Nerven
F	Grün	halbhell, hingebend	Fische	Jupiter, Neptun	feinstoffliche Energien

Moll-Tonarten

Ton-art	Grund-farbe	Farbeigenschaft	Moll-Charaktermerkmale
a	Indigo	selbstlos, gelöst	Melancholie, Einsamkeit, ruhelos
e	Gelb	konzentriert, expansiv	Klage, Erhabenheit
h	Violett	mystisch, zerrissen	Geburt, Tod
fis	Grün	aufopfernd, natürlich	Schmerz, Rache, Lichterkenntnis
cis	Rot	feurig, sinnlich, aktiv	Sehnsucht, Träume, Energie, Tiefe
gis/as	Blau	introvertiert, kühl	Entrückung, zwischen Tag und Traum
dis/es	Orange	vital, strahlend, warm	Ernst, Schmerzerlebnisfähigkeit
b	Violett	vollendet, majestätisch	Nacht, Erdentiefe
f	Grün	erfrischt, hingebend	Weltabgewandtheit, Schwermut
c	Rot	leidenschaftlich	Introvertiertheit, Schwere
g	Blau	gläubig, verhüllt	Depression, Erdenschwere
d	Orange	strahlend, aktiv	Liebe, Haß

Wie die Tabelle der Moll-Tonarten zeigt, ruhen hier viele dunkle, schwere Gemütszustände, was leicht zu der irrigen Annahme führen könnte, der Moll-Charakter sei negativ geprägt. Das ist durchaus nicht der Fall. Wir haben nur verlernt, die positive Kraft dessen zu leben, was Beethoven „durch die Finsternis zum Licht" nannte. Die Komponisten aller Epochen haben Tonarten oder Modi (Vorläufer der Tonarten) bewußt ausgewählt, um eine geistig-emotionale Botschaft zu transportieren. Nicht etwa der Titel „Requiem" macht das Werk zu einer Totenmesse, sondern das, was aus seiner Tonart, aus den Harmonien und der Rhythmik spricht.

Wenn wir heute einen Musiker fragen, was der Unterschied zwischen G-dur und B-Dur sei, dann erhalten wir die Antwort, G-Dur habe ein Kreuz, B-Dur zwei B. Das ist das bescheidene Resultat funktionalen Denkens. Charakter, Tiefe und geistige Größe eines Musikwerks, auch seine Heiterkeit und Unbeschwertheit sind von den Tönen abhängig, die sich zu einer Tonart formieren. Wir erinnern uns, in dem Studienfach „Formenlehre" unzählige Werkanalysen durchgeführt zu haben, ohne jemals den Charakter, das energetische Wesen einer Tonart erklärt zu bekommen. Man hält es für eine letzte Naivität des frühen 19. Jahrhunderts, daß Beethoven Wert darauf legte, seine „Pastorale" in F-Dur zu komponieren. Wir wähnen uns heute so aufgeklärt, daß wir zwar den Wald sehen, aber den einzelnen Baum nicht mehr wiedererkennen, der zum Charakter des Waldes beiträgt!

Kommen wir zurück zur Tonarten-Balance. Wir testen zunächst die zwölf Dur- und Moll-Tonarten und deren Aspekte. Außerdem fragen wir nach einer Altersrückführung, zum einen, weil Streßfaktoren hinsichtlich bestimmter Tonalitäten mit dem ersten Musikunterricht beginnen, zum anderen, weil die Tonarten emotionalen Anlagen entsprechen, die beim westlichen Menschen genetisch gespeichert sind.

Bei den Dur-Tonarten testen wir auf der physischen Ebene die Meridiane und fragen die anderen Körperteile ab. Ist eine Korrektur notwendig, massieren wir, entsprechend dem Touch-for-Health-Programm[26], die lymphatischen, neurovaskulären, Meridian- und Akupressurpunkte leicht und laden sie dadurch auf. Für alle anderen Körperteile, zum Beispiel Knie, Haut, Knochen oder Arme, verwenden wir die ESR-Balance, indem wir die Körperteile, wenn möglich, mit den Händen berühren oder sie visualisieren.

Für die Farben der Tonarten verwenden wir sieben Farbkarten gemäß den Spektralfarben. Zuerst testen wir die Tonarten und schließen von ihnen auf die Farbe. Laut Tabelle sind meist mehrere charakteristische emotionale Merkmale zu einer Farbe oder Tonart angegeben. Man kann zwar immer nur einen Begriff austesten, doch ziehen wir wegen der Vielschichtigkeit der Merkmale grundsätzlich alle in Betracht, die zu der jeweiligen Tonart gehören. Gerade hier sollte man im Umgang mit der Information möglichst kreativ sein.

Bei der Korrektur ist wichtig, daß der Klient nach einer Frage wie „Wo möchtest du die Farbe körperlich spüren?“ die Grundfarbe einer Tonart körperlich wahrnimmt. Danach lassen wir ihn alle fünf Sinne einsetzen, um die emotionalen und mentalen Eigenheiten einer Tonart zu erleben.

Normalerweise spielt der Musiker auf seinem Instrument eine isolierte Tonart beziehungsweise Tonleiter nur als technische Übung und erlebt dabei Schwierigkeiten mit Griffen oder Registerlagen beziehungsweise Oktaven. Darum lassen wir den Klienten, wenn möglich, die ausgetestete Tonart singen oder spielen und fragen ihn, wie er mit seinen fünf Sinne darauf reagiert, zum Beispiel „Wie riechst, schmeckst du G-Dur? Was siehst, hörst und fühlst du spontan bei c-moll?“. Dies ist für den Musiker zwar ungewohnt, aber wichtig, damit er wieder lernt, als ganzer Mensch wahrzunehmen. Abschließend lassen wir den Klienten ein weiteres Mal die Tonart singen oder spielen, während er mental in ein Bild mit der entsprechenden Grundfarbe eintaucht.

Wir erinnern uns dabei an eine Klavierlehrerin, die bei cis-moll unter großen Streß geriet und in Panik kam, wenn ein Klavierstück in dieser Tonart zu spielen war. Außerdem mochte sie die Farbe Rot überhaupt nicht und weigerte sich, mit dieser Farbe zu arbeiten, weil sie ihren Charakter, das „träumende Sehnen“ und das entrückende Moment, entschieden ablehnte. Sie war die personifizierte Blockade.

Wir arbeiteten zuerst auf der Körperebene, das heißt, wir korrigierten Pankreas, Galle, Magen und Solarplexus, die alle Streß anzeigten. Erst als hier ein deutliches Wohlgefühl einsetzte, war die Pianistin bereit, die Wärme und Glut des Rots zu akzeptieren. Sie wurde immer entspannter und seufzte oft und tief. Ohne daß es ihr bewußt war, geriet sie ins Träumen und sagte am Ende der Balance: „Wenn ich jetzt cis-moll spiele, sehe ich am Horizont eine rote Sonne versinken.“ Als sie wenig später anrief und sagte, sie habe in einem Lehrerkonzert ganz bewußt ein Werk in cis-moll gespielt, schilderte sie ihren Erfolg so: „Schon bevor ich anfing zu spielen, sah ich innerlich das warme, rote Licht der untergehenden Sonne. Dieses Bild trug mich durch das ganze Stück. Alle Kollegen sagten, ich hätte wie verzückt am Flügel gesessen und diesen Chopin traumhaft schön gespielt.“

In Balancen erleben wir oft, daß die Musiker bei dem Thema „Tonarten“ am liebsten alle zwölf Tonarten durchgehen würden, einerlei, ob sie für sie mit Streß verbunden sind oder nicht, weil ihnen der Bewußtwerdungsprozeß im kreativen Umgang mit diesem Strukturelement Spaß macht und für die eigene Interpretation Gewinn bringt.

Das Musikwerk

Jedes Musikwerk ist ein Gesamtorganismus, der durch viele kleine Organismen, die Strukturelemente, lebendig wird. Kunstmusik wird als überpersönliche „Weltsprache“ verstanden, denn sie spricht tiefere Wahrnehmungen an als die unserer physischen Sinne und damit des linken analytischen Gehirns. Leider sind wir heute in der Musikausbildung und im Musikverständnis auf Detailarbeit und Detailwissen abgesunken. Wir lernen nachzuahmen, zu memorieren, sammeln Wissen und Fakten. Aber all dies macht noch kein Ganzes aus und hat mit einer Arbeitsmethode zu tun, die nur vergangenheitsorientiert ist. Das Musikerlebnis ist aber immer im Jetzt. Die Gegenwart hat mit spontanen Erkenntnissen und Einsichten zu tun, die durch Intuition, Inspiration und Imagination, also ganzheitliche Wahrnehmungen, entstehen.

Hat ein Musiker Probleme mit einem Musikstück oder einem Ausschnitt daraus, so hat das immer auch mit ihm selbst zu tun. Gibt es Integrationsprobleme zwischen feinstofflichen Energiekörpern und physischem Körper, so zeigt sich das in der Diskrepanz im Spiel. Es ist, als ob sich zwei Personen um die Kompetenz streiten würden. Die eine sagt zum Beispiel: „Spiel schneller“, während die andere meint: „Spiel langsamer und genieße“. Dieser Widerstreit äußert sich in einer verkrampften Haltung und in einer Atmung, die gegen den Musikpuls verläuft. Vor allem bei jungen Musikern, die noch den Takt mit dem Fuß schlagen, sieht man häufig eine mangelnde Übereinstimmung zwischen dem Takt des Fußes und dem des Stückes.

Die Auseinandersetzung mit einem Musikwerk heißt, sich mit sich selbst auseinanderzusetzen. Häufig haben Musiker schon eine Mentalität entwickelt, derzufolge sie ihr privates Ich beim

Musizieren zuhause lassen. Musik wird zum Berufsfach. Bei kinesiologischen Balancen zum Thema „Lampenfieber“ zeigt sich dies in Äußerungen wie: „Was haben denn meine persönlichen Umstände mit Lampenfieber zu tun? Wenn ich nicht vorspiele, habe ich ja keines. Also kann es doch nur ganz entfernt meine Persönlichkeit betreffen, das ist doch eine reine Nervensache.“ Das sind Standardäußerungen, die wir schon von jungen Musikern hören und erst recht von jenen, die im vollen Streß ihres Berufes stehen, denn ihre Verdrängungstaktik läßt sie tatsächlich glauben, was sie sagen. Für diese Musiker bedeutet es einen tiefgreifenden Prozeß, allmählich wieder zu begreifen, daß Musik Lebensenergie ist. In jedem Musikstück tritt uns das Leben in einer verschlüsselten, gleichsam archetypischen Struktur entgegen, die unmittelbar auf unsere Persönlichkeit wirkt. Sie wird zur Metapher des Lebens schlechthin, und jede spontane Zuneigung oder Schwierigkeit im Umgang mit einem Musikstück zeigt eine Facette unserer Persönlichkeit und unseres Verhältnisses zum Leben. Jeder Musiker kennt auch die Probleme, die mitunter mit Einzeltönen, Intervallen, Akkorden, Tonarten, einzelnen Werken oder Musikepochen verbunden sind.

Mit den Balancen der Musik-Kinesiologie ist es möglich, bislang nicht faßbare Streßfaktoren im Bereich der Musikstruktur aufzudecken, sie sprachlich zu benennen und in einem symbolischem Bild auszudrücken, um so die damit verbundenen Blockierungen zu beheben. Dadurch wird kreative Energie freigesetzt. Natürlich kann die Musik-Kinesiologie keine Genies produzieren, aber es ist erstaunlich, um wieviel freier, energetischer und ausdrucksstärker viele Musiker ihre Musik erleben und spielen, wenn sie im verborgenen Bereich der Strukturelemente Blockaden und Streß abbauen konnten.

Der Weg dahin führt über die Symbolik von Farbe und Astrologie, mit deren Hilfe sich das innere Wesen und die psychisch-seelische Struktur eines Werkes auf kreative Weise offenbart. Noch einmal zur Erinnerung: Bisher wird uns in den Fächern „Formenlehre“ und „Werkanalyse“ nur Faktenwissen beigebracht, bei dem einzig unsere linke Gehirnhälfte beansprucht wird. Diese reiht die Fakten aneinander und versucht, eine auf vergangenen Erfahrungen fußende Kopie herzustellen, doch bleibt es immer bei der Aneinanderreihung von Details. Das rechte Gehirn dagegen hat die Fähigkeit zu ganzheitlicher Sicht und Erinnerung. Nur diese Seite ist zukunftsorientiert, wagemutig und spontan. Mit ihr kann, anstatt Gelerntes abzuspulen, jede Interpretation zu etwas Neuem und Spannendem werden.

In der Balance zum Thema „Musikwerk" gibt es nun die Möglichkeit, zum einen alle Einzelfakten als lebendige Organismen in einem Ganzen, das heißt in ihrem Zusammenhang zu erleben, und zum andern, sich selbst als Lebewesen auf das innere Leben der Musik einzulassen. Die Balance zum Thema „Musikwerk" geschieht folgendermaßen: Der Musiker nimmt ein Musikstück zur Hand, das ihm als gesamtes oder in einem Ausschnitt Probleme bereitet. Der Tester prüft, ob der Muskel beim Betrachten oder inneren Hören des Musikstücks stark bleibt. Liegt ein Problem vor, schaltet der Muskel mit Sicherheit ab. Jetzt gilt es zu testen, auf welcher Ebene das Problem liegt.

Probleme auf der physischen Ebene

Schaltet der Muskel beim Thema „physische Ebene" ab, zeigt dies, daß der grobstoffliche Körper im musikalischen Ausdruck nicht eins ist mit den anderen, feinstofflichen Körpern. Um aber Musik zu 100 Prozent ausdrücken zu können, muß jede Körperzelle und -faser auch von der Musik durchdrungen und informiert sein. Viele intellektuell betonte Musiker erleben jedoch eine Trennung von Denken und Körper. Diese Trennung wird offensichtlich, wenn sie sich nicht zu ihrer Musik bewegen können – schon gar nicht im Überkreuzmuster – oder wenn sie jegliche Bewegung zur Musik verweigern. Eine Integration zwischen Körper und Denken muß aber hergestellt werden, weil Musik auch stilisierte Körperbewegung ist. Musik sollte ein harmonischer Ausdruck aller menschlichen Ebenen sein – der körperlichen, emotionalen, mentalen und spirituellen.

Korrektur: Der Musiker bewegt sich in Überkreuzbahnen auf einer Linie, während er das Werk oder den betreffenden Ausschnitt daraus entweder spielt (bei transportablen Instrumenten) oder singt (bei nicht transportablen Instrumenten wie Klavier, Cello, Kontrabaß, Gitarre usw.). Eine andere Möglichkeit ist, die entsprechende Musik oder den Musikausschnitt auf Kassette aufzunehmen und sie während der Korrektur ablaufen zu lassen.

Probleme auf der emotionalen Ebene

Schaltet der Muskel auf der emotionalen Ebene ab, so zeigt dies, daß emotional getragene Bestandteile des Stücks wie Töne, Intervalle und Akkorde im Gehirn gespeicherte Erinnerungen an eine in der Vergangenheit entstandene Problematik wachrufen. Unser Gehirn speichert nach symbolischen Werten und Ähnlichkeiten; deshalb kann eine bestimmte Stelle im Stück unbewußt an eine Farbe oder an ein Geräusch erinnern, mit denen eine frühere problematische Erfahrung verbunden ist.

Korrektur: Hier hat es sich sehr bewährt, mit Hilfe eines Wortes aus den Barometern für Farbe-Ton oder Intervall die emotionale Problemquelle aufzufinden und damit abzulösen. Zuerst gilt es auszutesten, welches Barometer durch einen abgeschalteten Muskel angezeigt ist, als nächstes das individuelle Barometerwort, das ebenfalls durch den schwachen Muskel gefunden wird. Die Korrektur geschieht mit Hilfe von ESR und weiteren möglichen Zusatzinformationen, die dem Tester zur Verfügung stehen.

Probleme auf der mentalen Ebene

Schaltet der Muskel beim Thema „mentale Ebene" ab, weist dies auf Probleme bei der mentalen Verarbeitung eines Stückes hin, vielleicht auch bei der Speicher- oder Abrufbarkeit des Werkes. Jedes Musikwerk trägt in sich eine geistige oder mentale Struktur. Unser linkes analytisches Gehirn versucht, diese innere Struktur durch Zerlegung in Einzelformen und Gesetzmäßigkeiten herauszuarbeiten. Das hilft jedoch nur begrenzt, da man gar nicht alle Einzelfakten memorieren kann, schon gar nicht beim Musizieren. Außerdem ist die archetypische symbolische Form eines Musikstücks mehr als die Summe seiner Einzelteile. Nach allen bisherigen Erfahrungen erscheint es sinnvoll, mit dem Musiker gerade im mentalen Bereich viel mit *Symbolen* zu arbeiten. Sie sind einprägsam, können jederzeit kurzfristig abgerufen werden und enthalten alle notwendigen Einzelinformationen.

Korrektur: Wir lassen den Musiker mit Bleistift oder Farben auf Papier oder eine Tafel sein zu spielendes Stück oder einen Teil davon zeichnerisch oder malerisch in ein Symbol fassen. Das kann ein Kreis, eine Kerze, ein Baum oder eine freie Form sein. Wir testen, ob das gemalte Symbol geeignet ist. Wenn nicht - der Muskel schaltet dann beim Anblick der eigenen Zeichnung ab -, testen wir, was bei dem Symbol an Höhe, Tiefe, Farbe usw. geändert werden sollte; wir regen den Musiker an, seinen Einfallsreichtum zu nutzen und so lange zu probieren, bis das Symbol optimal ist und der Muskel stark bleibt.

Jetzt lassen wir den Klienten das zunächst große Bild des Symbols auf ein Kärtchen verkleinern, wodurch das Speichern im Gehirn erleichtert wird. Wir bitten den Musiker, dieses Symbolkärtchen in Form einer Liegenden Acht vor den Augen kreisen zu lassen, und halten dabei seine Stirn und seinen Hinterkopf gemäß der Abbildung auf Seite 36.

Dazu ein Beispiel: Die junge Geigerin Nina hatte im Violinkonzert von Jean Sibelius einzelne Stellen herausgefiltert, die sie technisch zwar meisterte, aber nur schwer behalten und fassen konnte. Sie erschuf sich durch Visualisieren das Symbol eines blauen Kreises um ihre Körpermitte herum, der alle Informationen enthielt und nach außen undurchlässig, nach innen - zu ihr hin - aber durchlässig war. Dies vermittelte ihr die Sicherheit, in jedem Moment alle Informationen zur Verfügung zu haben. Sie beschrieb den Eindruck von ihrem Konzert treffend: „An den schweren Stellen stand mir wirklich alles gleichzeitig zur Verfügung, die Finger griffen sauber, mein Herz war frei, alles auszudrücken, was ich wollte, und ich war hundertprozentig konzentriert im Stück drin.“

Ein anderes Beispiel trug zur Erheiterung aller Kursteilnehmer bei. Unter ihnen war die Oratoriensängerin Hildegard, die das Anliegen hatte, eine bestimmte hohe Stelle aus dem „Elias“ von Mendelssohn-Bartholdy zu meistern. Als erste Übung ließen wir sie die Linie über Kreuz gehen (Seite 292). Nach drei Versuchen schaffte sie es, das Gleichgewicht zu halten, dann erst sang sie während der Überkreuzbewegung. Sie war so mit dieser Bewegung beschäftigt, daß sie gar nicht merkte, wie perfekt sie die vermeintlich schwere Stelle sang. Am Ende der Übung sagte sie: „So, jetzt können wir anfangen. Also, das Problem ist ... Moment mal, was war's denn eigentlich?“ Alle lachten, denn ihr monatelanges Fokussieren einer Stelle der Arie war bereits verschwunden, ehe wir mit der Balance begannen. Doch die Sängerin wollte den Vorgang noch einmal bewußt nachvollziehen. Neben dem Problem auf der physischen Ebene, das inzwischen ja gelöst war, zeigte der Test Streß auf der mentalen Ebene an. Hildegard zeichnete ein phantasievolles Symbol, das die Arie als Ganzes darstellen sollte. Sie testete stark, wenn sie das kleine Bild ansah oder es vor Beginn der Arie visualisierte. Um das positive Feedback zu vollenden, testeten wir die Zuhörer, die den ausgestreckten Arm 67 Sekunden (!) lang ohne Mühe hielten und damit bekundeten, wie stark die sängerische Energie von Hildegard war und blieb. Die vormals schwere Stelle spielte überhaupt keine Rolle mehr, es ging jetzt um die gesamte Arie. In diesem Kurs war das Thema „Ganzheitliches Erfassen eines Werkes" ein zentrales Anliegen der Sänger und Instrumentalisten. Was sie begeisterte, war das Zusammenfügen der physischen, emotionalen und mentalen Ebenen unter Berücksichtigung der Strukturelemente von Einzelton, Intervall, Tonart und Komposition.

Der Leser mag vielleicht fragen, was es denn mit dem *Rhythmus* eines Musikwerks auf sich habe. Wir waren selbst überrascht, daß rhythmische Probleme sich sehr schnell auflösten, wenn der Musiker in der Lage war, die Linie harmonisch zu seiner Musik zu überkreuzen. Dies hat mit dem Puls einer Komposition zu tun. Das Metrum oder der Takt sind theoretische Elemente. Ein $\frac{4}{4}$-Takt kann in unendlich vielen Tempi und Rhythmisierungen auftauchen. Der innere Puls entsteht erst, wenn die Proportionen zwischen langsamen, schnellen, rhythmisierten Tönen und deren Verlauf festliegen. Wir schließen deshalb nicht bei den ersten Takten eines Werkes auf den Puls, sondern erst, wenn wir das ganze Stück kennen. Leider lernen bei uns schon kleine Kinder im Musikunterricht viel zu oft ein Lied oder Spielstück auf lineare Weise, das heißt Takt für Takt. Für das Gefühl von Puls und Körperbewegung wäre es viel besser, Kinder würden ein Stück erst viele Male als Ganzes hören, ehe sie mit dem Üben beginnen. Viele erfahrene Berufsmusiker können ein Werk schon vom Notenbild her „prima vista" erfassen, das heißt, beim ersten Sehen, weil sie es innerlich singen oder spielen und dabei auch den Puls fühlen. Für diese Musiker ist es überhaupt kein Problem, sich zu ihrer Musik zu bewegen.

Kapitel 6

Schöpferische Energien und ihr Ausdruck

Künstlerisches Schaffen ist ein Ausdruck von Lebensqualität und bedeutet das Zusammenwirken von Können, Ausdruckswillen und Inspiration. Während wir das handwerkliche Können und die Darstellungsfreude im hohen Maße schulen können, läßt sich Inspiration weder abrufen noch erlernen. Sie ist die geistige und spirituelle Nahrung des Künstlers, aber sie entzieht sich dem grobstofflichen Zugriff. Wenn der Künstler inspiriert wird, dann ist er gleichsam ein „Gefäß" (Medium), durch das mittels seines künstlerischen Tuns eine Kraft hindurchfließt, die nicht er selbst ist, nicht seine Ego-Persönlichkeit. Wir können zwar alle Voraussetzungen schaffen, die eine Inspiration begünstigen, aber die Erwartung „*Wenn* ich dies oder das tue, *dann* bekomme ich Inspiration" funktioniert nicht.

Eine der wichtigsten Voraussetzungen ist das Aufgeben des Nutz- und Erwartungsdenkens. Jede Fixierung auf ein materielles Ziel hemmt die Inspiration und damit den freien Fluß der kreativen Kräfte. Der Künstler muß also lernen, sein Bestes zu geben und rundum alles zu tun, um ein geeignetes „Gefäß" für die Inspiration zu sein, aber dann muß er loslassen, sich den Kräften hingeben, die er selbst „ruft". Diese innere Haltung ist der Nährboden für Inspiration.

Ein anderer wichtiger Aspekt ist die *Muße*, die nicht mit Nichtstun zu verwechseln ist. Während in früheren Kulturepochen zum Wesen und Selbstverständnis des Künstlertums der Müßiggang gehörte, das Sich-Ergehen, die schöpferische Pause, um neue Kräfte zu sammeln, sagt man heute: „Ich bin zum Nichtstun *verdammt.*“ Woher kommt diese Haltung? Eine Antwort liegt mit Sicherheit in der Technisierung unserer Umwelt. Heute drehen sich die Räder in den Maschinen, und wenn sie stillstehen, sind die Maschinen nichts wert; sich ständig drehende Räder zeugen von Produktivität, von Leistung, Effektivität und Quantität. Die Qualität rückt an die zweite Stelle. Dieses Prinzip von ständiger Aktivität übernehmen wir in unser Leben, in unsere Kultur und in unsere Kunst. Nicht körperlich arbeiten zu müssen war noch bis Ende des 19. Jahrhunderts ein Privileg des Adligen und des Künstlers, die beide verschiedene soziale Schichten vertraten. Indem man sich mit Recht zugunsten einer arbeitenden Schicht (unten) gegen eine nutznießende (oben) auflehnte, schuf man den demokratischen Gedanken, der viel Gutes hervorbrachte. Indes fällt es uns schwer zuzugeben, daß unsere abendländischen Künste nun einmal im monarchischen Denken und Handeln entstanden, das heißt, sehr stark dort angesiedelt waren, wo Müßiggang die Qualität hatte, Zeit für schöpferisches Tun (Künstler) und Zeit für den Genuß (Betrachter, Mäzen) zu schaffen. Kunst braucht Zeit, um entstehen, reifen und erlebt werden zu können, denn sie blüht in der Polarität des Schöpfers und des Betrachters.

Noch bis zur Zeit des Impressionismus in der Musik war die Natur im großen und ganzen die Quelle der Musik, war der Gesang der Vögel, des Meeres, des Windes der bewußte oder unbewußte Lehrmeister in der Schaffung von Melodie und Rhythmus. Die Natur wurde noch verstanden als Ausdruck des Wechselspiels von Kommen und Gehen, von Bewegen und Innehalten – die Inder nennen es *Tattva*, die „Energie-Gezeiten“.

Das Maschinenzeitalter hat uns viel Gutes beschert und unseren Alltag bequemer werden lassen; auch der Künstler ist seit dem letzten Jahrhundert immer weniger der Willkür eines Mäzens oder Herrschers ausgesetzt – eine Veränderung, die wir der Epoche der Romantik zu verdanken haben und in deren Folge sich auch die materielle Seite des Künstlertums enorm verbessert hat. Auf der emotionalen, mentalen und spirituellen Ebene dagegen sieht es anders aus. Die große Herausforderung besteht darin, das maschinelle Denken „Ich muß funktionieren; nur ein arbeitender Mensch ist ein wertvoller Mensch, deshalb bitte keine Pause“ zu überwinden und die inneren Gesetze des künstlerischen Schaffens wieder zu erkennen und zu leben.

Obgleich die Kunst und die Maschine Werke des Menschen sind, sind sie doch aus völlig verschiedenen Energiequellen entstanden: Das Kunstwerk ist Spiegel seines „ganzen" Schöpfers, der sich über Raum und Zeit erhebt (rechtes Gehirn!), die Maschine ist Spiegel nur eines Teils der schöpferischen Möglichkeiten, die abhängig sind von Zeit und Raum (linkes Gehirn!).

In diesem Kapitel stehen jene Energien im Vordergrund, die wir für den kreativen Prozeß bereitstellen. Wie gehe ich mit einem Musikwerk um? Was versuche ich damit auszudrücken? Wie kann ich meine Ausdruckskraft stärken und intensivieren? Das sind die zentralen Fragen, denn – wie das Wort „Ausdruck" schon sagt – im schöpferischen Akt fließt etwas aus mir heraus, während der Impuls dafür von innen kommt. Der Künstler ist motiviert, seine Energie steht bereit und will sich offenbaren. Er ist inspiriert durch Kräfte, die größer sind als seine physischen und emotionalen. Wenn wir das wie in einem Foto festhalten könnten, sähen wir darauf den Künstler gleichsam die Schwelle zu seiner absoluten Einmaligkeit und Persönlichkeit überschreiten. Er wird in diesem Augenblick er selbst.

Ist nicht die Gleichzeitigkeit der nach außen fließenden Energie im Musizieren und der nach innen fließenden Kraft der Inspiration ein phantastisches Paradox?! Es gibt sicher noch andere Sichtweisen, doch für uns offenbarte sich in einigen Sternstunden des Konzertlebens die Energie als Kreislauf von Innen und Außen auf diese Weise. Von einem bestimmten Augenblick an geht es um diese feinere, nicht mehr erklärbare Fähigkeit, die Menschen durch musikalische Ausdrucksstärke emotional zu erreichen und sich damit als dieser eine, besondere Mensch aus der Anonymität der unzähligen Musizierenden herauszulösen. Jeder weiß, daß dafür die Willenskraft bei weitem nicht ausreicht, auch wenn der Darstellungswille für die Bühne zweifellos ein guter Motor ist.

Sobald die Technik kein Thema mehr ist, beschäftigt den Musiker das Ringen um die eigene Interpretation, den eigenen Ausdruck. Um die kreativen Ausdruckskräfte anzuregen, um zu lernen, die Inspiration fließen lassen zu können, haben wir die Musik mit sogenannten „feinstofflichen Energien" in Zusammenhang gebracht, die wir als musikkinesiologische Arbeitshypothese verwenden. Dazu gehört zunächst die Astrologie mit ihren Lehren von den energetischen Beziehungen zwischen Mensch und Kosmos.

Die Wirkkräfte von Planeten und Tierkreissymbolen in der Musik

Seit mehr als 20 Jahren befaßt sich der Autor mit dem Zusammenhang von Musik und Astrologie und hat dieses Wissen in die Musik-Kinesiologie integriert, so daß sich ein weites Feld für das tiefere Verständnis des künstlerischen Ausdrucks und der Ausstrahlung auftut.

Schon in den frühen Kulturepochen der Menschheit erkannte man eine Verbindung von Musik und Gestirnen. Diese übergreifende Ordnung spiegelt sich in Maßen, Zahlen und Proportionen wider. Es entstand die Lehre von der Harmonie und der Proportion der Dinge. Auch die Idee, daß es eine himmlische Musik gäbe, die Sphärenmusik, und daß die irdische Musik lediglich ein Abbild davon sei, gab es schon im alten China.

In allen Musiklehren der Welt spielen die Zahlen Sieben (bei uns für die diatonische Tonreihe) und Zwölf (für die chromatische Tonreihe und den Quintenzirkel) eine überaus wichtige Rolle. In der Astrologie findet sich diese Entsprechung in den zwölf Tierkreiszeichen und den sieben Planeten wieder (die neu hinzugekommenen Planeten Uranus, Neptun, Pluto usw. werden als höhere Entsprechungen, als eine Art Obertöne der anderen Planeten angesehen). Schrieb man der Astrologie die Möglichkeit zu, die Zukunft zu erkennen, so galt dies auch für die Musik. Im alten China, zur Zeit der Dynastie der Gelben Kaiser (etwa 3000 v. Chr.), glaubten die Regenten, anhand der Musik des Volkes seinen Zustand und seine Zukunft erkennen zu können.

In der europäischen Musik galt bis zur Aufklärung eine ähnliche Auffassung. Der heute fast vergessene Musiker und Komponist Cyril Scott[27] greift diese Gedanken auf, wenn er nachzuweisen versucht, daß jeder geniale Komponist mit seiner Musik die nächste Epoche seines Kulturkreises vorwegnahm, indem er feinstofflich die Schwingung vorbereitete, in der sich die nachfolgende Kultur später manifestierte. Als Beispiel erwähnt er Georg Friedrich Händel, dessen Musik bereits die Werte und den Geist des viktorianischen Zeitalters in sich trägt. Johannes Kepler schrieb in seinem Buch „Kosmische Harmonie", basierend auf Pythagoras, die Planeten erzeugten durch ihre Rotation die Sphärenmusik. Er berechnete genau, welche Intervalle sich durch die Abstände der Planeten ergeben und welchen Winkelstellungen sie entsprechen. Ein weiterer wichtiger Ansatzpunkt in der Verknüpfung von Astrologie und Musik ergab sich durch die anthroposophische Lehre, die von Rudolf Steiner begründet wurde. Friedrich Oberkogler[28] und Anny von Lange[29] setzten die musikalische Lehre von Steiner fort.

Beeinflußt von den Entdeckungen der Psychologie, hat die Astrologie seit Beginn dieses Jahrhunderts eine enorme Wandlung durchgemacht. Wurde das Horoskop früher als schicksalhaft vorgegeben betrachtet, so wich diese Idee nunmehr der Auffassung, daß die astrologischen Zeichen eher Symbole kosmischer Wesenskräfte darstellen und das Horoskop zunächst keine Auskunft darüber gibt, wie der Horoskopeigner mit diesen Kräften umgehen wird, da dies von seiner persönlichen Reife abhängig ist. Aber jedes astrologische Zeichen ist ein Ausdruck, eine Art Chiffre von einem bestimmten Psychogramm. Aus der Lehre der Entsprechung, wie sie der Harmoniker Johannes Kepler[30] vertritt, ergibt sich für die Beziehung Musik – Astrologie, daß die Wesenskraft eines Planeten ähnlich der des ihm zugeordneten Tons sein muß, und daß die Wesenskraft der Tierkreiszeichen mit den entsprechenden Tonarten korrespondiert. In der Tat lassen sich damit in der praktischen Arbeit verblüffende Resultate erzielen. Die intellektuelle Gleichsetzung von zum Beispiel Widder = C-Dur oder Mars = C ist für sich allein genommen zu begrenzt und führt zu Schubladendenken, denn hinter jedem Zeichen verbirgt sich ein unendlicher Kosmos, den jeder durch Studium, Meditation, Kontemplation und Erfahrung für sich entdecken kann. Deshalb ist es sinnvoller, zu sagen: Die Wesenskraft „Widder" korrespondiert mit C-Dur und erzeugt im Menschen ein bestimmtes Resonanzfeld. Hier gilt es, ein lebendiges Verhältnis zu entdecken. Alles ist

Schwingung, pflegen wir heute zu sagen, und so sollten wir uns auf das Abenteuer einlassen, mitzuschwingen.

Wie bereits erwähnt, ist die Zuordnung der Töne zu bestimmten Planeten schon sehr alt. Zudem gibt es hierzu unterschiedliche Auffassungen, wobei die Autoren sich auf die Auffassung von Alan Leo[31] stützen, die an die östliche Lehre (Indien und China) angelehnt ist. Die Farbzuordnung wurde von August Aeppli[32] übernommen, die geistigen Prinzipien entstammen den Ausführungen des Astrologen Thomas Ring[33]. Die Zuordnung der Tierkreiszeichen zu den entsprechenden Tonarten wurde von Anny von Lange[34] und Hermann Beckh[35] entwickelt und von Friedrich Oberkogler[36] fortgeführt.

Den Ausgangspunkt aller Harmonie-Lehren bildet der Kreis und seine Aufteilung. Tierkreis und Quintenzirkel werden übereinandergelegt, wie es sich ausführlicher in den entsprechenden Lehrbüchern nachlesen läßt (siehe Literaturverzeichnis Seite 303).

Ton	**Planet**	**Metall**	**Farbe**	**geistiges Prinzip**
C	♂	Eisen	Rot	Selektion Antrieb Durchsetzungskraft
D	☉	Gold	Orange	Wesenheit, Entität Eigenverantwortung
E	☿	Quecksilber	Gelb	Ökonomie Intelligenz
F	♄	Blei	Grün	Integration Erfahrung Gewissen Grenzsetzung
G	♃	Zinn	Blau	Optimum Wertschätzung Sinngebung

Ton	Planet	Metall	Farbe	geistiges Prinzip
A	♀	Kupfer	Indigo	Harmonie Formsinn Ästhetik
H	☾	Silber	Violett	Funktionalität Fantasie Gemüt Traum

Auch die folgende Tabelle, die sich in der Praxis als wirksam erwiesen hat, resultiert aus den Angaben verschiedener Autoren. Die zwölf Prinzipien und ihre musikalische Bedeutung stammen von Thomas Ring. Die dritte Kolumne enthält die musikalischen Entsprechungen zu den Tierkreissymbolen nach Stephen Arroyo[37], die Zuordnungen zu den Tonarten wurden von Friedrich Oberkogler[38] übernommen.

Tierkreissymbol	geistiges Prinzip	musikalische Bedeutung	Bedeutung für den Musiker	Dur	Moll
♈	das willensmäßig Antreibende	Rhythmus aus sich selbst strömender Fluß	neue Erfahrungen machen	C	a
♉	das stofflich Grundlegende	Ton akustisch tragendes Element	Tiefe der Wertschätzung	G	e
♊	das geistig Fluktuierende	Takt logisches Zeitmaß	Verbalisierung von Gedankenverbindungen	D	h
♋	das seelisch Schöpferische	Melodie erlebte Tonfolge	Einfühlungsvermögen	A	fis

Tierkreissymbol	**geistiges Prinzip**	**musikalische Bedeutung**	**Bedeutung für den Musiker**	**Dur**	**Moll**
♌	das willensmäßig Zusammenfassende	Polyphonie mehrstimmige Einheit	ausstrahlende Lebendigkeit	E	cis
♍	das stofflich Eingrenzende	Themadurchführung methodischer Satzbau	Bedürfnis zu dienen	H	gis/as
♎	das geistig Lenkende	Harmonie Maßeinheit des Zusammenklangs	Vervollständigung des Selbst	Fis	dis/es
♏	das seelisch Spannungtragende	Intervall Tonschritt-Spannung	in die Tiefe vordringen	Des	b
♐	das willensmäßig Zielstrebende	Ausdruck Phrasierung, Vortrag	dem Ideal zustreben	As	f
♑	das stofflich Bewegende	Form Bezug aller Teile zueinander	eine Aufgabe erfüllen	Es	c
♒	das geistig Ordnende	Komposition ideelles Gebautsein	Fähigkeit zur Koordination	B	g
♓	das seelisch Teilhabende	Klangfarbe Instrumentierung	Mitgefühl	F	d

Der Autor hatte das Glück, den bekannten Astrologen und Maler Thomas Ring noch persönlich kennenzulernen. In seinen astrologischen Lehrbüchern, in denen immer wieder die Künstlerpersönlichkeit durchbricht, beschrieb er interessante Erkenntnisse über die Verbindung von Musik, Kreativität und Astrologie. Vor allem in seinem Werk „Genius und Dämon" untersuchte Ring anhand der

Horoskopbilder genialer Menschen, was eigentlich eine geniale Schöpferkraft ausmacht.

Astrologie befaßt sich mit den Wesenskräften, die einen Horoskopeigner prägen, mit der Freiheit des persönlichen Lebens und mit jenen Kräften, die über das Individuelle hinausgehen. Für Ring bedeutet Genius das, was Leben zeugt, das heißt, derjenige Mensch ist genial, der über seine persönlichen Anlagen hinaus zu etwas Überpersönlichem gelangt und dabei eine Verwandlung erlebt. Der schöpferische Mensch lebt die persönlichen Bedingungen seines physischen Seins und das „kosmotypische Baugesetz“, das in seinem Horoskop verankert ist. Nicht in der Anzahl der Elemente, aus denen seine Persönlichkeit zusammengesetzt ist, liegt der hohe Grad an schöpferischer Kraft begründet, sondern in ihrer Qualität und Reife, die durch die Wandlung oder „Alchymische Transmutation“ erst herbeigeführt wird. Die Gegenkraft, der *Dämon*, wird bei Thomas Ring eher als Kraft des Unterbewußtseins verstanden, als egozentrische Kraft, die ganz auf sich selbst konzentriert ist und nur für die eigene Machtentfaltung arbeitet. Der dämonische Mensch möchte nach Ring alles ändern, nur sich selbst nicht. Der Prozeß der Transmutation bleibt ausgeklammert:

> *„Die Eigenwilligkeit des Dämonischen ist im Grunde das sture automatische Ableben archaischer Anlage-Entsprechungen.“*
>
> Thomas Ring[39]

Der genial schöpferische Mensch bricht diese Egozentrik auf, erhebt sich über die Beschränkung seiner Anlagen und wandelt seine Potentiale zu lebendiger Kraft.

Das astrologische Horoskop bietet die Möglichkeit, die archaischen Anlagen einer Person, ihr Verhältnis zu sich selbst, der Welt und dem Kosmos sichtbar zu machen. Es offenbart, wo Kräfte sich harmonisch ergänzen und anfeuern und wo sie sich gegenseitig in Spannungen behindern; es zeigt die Abbildung unseres Werte- und Glaubenssystems, das unser Denken, Fühlen und Handeln leitet. Der Sinn einer astrologischen Deutung kann darin liegen, den Regelkreis dieser Kräfte zu durchbrechen, ihren festlegenden, prägenden Charakter aufzuweichen und dadurch das „flüssige Magma“ dieser Kräfte freizulegen, die zu wahrem Schöpfertum in persönlicher Freiheit führen.

Diese Sichtweise kommt der musikkinesiologischen Thematik von den schöpferischen Energien und ihrem Ausdruck sehr entgegen, denn die Kinesiologie strebt das gleiche Ziel an wie die Astrologie - sie will *Tore öffnen*. Die alten Symbole der Astrologie stehen für schöpferische Kräfte. In welcher Weise sie auf den Musiker wirken und ihn anregen, hat der Autor in Affirmationen zusammengefaßt und die wesentlichen Details auf *Karten*[40] festgehalten.

Durch die Anwendung der Karten läßt sich das kreative Potential im Menschen fördern und intensivieren. Wir können bei einem Klienten die Symbole und ihre Aussage beziehungsweise die Affirmationen verwenden, ohne dabei überhaupt auf die astrologische Deutung seines Horoskops einzugehen. Es ist wichtig, sich darüber im klaren zu sein, daß die ausgetestete Karte nicht mit einer astrologischen Disposition des betreffenden Klienten identisch sein muß. Hat jemand zum Beispiel seine Sonne im Steinbock stehen, wird dies durch die Kräfte der anderen Planeten beeinflußt und modifiziert. Deshalb kann man auch nicht sagen, ein Steinbock-Geborener sei zu ernst und fixiert, um improvisieren zu können. Wir kennen solche „Steinbock-Musiker“ mit höchster Improvisationsgabe, die eben dann von anderen Faktoren herrührt.

Gerade in der Astrologie, die heute oft per Computer betrieben wird, verfällt man leicht in Schubladendenken. Würde die Astrologie nur auf dem „Wenn-dann-Prinzip“ beruhen, wäre sie nicht eine der größten Wissenschaften, die die Menschheit hervorgebracht hat. Wer, wie der Autor, in der Astrologie zuhause ist, kann selbstverständlich auch das Horoskop des Klienten in die Einzelbalance einbeziehen. Die dabei ausgetesteten Symbole oder Planeten können durchaus mit wichtigen Positionen im Horoskop übereinstimmen. Je länger man sich mit den Kräften der Astrologie beschäftigt, desto mehr werden sich auch in der Balance ihr tieferer Zusammenhang und ihre Einsatzmöglichkeiten erschließen.

Die Planeten

Astrologisch gesehen sind die Wesenskräfte, die sich in den Tierkreiszeichen ausdrücken, kollektiver Art, während die Planeten die Transformatoren bilden, die diese Kräfte gewissermaßen auf die Erde herunterbringen.

Auf die Musik übertragen hat sich herausgestellt, daß die Arbeit mit den Planeten oft dann angezeigt ist, wenn es um die Fähigkeit geht, große musikalische Zusammenhänge in einer Komposition auszudrücken, sozusagen einen großen Atembogen zu spannen. Gelingt das einem Musiker nicht, stellt sich die Frage, wo ihm Energie verloren geht. Symbolisch drückt sich dies in einem Planeten aus, der durch das Gleichgewicht der Kräfte auf seiner Bahn bleibt. Wird diese Balance gestört, ändert sich seine Bahn und er wird hinauskatapultiert oder rast auf die Sonne zu.

Im folgenden stellen wir die notwendigen Hintergrundinformationen zu den einzelnen Planeten vor, die es dem Kinesiologen wie dem Musiker erleichtern, in das jeweilige energetische Resonanzfeld der Planeten einzutauchen.

♀ VENUS – Ästhetik und Kontaktfähigkeit

Venus gilt als das Prinzip der Liebe und der Fähigkeit, Verbindungen herzustellen und einzugehen. Dies ist nicht nur auf den zwischenmenschlichen Aspekt beschränkt, sondern Venus steht für ein generelles Prinzip, wie wir auf die Dinge zugehen.

Stimmen Empfindung und Wahrnehmung überein, ergibt sich das Gefühl von Harmonie. Diese Harmonie kann in dem Verhältnis der Teile eines zu betrachtenden Objekts liegen, aber auch im Verhältnis des Betrachters zur äußeren Umgebung. Das Wesenhafte, Unvergängliche, das trotz aller Veränderung immer erhalten bleibt, das über den unmittelbaren Lebenszweck Hinausgehende ist das Prinzip. Die Vereinigung des Subjekts mit einem Objekt gilt dem Genuß des Augenblicks und stellt die Dualität Lust – Unlust dar. Der uns immanente Formensinn äußert sich nach außen als Geschmack. Die Dinge werden auf ihre Proportion hin untersucht; was diese stört, wird stimmig gemacht. Die Vielfalt erhält ein gliederndes Maß (Proportion), das sich als Schönheit ausdrückt. Die Anwendung gleicher Formungstendenzen führt zum persönlichen Stil. Das Prinzip der Venus ist ästhetisch ausgewogen, es drückt sich in runden weichen Formen und in frohen duftigen Farben aus.

Metall: Kupfer

♂ MARS – Antriebskraft und Ausdauer

Das Prinzip des Mars ist ein energetisches und beinhaltet Initiative zur Entwicklung von Neuem, aber auch Gewaltsamem. Es ist zielgerichtet und setzt sich allen Widerständen zum Trotz durch. Oftmals führen gerade Widerstände zur Steigerung des Impulses. Intensiv, beweglich und ausdauernd führt diese Kraft zu maximaler Arbeitsleistung. Mars ist ein Sensor für frei fließende Energie und verleiht damit Gespür für Wesentliches. Reizbarkeit, im gesunden Sinne, ist ein wichtiges Attribut, um Energie in Bewegung zu setzen. Suchendes Vorwärtsdrängen, Unruhe, Eifer und Begeisterung wirken als expansive Kräfte. Das Herausbilden von Fähigkeiten durch Übung ist ein Umsetzen von Energie.

Metall: Eisen

♃ JUPITER – Sinn und Glaube

Jupiter ist ein Prinzip der Sinngebung; das Leben braucht eine Leitlinie. Auch mit der schöpferischen Produktion ist die Frage der Sinngebung stark verknüpft. Alle Bemühungen richten sich darauf, die vorhandenen reichen Fähigkeiten zur Entfaltung und Reife zu bringen. Durch die Fülle der Möglichkeiten kann jedoch die Wahl zur Qual werden.

Der Umgang mit Werten führt zu einem formenden, bildenden Sinn. Die über das Persönliche hinausgehenden Werte bilden die Grundlage der Expansion. So kann es zum Widerstreit zwischen selbstentworfenen Zielen und kollektiven Werten kommen. Eine Einsicht in das Ganze wird ebenso angestrebt wie das Ziel der Selbstvollendung. Ethik, Recht und innere Werte sind die Basis.

Verbunden damit sind Optimismus und ein Glaube an den eigenen Erfolg. Auch das Gefühl für den richtigen Zeitpunkt, eine Sache durchzuführen, ist damit verbunden.

Das expandierende, manchmal jenseits des Realistischen liegende Streben braucht eine starke Einbildungskraft und tiefen Glauben. Einsicht und Respekt vermögen die manchmal egoistisch gefärbten Ideale in das Kollektiv, das heißt in eine Gemeinschaft einzugliedern und Übertreibungen zu verhindern.

Metall: Zinn

☿ MERKUR - Abstand und Abstraktion

Die Beziehung zwischen Subjekt und Objekt wird hier wichtig, die Verknüpfung von nah und fern. Das Betrachten und Hinterfragen von Dingen, die beste Nutzung von Zeit und Raum (Ökonomie) spielen eine große Rolle. Die Distanzierung vom unmittelbar sinnlichen Eindruck ermöglicht die Abstraktion, die sich in Worte und Begriffe formt. Kritisch und methodisch verwandelt die Merkur-Kraft sinnliche Phänomene in berechenbare Effekte.

Die Liebe zur Differenzierung läßt oft den Blick für das Ganze verlieren und schafft eine Überbetonung der Rationalität, manchmal bis hin zu Kälte und Sterilität. Es fehlt an Atmosphäre. Der Bezug zum Gegenständlichen muß gewahrt sein, um den Bezug Subjekt - Objekt zu erhalten. Folge, Reihe und Ordnung sind wichtige Bezugselemente. Merkur ist ein beweglicher Planet, der im Organischen den Nerven zugeordnet wird. Sie bringen den Reiz an die richtige Stelle und überwachen die Systeme. Merkur ist ein vermittelndes Prinzip, dem auch der Begriff „Zirkulation" sowie Blut, Nerven und Lunge zugeordnet werden.

Metall: Quecksilber

☾ MOND - Phantasie und Reaktionsvermögen

Fließend im abwechslungsreichen Rhythmus ist das Wesen des Mondes, aber diffus, ohne Konzentration, Spannung oder einheitliche Richtung. Die Phantasie ist rasch angeregt, aber auch leicht zu verunsichern. Das Eingestimmtsein spielt hierbei eine wichtige Rolle. Unbewußte Inhalte verwandeln sich dann in symbolische Anschaulichkeit. Der Mond als Sinnbild des Weiblichen, des Mütterlichen, bildet oft den Schlüssel zur Pforte des Unbewußten. Aus den Bildern spricht unser eigenes inneres Drama. Das Malerische, die Stimmung und Atmosphäre, die Gestalten des Traumes sind Elemente des Mondes. Je individueller dies ausgelebt wird, desto größer das Spiel der Phantasie und desto originaler die bildschöpferische und musikalische Ausdruckskraft. Der spontane Eindruck verschmilzt sehr stark mit Erlebnissen der Vergangenheit. Die Erinnerung ist befrachtet mit übertragenen Bedeutungen und diese werden gefühlsbetont weitergesponnen. So entstehen Geschichten und Märchen. Aber wie im Märchen trägt alles den Charakter des Flüchtigen. Die Variation als Stilmittel in der Musik ist hiermit eng verwoben.

Metall: Silber

♄ SATURN – Begrenzung und Konzentration

Mit Saturn ist eine Reduzierung der expansiven Energie verbunden. Der Weg geht in konzentrischen Kreisen nach innen. Grundwerte und deren Erhaltung werden auf ihre Sinnhaftigkeit untersucht. Die Schwerkraft lastet auf den Schultern und häufig entspringen daraus Negativität, Abwehrhaltung und Verhärtung. Saturn hat mit Kristallisation, mit gesellschaftlichen Werten zu tun, und oft steht man in der Spannung zwischen starrem Konservatismus und lebendiger Tradition. Die starre Fixierung auf ein Ziel bereitet häufig Probleme; Verbote und Wertungen sind oft die Mittel, mit denen man sein triebhaftes Unterbewußtes zu kontrollieren sucht. Unterbewußte Ängste, Verdrängung und Stau dringen nach außen. Die Selbstverwirklichung wird mit der äußeren Realität hart konfrontiert. Nur so entstehen stabile innere Werte, die eine tragfähige Basis für die Zukunft bilden. Dabei findet immer wieder die Aufarbeitung von vergangenen Mustern und Werten statt. Fehlt das nötige Rückgrat für diese Auseinandersetzung, ergeben sich starrsinniges Festhalten und Angst. Hier hilft generell Kontemplation, also das Sich-Versenken in ein Bild oder Wort.

Saturn macht alles langsam und schwerfällig, arbeitet aber auf Solidität und lange Sicht hin. Zeit und Formung sind ebenso ein Thema von Saturn wie die Polaritäten Begrenzung - Freiheit und Ernst - Leichtigkeit. Prioritäten setzen, Ambitionen entwickeln und die Arbeitsstruktur (Methodik) gehören dazu. Saturn hat stark mit der auditiven Wahrnehmung zu tun und ist deshalb eine wichtige schöpferische Kraft für den Musiker.

Metall: Blei

♅ URANUS - Revolution und Intuition

Die Energie von Uranus wird mit der Elektrizität gleichgesetzt. Sie ist eine energetische Veranlagung, die zu radikalen, spontanen, für andere oft unvorhersehbaren Veränderungen führt. Alles, was über den Verstand hinausgeht, Einsichten, die für die Rationalität nicht erkennbar sind, charakterisieren Uranus. So hat Uranus mit Unkonventionellem, Originellem und Unerwartetem zu tun. Geistesblitze und Eingebungen sind Äußerungen einer intuitiven Kraft. Die elektrische Kraft wirkt unglaublich anregend und kann Großes bewegen. Eng damit verbunden sind oft ein starker Freiheitsdrang und eine mitunter egozentrische Willensstärke. Wird diesem Widerstand etwas entgegengesetzt, kann es zu Ausbrüchen von großen Energien und zur Revolution kommen. Uranus beschleunigt den Puls und den Rhythmus und gibt ein Gefühl von Unrast und Nervosität. Veränderung und Befreiung werden durch ihn verursacht, auch wenn dieser Übergang oft chaotisch und jenseits der herkömmlichen Denkmuster stattfindet.

Metall: Zink

♆ NEPTUN - Transzendenz und göttliches Einssein

Hier herrscht eine Kraft, die jenseits der Grenzen unseres Verstandes liegt. Diese Welt des Grenzenlosen hat eine magische Anziehungskraft und man möchte dorthin entfliehen und sich verströmen. Alle Einschränkungen der Materie werden als Last empfunden, wenn die neptunische Kraft vorherrschend ist. Die engen Grenzen der Persönlichkeit möchten abgestreift werden, um zur Einheit mit allem Sein zu verschmelzen. Imagination ist die größte Stärke des Neptunwesens. Wirkt sie ohne Mitarbeit von strukturierenden, rationalen Elementen, können daraus Illusion, Konfusion und Auflösung der Persönlichkeit entstehen. Neptun ist ganz mit den inneren Seelenkräften verknüpft, ist voll von ungeformten Bildern und Möglichkeiten. Aus dem Schauen solcher Bilder entspringt ein Idealismus. Seine Kraft sensibilisiert hochgradig und ermöglicht dem Menschen die Arbeit als Medium, als Mittler zwischen Oben und Unten, zwischen innerer und äußerer Welt.

Alles, was künstlich versucht, Natürliches zu imitieren oder einen äußeren Schein herzustellen, der nicht der Wirklichkeit entspricht, gehört zur Neptun-Kraft, ebenso dionysisches Lebensgefühl, Irrationalität, Vision, Überdimensionalität und Suggestion.

Metall: Aluminium

♇ PLUTO – Tod und Regeneration

Seine Kraft schwemmt Probleme an die Oberfläche, die unterhalb des Bewußtseins gären und Gift erzeugen. Die Gefahr von Tod und Zerstörung kommt damit herauf. Pluto ist eine Herausforderung für die gesunde Psyche, da er voll ursprünglicher Kraft steckt. Mit dieser Kraft umzugehen ist nicht unproblematisch, denn sie wirkt auf den tieferen Ebenen des Unterbewußtseins. Diese enorme Energie kann zu zwanghaften Zuständen führen und ist eine Herausforderung an unser Gefühl für Macht, denn große Energie verleiht Macht. Einsamkeit und Identitätskrisen sind mit der Pluto-Energie verbunden.

Metall: Radium

☉ SONNE – Zentrum und Schöpfung

Die Entfaltung des inneren Selbst, Selbstbestimmung, Eigenverantwortung und Selbstbejahung sind wichtige Sonnen-Kräfte. Die positive Grundstimmung wird durch das Vertrauen in die Unerschöpflichkeit des Lebens erzeugt. Visuelle Wahrnehmung, die Darstellung sind hier bedeutendere Momente als das Gehör.

Das gesamte Selbst als intakter Organismus, das über all seine Kräfte Verfügungsgewalt hat, tritt mit seinem Eigenwillen in die Welt. Es greift aktiv in die formschöpferischen Prozesse der Außenwelt ein und wirkt so gestaltend. Dabei wird nichts von anderen abgeleitet oder übernommen, sondern souverän werden die eigenen Werte als Maßstab gesetzt, alles wird vom eigenen Zentrum aus geordnet. Wille, Geltungsdrang, Einzigartigkeit und Macht bilden hier die problematischen Faktoren. Das Spiel mit allen Möglichkeiten und die dafür notwendige Freiheit sind Prinzipien der Sonne. Auch die sich stetig aus sich selbst regenerierende Energie gehört zur Sonnen-Vitalität. Das Umsetzenkönnen des eigenen Willens, aber auch das Umsetzenwollen der inneren Befähigung spielen eine entscheidende Rolle. Auf die Stimme des Herzens und der Wahrheit zu hören ist die Stärke der Sonne.

Metall: Gold

Dieses Hintergrundwissen zu jedem Planeten haben wir in Affirmationen gekleidet, die den musikbezogenen Aspekt beim Testen auf den Punkt bringen. Für eine klare Übersicht stellen wir die Planeten mit ihren Affirmationen in der nachfolgenden Tabelle vor. Die Planetenkarten sind natürlich leichter zu handhaben, da auf der Vorderseite nur das Planetensymbol und auf der Rückseite die Affirmationen stehen. Der Klient schaut zunächst nur das Symbol an und reagiert darauf mit einem starken oder schwachen Indikatormuskel.

Zeichen	Planet	Affirmation
♀	Venus	Ich gebe von mir selbst und empfange von anderen Ich strebe nach Gesellschaft und Zuneigung Ich zeige meine Gefühle Ich strebe nach Vergnügen und Behaglichkeit Ich bin künstlerisch und schöpferisch
♂	Mars	Ich ergreife die Initiative Ich handle entschlossen Ich brauche körperliche und sexuelle Erregung Ich habe Durchsetzungskraft
♃	Jupiter	Ich strebe nach innerer Weite Ich habe Vertrauen in das Leben als ein Ganzes von Werden, Wachsen und Vergehen Ich bin großzügig Ich betrachte das Leben von einem philosophischen Standpunkt aus
☿	Merkur	Ich kommuniziere gerne mit Menschen Einsicht und Denken prägen mein Leben Die Welt ist Musik und Klang Ich lerne gerne
☾	Mond	Ich strebe nach Sicherheit und Geborgenheit Ich strebe nach Einklang und Harmonie Ich gebe mich den Gefühlen und Phantasien hin Ich stelle mein Leben in den Dienst der anderen, der Natur und meiner Umwelt
♄	Saturn	Ich nehme mein Schicksal an Ich nehme die sozialen Normen der Gesellschaft an Ich habe das Bedürfnis nach Sicherheit und sozialer Anerkennung Frustration ist der Weg zur Selbstentdeckung

Zeichen	Planet	Affirmation
⛢	Uranus	Ich brauche die individuelle Freiheit, mein Leben zu leben Originalität entsteht aus der Unabhängigkeit von Konvention und Tradition Ich bin ein Kanal für Ideen und Inspiration Ich bin eins mit dem kosmischen Bewußtsein
♆	Neptun	Ich strebe nach Transzendenz Ich unterscheide zwischen Illusion und Wirklichkeit Ich vertraue meinen Visionen Als Idealist verliere ich dennoch den Boden nicht unter den Füßen
⯓	Pluto	Durch Läuterung werde ich ein neuer Mensch Die Reise in die Abgründe des Inneren führen zu Wachstum und Freiheit Ich fühle magische Kräfte in meinem Unterbewußtsein Durch den Schatten zum Licht
☉	Sonne	Ich lebe aus meiner Mitte heraus Vitalität und Schöpferkraft bestimmen mein Leben Ich kenne meinen inneren Wert Ich weiß, daß ich für alles selbst verantwortlich bin, was ich denke, sage und tue

Die Planetenkarten verwenden wir auf zweifache Weise, je nachdem, mit welchem Problem der Musiker kommt. Nennt er allgemeine Symptome wie „Meine musikalische Aussage kommt nicht herüber“ oder „Meine Musik ist energieschwach“, dann testen wir das Planetensymbol und die Affirmationen aus, auf die der Musiker mit einem schwachen Muskel reagiert, und bauen darauf die Balance auf.

Ist das Problem spezifisch, zum Beispiel „Ich packe diese Sonate nicht als Ganzes“ oder „Ich schaffe es nicht, den großen Bogen dieser Kantilene zu spannen“, dann stellen wir zunächst über den *Surrogattest* fest, bei welcher bestimmten musikalischen Stelle die Energie blockiert ist. Dazu lassen wir den Musiker den Sonatensatz oder die Kantilene ausführen, während wir an dem ausgestreckten Arm der Surrogatperson prüfen, wann der Muskel abschaltet. Wir haben oft erlebt, daß der spielende Musiker verblüfft ausrief: „Ja, genau an dieser Stelle habe ich auch gespürt, daß die Energie aufhört und ich anfange zu kämpfen."

Ist die Stelle des Energieverlustes ausgemacht, testen wir die Planetenkarten und ihre Affirmationen daraufhin, wann der Muskel des Klienten abschaltet. Nach der Balance spielt er wieder die Stelle oder das Musikstück, während wir über die Surrogatperson testen, ob die Energie jetzt ausreicht, um den Bogen zu spannen beziehungsweise um den Teil der Komposition oder sogar die ganze Komposition ganzheitlich zu empfinden.

Die Planetenkarten beziehungsweise die Tabelle eignen sich auch gut für eine *Eigenbalance*, bei der ein Musiker keinen Testpartner hat. In diesem Fall kann er für sein momentanes Problem die Affirmationen der Planeten nutzen, indem er sich an einen ruhigen Ort setzt, tief durchatmet und darauf achtet, welche Affirmation ihm „gegen den Strich" geht oder welche er nicht mag. Dann schaut er sich das entsprechende Planetensymbol an, hält dabei Stirn und Hinterkopf und läßt spontan mit allen seinen Sinnen alle dazu auftauchenden Assoziationen zu. Anschließend wendet er sich der Affirmation zu und geht ebenfalls mit allen Sinnen an das Erspüren des Textinhalts, um zu erfahren, was ihn daran stört und wie er das innere Bild und Empfinden wandeln kann. Dazu ein Beispiel:

Ein Musiker hat Probleme mit einer Stelle in einem schwierigen Solokonzert. Er schaut sich die Planetenkarten an und reagiert beim Lesen der Affirmationen „Mond - Ich gebe mich den Gefühlen und Phantasien hin" und „Saturn - Ich habe das Bedürfnis nach Sicherheit und sozialer Anerkennung" mit einem Unbehagen. Unter ESR betrachtet er zunächst das Symbol „Mond". Er denkt an den Abend, an dem das Konzert stattfindet, geht auf das Gefühl ein, wie es nachts ist, wenn der Mond hell am Himmel steht, und liest dann erneut laut den Satz „Ich gebe mich den Gefühlen und Phantasien hin". Er meint, das dürfe er nicht, weil er sonst die Kontrolle über die schwierige Stelle verlöre. Er fragt sich: „Welche Gefühle habe ich denn bei dieser langatmigen Stelle? Sind es Angstgefühle, nicht genügend musikalischen Atem zu haben?" Dann versucht er, das Bild positiv zu verändern: „Ich nehme mal an, die Stelle schaffe ich gut. Was würde ich gerne empfinden, wie möchte ich mich fühlen?“ Die innere Stimme anwortet: „Ich fühle mich leicht und beschwingt. Kann ich dafür das Mondsymbol wählen oder brauche ich ein anderes Symbol für Leichtigkeit und Beschwingtheit? Der Mond – hängt er nicht leicht und schwebend am Himmel? Fühle ich mich nicht beschwingt in mondklarer Nacht? Gut, ich wähle die Mondsichel als Symbol!“

Wie sieht es mit dem zweiten Teil der Affirmation aus: „Ich gebe mich meinen Phantasien hin? Um Himmels willen, nur das nicht! Das ist schwere Musik, wenn ich da erst anfange, meiner Phantasie zu folgen, verliere ich sicher den Faden und verspiele mich, vom großen Bogen ganz zu schweigen!“ Dann fragt sich der Musiker zum Beispiel: „Was heißt für mich ‚Phantasie‘? Ist es ein Sich-gehen-Lassen in Gefühlen? Lasse ich mich gerne gehen? Ja, das ist es, das ist meine Schwäche. Deshalb muß ich immer einen festen Rahmen schaffen. Aber engt er nicht ein? Ich nehme mal an, ich lasse bei dieser Stelle meiner Phantasie freien Lauf. Was passiert?“ Der Musiker geht im Geiste die Stelle durch und findet, daß sie sich müheloser anfühlt und mehr Farben gewinnt. Er wählt ein neues Symbol für Phantasie, weil der Mond nicht paßt. Er wählt den Regenbogen über einem See. Der Regenbogen steht für die lange Kantilene, die Farben stehen für den phantasievollen Ausdruck und der See steht für die innere Ruhe, in der das alles geschieht. „Ja, so fühle ich mich wohl. Mal sehen, wie die Stelle jetzt läuft.“

Der Musiker greift zum Instrument, vergegenwärtigt sich noch einmal die Affirmation und spielt die schwierige Passage. Er prüft, ob die von ihm gewählten Symbole zur Affirmation tragfähig sind oder ob er seine inneren Bilder noch verbessern möchte, und spielt erneut die Passage.

In ähnlicher Weise kann der Musiker nun mit der Saturn-Affirmation „Ich habe das Bedürfnis nach Sicherheit und sozialer Anerkennung“ vorgehen, die er sich vielleicht nicht eingestehen mag. Er kann über das Saturn-Symbol unter ESR erspüren, was ihm das Kreuz mit dem dicken Bogen nach rechts sagt. Er dreht das Bild in alle Richtungen und spürt, wie es ihm am besten gefällt. Inwiefern drückt das Symbol Sicherheit und Anerkennung aus?

Danach geht er auf die Affirmation ein und stellt sich vor, als Berufsmusiker sozial anerkannt zu sein – wie fühlt sich das an?

Tauchen negative Assoziationen oder Begebenheiten auf, sollten positive Entsprechungen folgen: „Wie möchte ich denn sozial anerkannt sein?" Dann taucht er in diese Empfindung emotional ein, erschafft sich wieder ein neues Symbol, sofern das Saturn-Symbol ihm nicht geeignet erscheint, und spielt schließlich wieder die besagte Stelle.

In die Planeten-Affirmationen sind ganz bewußt einige Reizwörter integriert, die aus dem Musikerleben bekannt sind und dem Kinesiologen viele Möglichkeiten eröffnen, Verhaltensmuster und Konventionen kennenzulernen. Selbst bei jungen Musikern kommt schnell eine ablehnende Reaktion bei „Venus - Ich zeige meine Gefühle" und „Ich strebe nach Vergnügen und Behaglichkeit". Die typische Reaktion ist häufig: „Meine privaten Gefühle gehen keinen etwas an" und „Klassische Musik hat nichts mit Vergnügen zu tun. Ich bin kein Bar-Musiker! Behaglichkeit ist etwas für alte Leute, die keinen Pep mehr haben, die ruhen sich im Lehnsessel aus!"

„Mars - Ich brauche körperliche und sexuelle Erregung" - wiederum etwas, das für das Musizieren nicht als wichtig erachtet wird. Manche Musiker reagieren aggressiv, andere verschüchtert allein bei der Vorstellung, der Unterbauch mit seinen schöpferischen Organen könne etwas mit Musik zu tun haben.

„Uranus - Ich bin eins mit dem kosmischen Bewußtsein" ist eine weitere Affirmation, die heftige Reaktionen auslösen kann: „Was habe ich mit dem hochgestochenen kosmischen Bewußtsein zu tun?" Für viele Berufsmusiker ist der Kosmos sehr auf eine materialistische Sicht ihres Tuns geschrumpft. Wer „muckt", hat keine Zeit, kosmische Energie wahrzunehmen; man rast von einem Termin zum nächsten und hakt ab. (In der Musikerwelt spricht man von einem „Muckenbewußtsein" und meint damit eines, das zwischen Geldverdienen, Kurzproben und wechselhaftem Repertoire pendelt. Nur keine Pause, nur nicht innehalten, dann könnte einem die Sinnlosigkeit seines Tuns bewußt werden!) Die obige Affirmation steht für einen Musiker, der sich strahlenförmig in alle Richtungen öffnet, mit allen Sinnen wahrnimmt und begreift, daß er Teil des ganzheitlichen Geschehens im Universum ist. Wie er dies benennt, ist egal - für kosmisches Bewußtsein gibt es keine weltanschaulichen oder esoterischen Vorgaben. Entscheidend ist sein ganzheitliches Erleben von Innen und Außen, Oben und Unten.

„Pluto - Ich fühle magische Kräfte in meinem Unterbewußtsein" ist noch eine Affirmation, die bei vielen Musikern aggressive Reaktionen auslöst, da die Magie ins Reich des Aberglaubens und das Unterbewußtsein in die Praxis des Psychotherapeuten verwiesen werden. Für sie ist es wichtig zu wissen, daß wir durch die Affirmation keine Begriffe erklären, sondern der Klient sich *seinen* Inhalt selbst erschafft. Wenn also ein Musiker sagt, Magie habe etwas mit düsteren Ritualen und dunklen Kräften zu tun, lassen wir uns zum Beispiel von ihm beschreiben, wie er sich seinen idealen Auftritt vorstellt. Welche Vielfalt an Ritualen kommt da zum Vorschein! „Ich kann nur, wenn ..." ist der bedingte Reflex, der bei Künstlern stark ausgeprägt ist und bis zur Manie reichen kann. Für diese Musiker ist es sehr erhellend, ein Ritual neu zu erleben, magische Kraft neu für sich zu definieren und ihr Unterbewußtsein als einen ungeheuer positiven Schatz zu begreifen.

Jeder Musiker, jeder Kinesiologe sollte äußerst kreativ mit den Planetensymbolen und ihren Affirmationen umgehen; sie sind leicht in eine Balance einzubeziehen, weil sie viel mit dem äußeren Leben, mit größeren Zusammenhängen sowohl im Alltag als auch im Musikwerk selbst zu tun haben. Für den Umgang mit diesem Hilfsmittel ist kein Spezialwissen nötig, sondern nur eines: Phantasie.

Die Tierkreissymbole

Die Tierkreiszeichen drücken die kollektiven Aspekte der Kreativität eines Menschen, hier besonders der künstlerischen Kreativität, aus. Da wir an dieser Stelle nicht auf astrologische Deutungen eingehen, ist astrologisches Vorwissen für die Balance in der Musik-Kinesiologie auch nicht zwingend erforderlich. Entscheidend für die musikkinesiologische Arbeit ist, daß wir mit dem Hintergrundwissen zu den Symbolen und den entsprechenden Affirmationen der Astrologie-Karten einen feineren Aspekt schöpferischer Kraft berühren können.

Oft kann der Musiker gar nicht definieren, worin sein Ausdrucksproblem besteht. Da gibt es zum Beispiel jenen Künstler, der oft und gerne auf der Bühne steht und in sich noch ein ungenütztes Potential individueller Aussagekraft spürt, aber nicht an die Quelle herankommt, oder jenen Musiker, der seinen persönlichen Stil optimieren möchte, und unter den Nachwuchsmusikern gibt es viele, die um eine eigene, individuelle Musiksprache in einem Repertoire ringen, das vor ihnen schon unzählige Male interpretiert wurde.

Das hat auch damit zu tun, daß das, was heute auf dem „Klassikmarkt" verkauft wird, nicht etwa Kompositionen sind, die auf ihre Aufführung warten, sondern jene „Standards" von Haydn, Mozart, Beethoven, Brahms oder Puccini, die allen bekannt sind. Das führt dazu, daß fast jedes Orchester, jedes Streichquartett, jeder Sänger meint, den tausend Einspielungen noch eine 1001. hinzufügen zu müssen. Und dies nicht etwa, weil ihnen eine weitere neue oder bahnbrechende Interpretation gelungen wäre, sondern einzig deshalb, weil bekannte Namen wie Haydn, Mozart, Beethoven sich besser verkaufen lassen.

In diesem Widerstreit zwischen Kunst und Marketing ist der junge Musiker schnell gefangen, entwickelt deshalb auch nicht ohne weiteres seine eigene Musiksprache beziehungsweise spielt ein Repertoire eigener Wahl, sondern folgt statt dessen den eingefahrenen Gleisen. Nach einigen Jahren „Modeklassik" aber bekommt er entweder das Gefühl, austauschbar zu sein, weil tausend andere Pianisten oder Geiger das gleiche spielen, oder er ist der immer wieder gleichen Literatur überdrüssig. Kommt er dann zur musikkinesiologischen Beratung, ist er erstaunt, wenn wir ihm sagen: „Dein Überdruß ist ein sehr gesundes Zeichen – da will etwas ganz Persönliches aus dir heraus, gib ihm doch die Chance!" Die Schwierigkeit ist nur, daß der Musik-Kommerz kein ausgefallenes Repertoire unterstützt und damit sehr viele Musiker an den Rand ihrer Existenz drängt.

Dazu können wir aus eigener Erfahrung nur sagen: Der Künstler selbst muß erkennen, was er zu sagen hat: ob es die Allerweltssprache gängiger Kompositionen ist oder ob ihn das unermeßliche Brachland hervorragender Musik anzieht, die noch kein einziges Mal aufgeführt wurde oder noch wenig Interpretationsvorbilder hat. Das betrifft im besonderen die Alte Musik, das heißt die

Musik in historischer Aufführungspraxis. Das gleiche Problem, sich aus dem Massen-Kommerz herauszuhangeln, betrifft auch die Komponisten, die um Neues ringen und sich bisweilen in Effekthascherei und Gigantomanie versteigen aus Angst, man könnte sie nicht wahrnehmen, die Einmaligkeit ihrer schöpferischen Idee könnte übersehen werden. Der Individualisierungsprozeß ist mit viel Mühe und Frustration verbunden; dennoch spüren Künstler, daß er gesund und notwendig ist.

Die Balance mit den Astrologiezeichen ist für diesen Prozeß in idealer Weise geeignet, weil sie im Rahmen eines einmaligen, individuellen Horoskops sinnbildlich für den einmaligen, individuellen Menschen stehen. Selbst Musiker, die gar nichts von Astrologie halten, akzeptieren den Weg und das daraus erwachsende Resultat, mit den astrologischen Symbolen der Tierkreiszeichen und ihren Affirmationen dem Thema der individuellen schöpferischen Kraft näherzukommen.

Wie bei den Planetenkarten haben wir auch bei den Tierkreissymbolen die jeweiligen Affirmationen aus den nachfolgend dargestellten Hintergrundinformationen als Essenz herausgelöst und damit das Testen leichter gemacht. Sie zielen unmittelbar auf die Aspekte der schöpferischen Energien im jeweiligen Zeichen ab. Dadurch kann der Musiker sein Problem leichter einkreisen und der Kinesiologe direkter auf das Problem des Klienten eingehen. Doch lohnt es sich, die ausführliche mensch- und musikbezogene Darstellung der Zeichen zunächst genauer zu reflektieren, ehe man mit den Karten in der Praxis umgeht.

Die Zeichen des Elements FEUER = Lebensdynamik, ausstrahlende Energie

♈ WIDDER – Zeichen der Agilität und Tatkraft

Wie bei allen Feuerzeichen ist die Kraft des Widders einzig vom Willen geprägt. Idealen und Ideen gilt sein Streben, oft ist er ein Wegbereiter. Im Wollen und in der damit verbundenen Lebensbejahung findet er sein Glück. Ständig versucht sein vorwärtsstürmendes Wesen der Vergangenheit zu entkommen, hin zu einer neuen Zukunft und Freiheit. Ist sein Hervortreten zunächst unsicher, weil er selbst noch keine innere Sicherheit hat, so trägt jede äußere Bestätigung zu wachsender Sicherheit bei. Kraft seiner Intuition handelt er oft improvisatorisch aus dem Gebot der Stunde heraus und erreicht viel damit. Hat er sein inneres Ziel erkannt, strebt er es geradlinig an. Ändern sich die Bedingungen, fehlt es ihm oft an Einfühlungsvermögen in die neue Situation und an Durchhaltevermögen. Allem versucht er seinen Eigenrhythmus aufzuzwingen, seine mono-dramatische Darstellung paßt nicht immer in den Zusammenklang mit anderen. Da er schöpferisch tätig ist, ist er jederzeit fähig, nicht Gelerntes durch Originalität zu überbrücken.

Da sein Inneres der Maßstab der Dinge ist, finden wir unter dem Widder-Zeichen oft Wegbereiter und Führer, die eine neue Kunstrichtung oder Strömung einleiten. Geistige Tiefe ist nötig, um das schöpferische Urfeuer aus ihm herauszubringen. Sein höheres Bewußtsein entscheidet auch über den Wert seiner Willenstaten. In seinen Kunstwerken zeigt sich der Kampf zwischen dem niederen und dem höheren Ich. Da seine Weltsicht optimistisch ist, ist ihm das Erleben des Sieges über den Schmerz oder des Guten über das Böse ein künstlerischer Maßstab.

♌ LÖWE – Zeichen der Präsentation und der Ausstrahlung

Im Zeichen des Löwen konzentriert sich und reift die Kraft des Willens. Seine Selbstbejahung hat etwas vom zeitlosen, unvergänglichen Sein. „Ich bin, der ich bin“ könnte seine Devise sein. So werden seine Beeindruckungskraft und seine Suche nach Macht und Ausstrahlung verständlich. Die magnetische Kraft des konzentrierten Wollens sucht für ihren Energieüberschuß Wirkungsfelder im Äußeren. Er liebt es, Dinge ins Werk zu setzen, zu „managen“, er liebt die Kunst des Ausdrucks nach außen. Sein äußeres Wirken ist durchdrungen von theatralischer, heroischer Gestik und gleicht oft einem emotionalen Feuerwerk. Soziales Zusammenarbeiten fällt ihm schwer, so daß er eher eine Führung anderer oder ein Solistendasein anstrebt. Setzt die zu bearbeitende „Materie“, auf die er seine Visionen projiziert, Widerstand entgegen, so überwindet er diese mit harten Mitteln. Sein Bestreben liegt nicht in der Vereinigung mit der Materie, sondern darin, Erfahrung zu sammeln im Umgang mit ihr.

Er hypnotisiert die Massen durch die Intensität, mit der er sich selbst projiziert, und dies bedarf des Abstandes, des Rampenlichts, so daß sein Ich sich abhebt von der Menge der Menschen. Auch der Aspekt der sozialen Nützlichkeit und des entsprechenden Prestiges spielen in seiner künstlerischen Aktivität eine große Rolle, besonders, wenn damit Ruhm und Geld verbunden sind. Gleichzeitig führt die Kunst nach innen und überwindet die zeitlichen Grenzen; das garantiert ihm den Ruhm des unsterblichen Namens. Er hat Improvisationstalent und betrachtet das Leben als Bühne (Schauspielkunst). Er ist der Solist, um den sich die Welt dreht. Er arbeitet von Herzen gern und ist ein guter Lehrer. Sein Stolz, seine selbstgewählte Mission, die Würde seines Standes trennen ihn vom Publikum, von dem er voraussetzt, daß es aufnahmebereit ist. Als Mensch versucht er sich von allen Leiden und zerreißenden inneren Konflikten fernzuhalten, was einem Rückzug von den sozialen Realitäten des Alltags gleicht.

♐ SCHÜTZE – Zeichen des Strebens und der Ideale

Im Zeichen des Schützen geht die feurige Willenskraft über das Selbst hinaus und sucht nach übergeordneten Werten. Von der Höhe der inneren Entwicklung hängt es ab, ob es ein Drang in die Ferne ist, eine Suche nach gesellschaftlich-religiösen Werten oder eine Suche nach der göttlichen Dimension. Das Ich sucht die Vereinigung mit dem Unendlichen. Kleine Aufgaben reizen den Schützen nicht, er strebt nach großen Idealen in der Kunst oder in der Religion. Seine geistige Aktivität in der Gesellschaft bedeutet, daß er sich eine Gruppe von Menschen sucht, die ihn mit Macht unterstützt. Vorhandenes Potential weitet er aus und organisiert es. Seine starke Mobilisierung von Energie gehört dem Element der Erde an, sein Ziel ist der Himmel. Die Suche nach Aufgabe und Berufung ist für ihn vordringlich. In der Zusammenarbeit mit anderen benötigt er viel Freiraum. Seine Kunst ist expressiv, oft mit einem Hauch des Sakralen versehen. Überhaupt ist für den Schützen die Kunst ein gutes Wirkungsfeld, weil sie geistig unabhängig ist und doch der Form bedarf. Seine Inspiration und religiöse Intuition sucht er auf der Mentalebene, so daß auch Rationalität sein Wesen bestimmt.

Die Zeichen des Elements LUFT = Mentale Welt der Symbole und Ideen, soziale Ausdrucksfähigkeit

♎ WAAGE – Zeichen der Begrifflichkeit und des Du, Harmonisierung aller Polaritäten

Mittels des organisierenden Gedankens greift die Waage-Kraft in die Welt ein. Begriff und Sprache bringen Ordnung und System. Das Hauptproblem liegt im Schritt von der Erwägung oder Abwägung zur Tat, zur Entscheidung. Wird die innere Nötigung zu stark, kann die Waage auf irgendeine Weise spontan zu einer Tat schreiten, die jeder Vernunft und Weisheit widerspricht, und dies nur, um den inneren Druck loszuwerden. Das Problem liegt in der Verbindung von Geist und Materie, einem Widerspruch in sich. Hier zu vermitteln und zu lösen ist die Aufgabe der Waage-Kraft. Die rauhe Schale der Wirklichkeit schreckt oft diese Kraft, sie flieht vor jeder Störung des einmal gefundenen Gleichgewichtszustandes und tendiert damit zu Entschlußunfähigkeit und Indifferenz. Die Verbindung von Geist und Materie fordert formale Prinzipien und bringt den Waage-Künstler mit seinem Missionsauftrag ins Spiel. Verstreute Elemente werden zu geordneter Schönheit nach idealen Vorbildern. Die Kunst wird zum Übungsfeld des menschlichen Geistes: Geist = esoterisch, Schönheit = exoterisch. Verinnerlichung und spirituelle Werte verkörpern die Arbeit. Der Künstler formt aus dem vorhandenen Material die Gestalt seiner Idee oder des visionär geschauten Urbildes. Als einzelner sucht er seine Verbindung zur Gesellschaft oder Gruppe. Seine hohen Ideale und seine sozialen Werte machen diesen Weg nicht einfach, aber lohnend.

♒ WASSERMANN – Zeichen der Originalität und des humanitären Prinzips

Das schöpferische Werk spielt sich jenseits des physischen Raums im Geistigen ab. Der Wassermann bewegt sich in der Architektonik der Sprache und der Musik. Er ist geistig abgeschlossen in seiner inneren Welt, aber diese Einsamkeit gibt ihm Stärke. Er findet seinen Weg unabhängig, originell und kompromißlos. Niemals gehört er zur Masse, sondern sein geistiger Stolz erschafft sein individuelles Selbstbewußtsein. Um sich dem Zugriff der Menge zu entziehen, bewegt er sich oft „inkognito" unter den Menschen. Er löst sich von allem Herkömmlichen, von der Tradition, und erschafft seinen eigenen Maßstab. Dies macht den Weg zum „Du" schwierig. Für ihn ist es wichtig zu lernen, sein Selbst in das größere Ganze einzuordnen. Durch die Intuition erschließt sich ihm das göttliche oder höhere Bewußtsein. Universale Brüderlichkeit und Humanität werden zu seinem erklärten Ziel. Sein Denken ist universell, deshalb bevorzugt er auch eine künstlerische Sprache wie die Musik. Der Wassermann ist stets auf der Suche nach dem alles einigenden Prinzip.

♊ ZWILLING – Zeichen der intellektuellen Suche und des geistigen Glaubens, Verbalisierung

Mit dem Zwilling verbindet sich die Kraft des Ein- und Ausatmens. Der Widerspruch aller Dualitäten ist das Wechselspiel von „sowohl als auch", und dies bringt ihn zur Reife. Der Zwilling ist kritisch, und da er keine festgelegten Wege einschlägt, ist er vielseitig, was sich bis zur Universalität hin steigern kann. Ausweitung und Unabhängigkeitsstreben prägen den Weg seiner Entwicklung. Im Kontakt zu seiner Außenwelt spielen Kommunikation und Sprache eine große Rolle. Das persönliche Erleben und die Spezialisierung sind ihm wichtiger als Dinge von allgemeiner Bedeutung. Er ist sich auch der Relativität der Werte bewußt. Stille Versenkung fällt ihm schwer, da Spannung und Beweglichkeit für ihn wichtig sind. Er ist der Erzähler spannender Geschichten mit klarer, durchsichtiger Struktur. Er liebt wohlvorbereitete Pointen. Oft liegt eine Doppelbegabung manueller und intellektueller Geschicklichkeit vor. Beurteilung und Durchführung gehen bei ihm schnell vonstatten. Seine künstlerische Neigung geht eindeutig zum Virtuosen, zur Fingerfertigkeit. Seine Aufgabe ist, das beständige Fließen im periodischen Wechsel zwischen Raum und Zeit herbeizuführen.

Die Zeichen des Elements ERDE = Die Welt der Formen und Tatsächlichkeiten, Praxis und Disziplin

♑ STEINBOCK – Zeichen der Verinnerlichung und der Konzentration

Der Steinbock ist das Zeichen der Verinnerlichung und der inneren Konzentration. Die irdische Schwere der seelischen Haltung ist gleichzeitig verbunden mit dem Streben nach Licht. Sein stark ausgeprägtes Formgefühl ist an Traditionen gebunden. Er identifiziert sich mit größeren Kollektivgruppen, denn Macht und Organisation sind ein wichtiges Betätigungsfeld für ihn. Er kann aber auch der Yogi sein, der seine Personalität zum Kosmos weitet. Doch bleibt er dabei immer an die Realität der materiellen Außenwelt gebunden. Seine Energie ist in der Form eher „rechteckig", verhalten und konzentriert, wie ein Stein fest und ausdauernd. Er bemüht sich um ein Wertesystem, das sich nach allgemeingültigen Normen richtet. Die Energie tendiert zur Gegenständlichkeit und ist mathematisch konstruierend tätig. Durch Disziplin und Hingabe entwickelt er Harmonie und Schönheit.

Der Kampf im Innern vollzieht sich zwischen Licht und Dunkel, zwischen kosmischer Weite und egozentrisch-kühler Enge. Zwei Möglichkeiten der Wirkkraft scheinen ihm gegeben: durch Dienen zu herrschen oder durch Herrschen zu dienen. Das Kunstwerk muß immer klar umrissen sein und den harmonischen Proportionsgesetzen entsprechen. Nur die vollkommene Balance genügt dem ästhetischen Anspruch, der ganz dem „klassischen" Ideal der Kunst verpflichtet ist. Das Improvisatorische, Skizzenhafte und

Fragmentarische ist nicht seine Welt. Im alltäglichen Leben ist der Ernst stark ausgeprägt, es fällt der Steinbock-Kraft schwer, sich locker im Fluß des Lebens treiben zu lassen. Routine, Ordnung und kühler Intellekt können sein Blickfeld verengen.

♉ STIER – Zeichen der Sinnlichkeit und der Produktivität

Die Stier-Kraft bedeutet Produktivität und Fruchtbarkeit. Der von der Steinbock-Kraft in die Erde gelegte Same beginnt zu wachsen und zu reifen. Der Stier arbeitet an diesem materiellen Wachstum. Der Aspekt des Erduldens und der Geduld wird hier wichtig. Sein Ziel ist das Erschaffen oder Erhalten eines bleibenden Wertes; der Stier ist daher auch ein Zeichen für Konservatives und für Tradition. Sein Handeln ist zweckgebunden und rational. Er ist stark mit der weiblichen Seite verbunden, der Naturkraft und dem Reich der Urbilder, aus denen Kreativität und Kunst entspringen. Seine Sinnlichkeit und Liebe zu allem Schönen führt zum künstlerischen Gestalten. Das Kehl-Chakra ist mit dem Stier-Zeichen verbunden und ermöglicht durch Hellhörigkeit das Umsetzen vom inneren Hören kosmischer Musik in irdische Musik. Das Kehl-Chakra hat auch mit stimmlichem Ausdruck zu tun. Jeder Schritt des Stieres vorwärts in seiner Entwicklung ist sorgsam überlegt, und jede gereifte Erfahrung ist für ihn unumstößlich. Wachsam muß er sein, um nicht der Trägheit der Materie zu verfallen. Gebet und Demut sind wichtige Eigenschaften, um der höheren, schöpferischen Impulse gewärtig zu sein. Eine starke Kraft des künstlerischen Formens ist ihm gegeben, die durchaus für ihre materiellen Vorteile arbeitet.

♍ JUNGFRAU – Zeichen der Methodik und der Ökonomie

Das dritte Erdzeichen Jungfrau ist ganz mit dem Bereich Technik und Arbeitsplan verbunden. Die Jungfrau-Kraft ist kritisch und besitzt ein klares Feingefühl dafür, was ihr nützt oder schadet. So ist auch ihre Abneigung gegen alles Überflüssige, Unklare und

Unlautere verständlich. Die Nerven sind stabil, die Hände sicher und die Psyche klar. Selbstkritik und Selbstreinigung dienen dem Weg zur technischen Meisterschaft. Sie hat einen Egoismus im besten Sinne, denn indem sie sich selbst dient, dient sie anderen. Die eigene Vervollkommnung gereicht zum Heil anderer, und in diesem Sinne spielt die Alchimie als geistiges Prinzip eine große Rolle. Das kleine Selbst wird dabei in die größere, übergeordnete Gesamtheit einbezogen. Das subjektive Projizieren von Erwartungen und Bedingungen an das Leben muß der größeren, universellen Kraft weichen. Die Angst vor Unberechenbarem muß überwunden und die Anpassung an das Unabänderliche gelernt werden. Die Jungfrau-Kraft erwartet ein Echo für ihre Arbeit und ihr Werk. Bleibt dieses aus, so muß eine emotionale Umpolung stattfinden. Die Begabung liegt im technischen Zweig der Kunst. Überwuchernde Details und Virtuosität stören oft den Fluß des Ganzen, doch wird dies durch Methodik überwindbar. Jungfrau ist das Zeichen der Hingabe und der Jüngerschaft. Häufig ist ein wissenschaftlicher Zweig oder eine schriftliche Betätigung mit der Kunst verbunden.

Die Zeichen des Elements WASSER = Die Welt der Gefühle und des Unbewußten

♋ KREBS – Zeichen der Sensitivität und des Selbstbewußtseins

Die Gabe der Sensitivität ist das Merkmal dieses Zeichens. Die Krebs-Kraft fühlt klar, welche Menschen ihr zugeneigt und welche ihr abgeneigt sind. In einer Umgebung von Menschen, die ihr überlegen sein könnten, entwickelt sie Angst. So fürchtet sie auch die Kritik, führt lieber ein in sich zurückgezogenes Leben, stellt ihr Licht unter den Scheffel, um nicht dem Licht der Öffentlichkeit ausgesetzt zu sein. In der öffentlichen Arbeit versucht der Krebs immer eine Umgebung zu schaffen, die von vornherein Konkurrenz oder Kritik ausschließt, denn er braucht die Sympathie der anderen.

Die Sensitivität und emotionale „Schutzlosigkeit“ gibt ihm den Drang ins Reich der Phantasie, und damit öffnet sich ihm das Tor zur Kunst. Er muß lernen, die schöpferischen Lebensenergien zu konzentrieren, um einen Eindruck von größtmöglicher Klarheit und Dauer zu gewinnen. Nur indem er seinen bewußten Mittelpunkt findet, ist er dem Ansturm des unbewußten, universalen Lebens gewachsen. Er ist auf der Suche nach der eigenen, originalen Lebensmelodie. Nur was ihn innerlich erfüllt, wird ausgeführt. Geregelte, festgelegte, starre Arbeit liebt er nicht sonderlich. Sein künstlerischer Ausdruck ist beseelt, gefühlsgetragen, melodisch, manchmal etwas unexakt und offen lassend. Die Vortragsweise ist oft schüchtern, vor allem bei kritischen Zuhörern. Seine Ausdruckskraft ist stabilisiert, wenn er seine eigenen Wurzeln gefunden hat und sein Werk von seiner inneren Vision getragen ist. Dafür sind Form, innere Gliederung und Ausdauer vonnöten. Die Krebs-Kraft hat einen Zugang zum Magischen, zum Hintergründigen und zur Traumwelt.

♏ SKORPION – Zeichen der magischen Leidenschaft und der heilenden Liebe

Die Kraft dieses Zeichens besteht in der magischen Wunschkraft. Damit verbunden ist oft ein starker Geltungsdrang und eine gewisse Neigung zur Glorifizierung. Auf höherer Ebene entwickeln sich starke Heilkräfte. Der Skorpion besitzt die Gabe, zu fesseln, zu faszinieren und ein Idealbild auf andere zu übertragen. Die Nachtseite des Lebens übt auf die Skorpion-Kraft eine faszinierende Wirkung aus. Die starke psychisch-emotionale Triebkraft kann sich in einem „brütenden“, grüblerischen Temperament ebenso äußern wie in mystischer Verklärung.

Leistungsehrgeiz, kämpferische Spannung und sarkastische Kritik können damit verknüpft sein. Der alchymische Zersetzungs- und Gärungsprozeß hat viel Ähnlichkeit mit der Skorpion-Energie. Stark und kräftig in seinen Ideen, ist der Skorpion auf der Suche nach einer Stufe, von der aus er Macht ausüben kann. Er sucht nach einer ekstatischen Vision, die ihn über sich selbst hinaushebt.

♓ FISCHE - Zeichen der Medialität und der Auflösung

Diese Kraft hält den Menschen mehr im seelischen Bereich, er gleicht einem Traumwandler, der nicht ganz zum wachen, körperlichen Bewußtsein kommen kann. Sensibel für alles Leidende, flieht er den Kriegsschauplatz des Lebens. Seine mediale Begabung, alle Schwingungen um sich herum wahrnehmen zu können, gibt ihm die Fähigkeit, in tausend Masken zu erscheinen. Opferbereitschaft, Resignation, Lebensflucht und Erlösung sind mit diesem Zeichen verbunden. Göttliche Zuversicht, sowie auf eigenen Füßen zu stehen und auf die eigene Stimme zu hören, muß gelernt werden. Die Grenzen zum Kosmos sind fließend, so daß diese Energie sich hellfühlend, medial und visionär gerne vom Leben treiben läßt. Das Selbstbewußtsein ist nicht sehr stark ausgeprägt. Traum und Wirklichkeit mischen sich, die Trennung beider macht Fische oft einsam. Die Gefahr liegt in der Auflösung der Persönlichkeit, nicht selten mit Hilfe von Narkotika. In der mystischen Vereinigung liegt das hohe Ziel der Fische-Kraft. Feste Formen sind ihr eher fremd als vertraut, sie zerfließen in Stimmungen; Bilder, Zeichen, Töne steigen aus dem Unterbewußten auf. Im Künstlerischen bedroht das Maßlose die Form und die Fassung des Werkes. Eine Vielfalt an Begabungen enthält diese Energie, doch müssen sie geordnet und methodisch zielgerichtet werden.

Zur besseren Übersicht zeigen wir die Karteninformationen noch einmal zusammengefaßt in der folgenden Tabelle:

1. Feuer-Zeichen

Zeichen	Name	Hauptthema	Affirmationen
♈	Widder	Lebens-dynamik, ausstrahlende Energie	Rhythmus ist ein aus mir strömender Fluß Der Willensimpuls bringt die Energie zu schöpferischem Tun Ich spiele gerne die „erste Geige" und mache Musik, die mir paßt Ich höre zu Ich bewege mich/tanze im Takt Ich habe die Energie, meinen skizzenhaften Entwurf in voller Größe auszuführen
♌	Löwe	Präsentation, Ausstrahlung	Ich wirke nach außen und erhalte Resonanz Das freie Spiel der Möglichkeiten beschwingt meine Improvisation Die plastische, darstellerische Seite meines Wesens dringt nach außen Mein Ausdruck ist klangvoll und selbstsicher Als Individuum dirigiere ich den Zusammenklang vieler Ich habe großen Sinn für Repräsentation
♐	Schütze	Streben, Ideale	Kunst verlangt Bewegungsraum und Freiheit Kunst hat einen sakralen Aspekt Die Kunst ist eingebettet in einen übergeordneten Sinn und Geist Ausdruck und Phrasierung/Pinselführung bestimmen meinen Vortrag/mein Werk Begeisterung und Idealismus tragen meine Kunst

2. Luft-Zeichen

Zeichen	Name	Hauptthema	Affirmationen
♎	Waage	Begrifflichkeit, Du, Harmonisierung	Kunst muß gefallen Ich bevorzuge lichte Klänge und lebhafte Farben Das Werk muß großflächig und dekorativ sein Ich liebe die ästhetische Form der Bewegung Harmonie und Symmetrie sind mir wichtig Die Form verbindet einzelne Elemente zu geordneter Schönheit
♒	Wassermann	Originalität, humanitäres Prinzip	Mein Werk ist genau durchdacht Meine Ideen sind originell, treffsicher, witzig Ich teile meine kreativen Kräfte anderen mit Die Intuition erschließt mir die abstrakte, bildferne Welt des Geistes Ich bevorzuge die Kraft der freien, schöpferischen Erkenntnis
♊	Zwillinge	intellektuelle Suche, Glaube, Verbalisierung	Ich brauche den Takt als logisches Zeitmaß Ich brauche Vielseitigkeit und Abwechslung Ich erkenne in der Kunst das dualistische Prinzip Geist-Materie Ich liebe den Glanz des Virtuosen Ich habe schöpferische Ideen

3. Erd-Zeichen

Zeichen	Name	Hauptthema	Affirmationen
♑	Steinbock	Verinnerlichung, Konzentration	Systematische Gliederung und Zeiteinteilung geben mir Sicherheit Kunst muß auch ihre praktische Anwendung finden Mein Gefühl ordnet sich der Bedeutung des Werkes unter Die Form verbindet alle Teile miteinander Ich gebe mich meiner Berufung als Künstler hin Ich arbeite in der Musik mit mathematisch-konstruierenden Mitteln
♉	Stier	Sinnlichkeit, Produktivität	Ich höre auf das innere Wesen des Tones Das Wesen der Farbe ist wichtig Auch die Realität hat ihre Poesie Meine künstlerische Gabe ist mit einem realen Zweck verbunden (Innendekor, Keramik etc.) Mein Ausdrucksweg ist die Stimme Ich drücke mein bildnerisches Talent durch ein Raum-, Farb- und Formgefühl aus
♍	Jungfrau	Methodik, Ökonomie	Der methodische Aufbau und die Durchführung eines Themas sind mir wichtig Ich verliere mich nicht in Details, sondern finde zum schöpferischen Ursprung zurück Mein Werk beinhaltet epische Breite und anschauliche Schilderung Meine kreative Schöpfung muß nach durchschaubaren Mustern ablaufen

4. Wasser-Zeichen

Zeichen	Name	Hauptthema	Affirmationen
♋	Krebs	Sensitivität, Selbstbewußtsein	Ich bin schöpferisch Meine Vortragsweise ist von innerer Schau erfüllt und daher überzeugend Ich gieße mein gefühlvolles Erleben in eine gültige künstlerische Form Im Erleben meiner Tonfolge formiert sich meine Melodie Auch Werke, die das göttliche Maß nicht erreichen, würdige ich Ich schöpfe aus meiner Einbildungskraft
♏	Skorpion	magische Leidenschaft, heilende Liebe	Meine Kunst ist meine Sendung Auch wenn ich Übertreibung und das Gewaltsame als Stilmittel verwende, stört dies nicht die Harmonie des Werkes Ich arbeite mit starken magischen Energien Ich suche und kämpfe um neue künstlerische Werte Ruhe und Sicherheit ergeben sich aus Selbstprüfung und Leistung
♓	Fische	Medialität, Auflösung	Kunst ist ein mystischer Akt und lebt von der Vision Als Künstler bin ich ein Mittler der Stimme Gottes Meine künstlerische Sprache ist bildhaft und umschreibend Tod und Auflösung sind ein künstlerisches Thema Ich vertraue auf meine innere Stimme und ihre Inspiration Der Schmelz eines Werkes besteht in weichen Übergängen der wechselnden Stimmungen

An den Affirmationen läßt sich erkennen, daß darin die verschiedenen Ausdrucksformen schöpferischer Energien erfaßt sind. Außerdem spannen wir den Bogen vom Musiker zu Künstlern anderer Richtungen und heben damit die seit Jahrzehnten geltende unselige Trennung zwischen den Künsten auf. Wir haben des öfteren erlebt, daß ein Musiker mit Streß auf die Affirmation „Stier – Ich drücke mein bildnerisches Talent durch ein Raum-, Farb- und Formgefühl aus" reagiert und meint, er sei schließlich kein Keramiker oder Bildhauer. Doch gehen ihm während der Balance allerlei Lichter auf über die feineren Zusammenhänge zwischen Klang, Form und Farbe und über seine selbstgewählte Einengung, wenn er die Musik von den bildenden Künsten trennt. Erfreulicherweise suchen inzwischen viele Musiker einen schöpferischen Ausgleich im Malen, während Bildhauer bereit sind, ein Instrument zu lernen und Schauspieler sich am Bildhauern erfreuen. Gerade in der jungen Künstlergeneration sucht man nach neuen, übergreifenden Ausdrucksformen.

Sobald allerdings das „Hobby" des Musikers eine professionelle Ebene erreicht, muß er sich gegen das konservative Denken der Gesellschaft und der Medien wappnen. Meinungen wie: „Sie müssen sich schon entscheiden, ob Sie nun Musiker oder Maler sind. Beides kann man nicht gleich gut können" sind die Regel. Was wunder, daß der Künstler seine zweite Ambition oft verschämt oder gar frustriert geheimhält, als sei es ein Makel, die Trennwände zwischen den Künsten aufzuheben. Das gleiche Problem bekommen Musiker, die Wort und Musik verbinden. Das Theater sagt dann etwa: „Das Projekt können wir nicht nehmen; Sie müssen sich entscheiden, ob Sie Musik machen oder eine Lesung halten wollen", während der Konzertveranstalter sagt: „Ihr Programm gehört ins Theater, wir wollen reine Musikprogramme. Die Schauspielerei verwirrt unsere Abonnenten!" Vor allem letzteres ist eine Unterstellung, da dem Publikum eine gelungene Verbindung von verschiedenen Künsten immer gefällt. Das beweisen die Fälle, in denen ein Veranstalter ein solches Programm riskiert und sich nachher wundert, daß sogar junge Leute den Konzertsaal bevölkern – eine Erfahrung, die wir selbst hinreichend oft gemacht haben. Wer kreative Ideen von Künstlern ablehnt, handelt meistens aus Bequemlichkeit. Die Meinung wird in den Medien gemacht, während die Realität etwas ganz anderes zeigt. Aber es ist nicht einfach, dies einem frustrierten Künstler zu erklären.

Mit den Tierkreis-Symbolen und ihren Affirmationen tut sich ein weites Feld auf, um die phantastische Individualität künstlerischen Schaffens zu erkennen. Es gibt keine einzige „Tierkreis-Schublade", auf der steht: künstlerisch ungeeignet. Wie langweilig wäre es, wenn alle „Zwillinge" wären und der Virtuosität frönten, wenn alle „Steinböcke" wären und nach praktischen Aspekten in der Musik suchten, oder wenn alle „Widder"-Künstler wären, die die „erste Geige" spielten. Wir haben hier zwar zwölf Tierkreissymbole mit charakteristischen Eigenschaften des künstlerischen Tuns, aber es gibt unendlich viele Schattierungen und Überlappungen, entsprechend der Tatsache, daß es nicht zwei identische Menschen gibt, nicht zwei gleiche Geiger oder Trompeter.

In der kinesiologischen Balance werden nach der Benennung des Themas die Astrologie-Karten durch die schon bekannte Streßanzeige, das heißt durch einen schwachen Indikatormuskel ausgetestet. In der Regel ist es ratsam, die Priorität eines Tierkreissymbols und einer Affirmation festzulegen und dann alle weiteren Hilfsmittel der Kinesiologie sowie einen umfassenden Sinnesinput des Klienten in die Balance einzubeziehen.

Interessant ist der Aspekt des Elements beim Tierkreiszeichen, da sich das erdige, luftige, feurige und wäßrige Temperament sehr gut bei Künstlern beobachten läßt. Schon allein die Wahl des künstlerischen Zweiges, das Instrument und die Vorliebe für ein bestimmtes Repertoire oder einen bestimmten Stil sind aufschlußreich. Wer sich in der Astrologie auskennt, kann bei einem Künstler dafür das Horoskop zu Rate ziehen.

So ist es zum Beispiel bei Sängern, deren Problem die Kurzatmigkeit ist, interessant zu erfahren, wie die Elemente in ihrem Horoskop verteilt sind. Dabei müssen durchaus nicht die *Luft*zeichen fehlen, es kann auch nur sein, daß sie nicht gelebt werden. Auch ein Bläser muß nicht unbedingt in einem Luftzeichen geboren sein, sondern kann durch die Proportion und das Zusammenwirken der Kräfte im Horoskop ideale Bedingungen für die Beherrschung eines Blasinstrumentes mitbringen. Entscheidend für die Integration der Astrologie in die kinesiologische Balance ist, daß wir über das Horoskop einen energetischen Zustand erfahren und Gründe aufdecken können, warum zum Beispiel ein latentes Atemproblem vorhanden ist.

Die Astrologie kann auf ungenutztes Potential aufmerksam machen. Die Veränderung im Bewußtsein mit Hilfe der Entstressung ändert dann natürlich nicht das Horoskop, sondern vielmehr die Art, wie jemand seine Potentiale nutzt, wie er seine astrologisch deutbaren Möglichkeiten lebt. Da es in der Kunst unendlich viele Möglichkeiten des Selbstausdrucks gibt, geht es in der Balance auch nicht darum, zwischen einem Amateur und einem Profi zu unterscheiden. Jedes Tierkreis-Symbol steht für ein künstlerisches Potential, das seinen Platz bei der Selbstverwirklichung finden kann.

Wir erinnern uns an den Lehrer Dirk, der mit 36 Jahren die Idee hatte, Sänger zu werden. Es kam der Moment, wo er entscheiden mußte, ob er mit seiner Stimme auf die Bühne gehen oder ein Amateur bleiben sollte, der Hausmusik macht. Seine Frustration, keine rechte Entscheidung treffen zu können, äußerte sich in einer Stagnation des Tonumfangs. Panische Angst befiel ihn bereits in einer Höhe, die eigentlich für ihn kein Problem darstellte. Er kam zur kinesiologischen Beratung mit dem Thema: „Soll ich Amateur bleiben oder Profi werden? Schaffe ich das?“ Obgleich es sich um ein Tonhöhenproblem handelte, gingen wir nicht auf eine Intonations- oder Tonbalance ein, sondern testeten die Astrologiekarten. Zu seinem größten Erstaunen zeigte als Priorität „Jungfrau – Meine kreative Schöpfung muß nach durchschaubaren Mustern ablaufen“ an, während er erwartet hatte, daß eher das Thema „Leistung, Virtuosität, Durchsetzungskraft“ betroffen sein müsse. Hier ein Auszug aus der Balance unter ESR:

Tester: Schau das Symbol an, was sagt es dir?
Dirk: Ich sehe darin Finger, die etwas greifen, ein Instrument vielleicht.
T.: Siehst du einen Zusammenhang mit der Affirmation?
D.: „Meine kreative Schöpfung muß nach durchschaubaren Mustern ablaufen“. Ja, die Finger greifen etwas Reales, das fühlt sich sicher an.
T.: Was bedeutet für dich als Sänger ein durchschaubares Muster?
D.: Ich will wissen, warum ich singe.
T.: Weißt du es?

D.: Das ist ja das Problem. Es gibt viele Gründe, warum ich singe.
T.: Zum Beispiel?
D.: Na ja, ich singe gerne und übe gerne. Dann habe ich Lust, im Konzert zu singen, wenn ich kein Lampenfieber habe.
T.: Wie ist es, wenn du Lampenfieber hast?
D.: Dann möchte ich am liebsten nicht mehr singen.
T.: Ist das die Lösung – aufhören mit Singen, wenn's brenzlig wird?
D.: Natürlich nicht, aber ich komme da nicht weiter.
T.: Sag doch noch einmal die Affirmation und wende deine Aufmerksamkeit dem Anfang zu.
D.: Meine kreative Schöpfung...
T.: Was bedeutet das für dich?
D.: Bin ich denn wirklich schöpferisch, wenn ich das singe, was alle schon gesungen haben?
T.: Das weiß ich nicht, wie empfindest du es?
D.: (schaut sich spontan das Jungfrau-Symbol an, dreht es in alle Richtungen) Ich merke, meine Hände haben etwas mit dem Singen zu tun. Sie wollen was anfassen. Damit meine ich aber nicht die Noten.
T.: Geschieht in deinen Händen etwas Schöpferisches, wenn du singst?
D.: Ja, wenn ich mir das vorstelle, fühle ich mich wohl. Es ist so, als wenn die Energie aus den Händen fließt. (Lacht) Die Hände atmen richtig!
T.: Wie wunderbar du das beschreibst! Geh tief in das neue Erleben hinein und prüfe dann, wie es sich mit dem durchschaubaren Muster verhält.
D.: Das Muster ist die Zeit. Ich will mir Zeit geben und meine Arien mal ganz neu studieren. Irgendwie spüre ich, daß da etwas von mir vernachlässigt wurde.
T.: Bist du motiviert zu üben?
D.: Oh ja, ich finde die Idee mit den Händen ganz toll.
T.: Und wie sieht es mit deiner Entscheidung aus, als Amateur oder Profi zu singen?
D.: Das ist Quatsch. Ich brauche mich gar nicht dazwischen zu entscheiden. Viel wichtiger scheint mir mein Zugang zu den Arien, die ich gerne singe. Und dann sehe ich weiter.

T.: Ist das deine optimale Lösung im Moment?
D.: Absolut.

Beim nächsten Treffen sang Dirk Ausschnitte aus verschiedenen Arien und hatte bedeutend weniger Tonhöhenprobleme. Für ihn war die lang genährte Streßfrage, ob er als Profi singen solle, völlig irrelevant geworden. In der Tat ist der Profi-Status keine Garantie für bessere Musik als der Amateur-Status.

Der spirituelle und künstlerische Ausdruck durch Mudras

Auf welcher Ebene auch immer ein schöpferischer Mensch tätig ist – er bringt etwas aus sich heraus nach außen. Dieses „Außen" ist kein luftleerer Raum, sondern es ist der Zuhörer oder Betrachter, also ein Energieträger, der für den künstlerischen Prozeß ebenso wichtig ist wie das Werk selbst. Noten, die nie gespielt oder Gedichte, die nie gehört werden, Bilder, Tänze, Skulpturen, die nie betrachtet werden, mögen dem Schöpfer sicher innere Freude gebracht haben, aber Kunst entsteht aus dem Geben (Künstler) und dem Nehmen, dem Feedback (Betrachter).

In der modernen Kunst ist der Zuhörer oder Zuschauer in die Haltung gedrängt worden: „Entweder du verstehst das oder du bist ungebildet." Ganzheitliche Kopf- und Herzensbildung wurde jahrzehntelang zugunsten intellektueller Bildung vernachlässigt, mit dem Fazit, daß man ohne lange Erklärungen oder Seminare heute kaum mehr moderne Musik oder Kunst erleben kann. Sie spricht nicht mehr unmittelbar, sondern braucht das dürftige Vehikel Wort – sie ist extrem „linkshirnig". Indem es gleichgültig wurde, ob Zuhörer anwesend sind oder nicht, wurde auch die Kunst gleichgültig. Aber die Schöpfer und Interpreten moderner Kunstwerke begannen zu leiden, weil sie ihre natürlichen spirituellen Energien ablehnten.

Wir dachten lange darüber nach, wie man den spirituellen Aspekt der Musik näherbringen könnte, ohne eine Heilsbotschaft oder ein Glaubenssystem zu vermitteln und ohne das Reizwort „Liebe" zu verwenden. Wir sannen auf einen Weg, die sehr verborgenen Blockaden künstlerischer Ausdruckskraft über eine Symbolik der Spiritualität zu erreichen. Ideen kamen und gingen, Frustration wechselte mit Enthusiasmus. Die Suche wurde zu einem schöpferischen Prozeß, und wir wußten - nach der Frustration kommt das Loslassen, damit die Inspiration fließen kann. Dann war die Lösung eines frühen Morgens in einem Nu da: Innerhalb von zwei Tagen filterten wir aus Hunderten von hinduistischen und buddhistischen Mudras jene 15 heraus, die in idealer Weise für unser Thema der verborgenen energetischen Blockaden im spirituellen Ausdruck von Musik geeignet waren. Diese Mudras wurden auf Karten abgebildet[41].

Das Sanskrit-Wort *mudra* bedeutet wörtlich übersetzt „Siegelring, Abdruck, Verschluß"; konkret werden damit bestimmte mystisch-symbolische Finger- und Handstellungen (Gesten) bezeichnet. Mudras spiegeln bestimmte Bewußtseinszustände und -vorgänge bildhaft wider (tantrische Elemente des Hatha-Yoga); darüber hinaus lösen sie *Impulse im Bewußtsein* aus. So gesehen sind sie eine Metaphysik der Gebärde, der Körpersprache, in der Gedanken und Gefühle symbolisch ausgedrückt werden. Mudras stehen für die Einheit von Körper, Geist und Seele und galten von alters her im Orient wie im Okzident als energetische, spirituelle und künstlerische Ausdrucksmittel. Allerdings ist die tiefere Bedeutung von Handgesten in Europa seit dem 17. Jahrhundert verlorengegangen.

Die Erfahrung hat gelehrt, daß bildende wie darstellende Künstler sich durch die Mudras sehr angesprochen fühlen und ihr Problem mit Hilfe der Mudras viel bereitwilliger angehen als mit anderen Mitteln. Sie spüren offenbar intuitiv den geistig-künstlerischen Hintergrund der Mudras.

Die Kinesiologie bedient sich sogenannter *Fingermodi*, um bestimmte energetische Themen in einer Balance abzurufen. Jede Hand- und Fingerhaltung ist prinzipiell eine Mudra, denn sie drückt energetisch etwas aus. In dem Moment, in dem sich die Haltung verändert, kommt etwas in Gang. Und hier setzt die Kraft der Mudras ein. Deshalb lassen wir den Klienten eine bestimmte Mudra-Haltung immer wieder aufs neue einnehmen und beenden. Allein schon das Öffnen und Schließen einer Hand kann so zu einem tiefgreifenden Erlebnis werden. Die 15 ausgewählten

Mudras lassen auch beim westlichen Menschen Assoziationen zu, die dieses Erlebnis intensivieren. Der nächste Faktor ist die Intensität, mit der eine Mudra eingenommen wird. Außerdem ist die Wirksamkeit einer Mudra für den Ausführenden und für den Betrachter von Bedeutung. In der altindischen Mudra-Lehre werden jeder Mudra ein Ist-Zustand, eine emotionale, mentale und spirituelle Dynamik und verschiedene Symbole zugeordnet.

Auf den Mudra-Karten ist jeweils auf der Vorderseite eine Mudra (Handgeste) abgebildet, die Bezeichnung dessen, was sie ausdrückt, sowie die beiden Begriffe, die den energetischen Prozeß der Mudra anzeigen. Nehmen wir zum Beispiel die Mudra Nr. 13 = Kritikvermögen. Die beiden dazugehörigen Begriffe sind Lobrede – Spiegel: Indem ich in der Lage bin, eine Lobrede anzunehmen, erscheint ein Spiegel vor mir, in dem ich mich prüfe.

Auf der Rückseite der Karte stehen *Affirmationen*, ebenso bestimmte, nach indischem Vorbild zusammengestellte *Imaginationssymbole*, die der jeweiligen Mudra entsprechen. Nach Abschluß der Balance dienen sie als Impuls, das neu Erkannte und Erlebte in einem bevorzugten Symbol zusammenzufassen. Über den Muskeltest wird gefragt, welches der Imaginationssymbole den Vorzug hat, wobei der starke Muskel die Wahl signalisiert. Dieses Symbol ist sozusagen ein energetisch-geistiges Konzentrat, das der Künstler jederzeit abrufen kann, wenn er Energie benötigt, zum Beispiel in der üblichen Flaute während eines Konzerts, die meistens nach etwa einer Stunde auftritt. Das Imaginationssymbol wirkt dann wie das Thymusklopfen, eine bekannte Methode in der Kinesiologie, die den Energiefluß anregt, aber im künstlerischen Prozeß, bei dem beide Hände gebraucht werden, schwierig zu bewerkstelligen ist (siehe auch Seite 293). Diese Symbole sind humorvoll, oft ganz versteckt witzig, äußerst kreativ und absichtlich entgegen logischen Zusammenhängen kreiert. Aus der Fülle der Imaginationshilfen, die dem indischen Künstler seit 2500 Jahren geboten werden, haben wir für jede Mudra jeweils vier ausgewählt, die auch in unserer Kultur bekannt sind und möglichst viele Gegensätze untereinander bilden.

Nr. 1 – Mudra des vollendeten Ausdrucks HÖHEPUNKT – ERFÜLLUNG

Ein vollendeter Ausdruck ist frei fließende schöpferische Energie – das Ideal jedes Künstlers. Auf der Bühne bin ich eins mit dem, was ich tue. Ich lasse mich von der Kunst tragen und nehme die Energie an, die durch die Aufmerksamkeit des Publikums zu mir fließt.

Wenn ich den Höhepunkt auf der Bühne als Einheit von mir, Musik und Publikum erlebe, finde ich Erfüllung, findet auch jeder Zuhörer Erfüllung, denn diese positive Energie überträgt sich von innen nach außen.

Affirmationen:
Ich schöpfe aus dem vollen meiner künstlerischen Kraft
Mein Innerstes kommt in meiner Kunst zum Ausdruck
Ich lebe bewußt meine künstlerische Gabe

Imaginationssymbole:
Eingang, Phallus, Liebe, Bogen

Nr. 2 – Mudra des mentalen Ausdrucks VERTRAUEN – HINGABE

Gedanken sind kraftvolle Energien, die dem kosmischen Gesetz „Gleiches zieht Gleiches an" gehorchen. Wenn ich freudige Energie aussende, kommt vom Zuhörer freudige Annahme zurück. Habe ich Angst, dann kommt Angst zurück. Bin ich entspannt, dann fließt die Energie frei zwischen mir und dem Publikum. Wenn ich dieses Gesetz erfahren habe, wächst mein Vertrauen in meine Kräfte, und wo Vertrauen wächst, entwickelt sich auch die Kraft der Hingabe.

Affirmationen:
Ich vertraue meinen Gedanken-Energien
Ich vertraue auf meine positive Ausstrahlung
Ich bin mit jedem Menschen im Publikum verbunden

Imaginationssymbole:
Halbmond, Gedanke, Geburt, Speer

Nr. 3 – Mudra des künstlerischen Ausdrucks BEGRÜSSUNG – WOHLWOLLEN

Künstler zu sein ist eine Berufung, die den ganzen Menschen und volles Risiko fordert. Ich begrüße jeden Menschen, indem ich mich ganz öffne. Ich empfange das Wohlwollen derer, die meine Kunst wahrnehmen. In diesem Einklang kann ich meiner Berufung folgen. Erst wenn ich jeden Zuhörer, Zuschauer und Mitmenschen von Herzen begrüße, wird mir Wohlwollen als Resonanz zuteil.

Affirmationen:
Ich öffne mich weit für meine Darbietung
Meine physischen Kräfte sind ausgewogen
Meine emotionalen und geistigen Kräfte sind im Einklang

Imaginationssymbole:
Wolke, Wald, Fluß, Mond

Nr. 4 – Mudra der Hingabe INNERE GRÖSSE – DEMUT

Sich ganz hinzugeben heißt, sich zu offenbaren ohne Angst. Nur das Ego-Bewußtsein unterscheidet zwischen Verbergen und Zeigen, nicht das höhere Selbst. Indem wir vollkommene Hingabe an unser Tun üben, werden wir eins damit. Darin zeigt sich innere Größe. Indem wir nicht nach außen auf Erfolg schauen, sondern eins sind mit dem, was und wie wir etwas schöpferisch tun, üben wir Demut.

Affirmationen:
Ich biete meine Kunst mit Hingabe dar
Ich bin frei von Angst, wenn ich musiziere/singe/spreche/male
Demut ist das Anerkennen von innerer Größe

Imaginationssymbole:
Bauch, Wurm, Großzügigkeit, Altar

Nr. 5 - Mudra des künstlerischen Reifens AUFSTIEG - ANTRIEB

Reife erfordert Zeit und braucht den Wechsel zwischen Spannung und Entspannung, zwischen Aktivität und schöpferischer Pause. In unserer Zeit drängt alles nach Frühreife: Kunst wird zum jugendlichen Hochleistungssport, zur Massenware. Doch ich richte meinen Sinn auf die Qualität und nehme mir Zeit zu reifen. Dadurch erlebe ich bewußt jeden Schritt meines Aufstiegs, nur mein Qualitätsbewußtsein ist der Antrieb meines künstlerischen Schaffens.

Affirmationen:
Ich entfalte mehr und mehr den Klang meiner Stimme
Ich bin eins mit meinem Instrument
Ich liebe die Schönheit der kreativen Sprache

Imaginationssymbole:
Lotusblume, Sprache, Zupfinstrument, Wissen

Nr. 6 - Mudra des emotionalen Ausdrucks WEITE - ENTWICKLUNG

Die Kunst steht nicht außerhalb von mir; ich bin das Gefäß, durch das sie hindurchfließt. Mein schöpferisches Tun gewinnt seinen unverwechselbaren Charakter durch meine Emotionen. Ich verberge sie nicht, sondern lasse sie zu, mache mich weit und bringe damit meine innere Entwicklung in Gang. Dadurch wächst die Aussagekraft meiner Kunst. Wo Weite ist, kann sich Energie entfalten und entwickeln.

Affirmationen:
Meine Kunst ist wie das sanfte Spannen eines Bogens
Meine Sprache ist wie die Perlenkette, die Worte reihen sich mühelos aneinander
Ich kann meine Emotionen künstlerisch ausdrücken

Imaginationssymbole:
Parfüm, Pfeil, Blume, Perle

Nr. 7 - Mudra des ganzheitlichen Ausdrucks AUFBRUCH - ENTDECKUNG

Ganzheitlich sein heißt, die Einheit von Körper, Geist und Seele zu erfahren und sie im Alltag zu leben. Die Kunst ist hierfür ein idealer Weg, ein Abenteuer, eine Reise nach innen, ein Aufbruch zur Entdeckung des wahren Selbst. Immer wenn ich mich zu neuen Ufern aufmache, werde ich etwas entdecken für mich, für meinen schöpferischen Ausdruck.

Affirmationen:
Meine Kunst ist die Brücke zwischen Ego und wahrem Wesen
Ich befreie mich aus der Enge des Intellekts
Ich schöpfe alle Möglichkeiten meines künstlerischen Ausdrucks aus

Imaginationssymbole:
Brücke, Essen, Geschenk, Versteck

Nr. 8 - Mudra des rhythmischen Ausdrucks ATEM - RHYTHMUS

Atem ist Leben und Bewegung. Die Natur, der Kosmos ist Leben, ein jedes hat seinen eigenen Atem, der Grundrhythmus allen Seins. Ich bin ein Teil dieses Ganzen und entdecke meinen Atem und meinen Lebensrhythmus. Mein Kunstwerk wird durch meinen Atem lebendig.

Affirmationen:
Die Schnelligkeit in der Musik ist wie der natürliche Flügelschlag eines Vogels
Ich vertraue meinem rhythmischen Gefühl
Wenn ich musiziere, vertraue ich auf meinen tiefen Atem

Imaginationssymbole:
Biene, Vogel, Trommel, Flügel

Nr. 9 - Mudra des freudigen Ausdrucks HUMOR - WEISHEIT

Freude ist positive Lebensenergie; durch ihre Kraft überstehe ich Anstrengung, Not und Zweifel. Ich betrachte mein künstlerisches Schaffen nicht als Pflichtübung, sondern als freudigen Prozeß, der aus mir herausströmt. Humor und Weisheit liegen eng beieinander, denn sie richten sich auf den tieferen Sinn des Seins und das höhere Bewußtsein im Menschen. Ich nehme mich nicht so wichtig und betrachte mein Kunstwerk von dieser erhöhten Warte aus.

Affirmationen:
Ich betrachte mit Freude mein Gemälde/Werk
Ich bin offen für inspirative Kräfte
Meine Stimme gleicht einer Girlande von Jasminblüten

Imaginationssymbole:
Girlande, Perlenkette, Fest, Singen

Nr. 10 - Mudra des Innehaltens GEBET - VERWEILEN

„Die Zeit rast" - dies kennzeichnet unser modernes Lebensgefühl. Wir haben Angst vor dem Innehalten, dem Schweigen, der Ruhe, weil wir uns dann des leeren Tuns unserer Hetzerei bewußt werden. Das Innehalten aber ist ein wichtiger Prozeß, um neue Kräfte zu schöpfen, um den Blick nach innen zu lenken und dadurch empfänglich für neue Visionen und Inspirationen zu werden. Verweilen heißt, dessen, was *immer ist*, inne zu werden. Das Gebet ist mein Lauschen nach innen, ich genieße es, in dieser Stille zu verweilen.

Affirmationen:
Ich strebe nach Vollendung und lege die Eitelkeit ab
Mein Nabel ist mein Zentrum, in dem ich ruhe
Ich verweile in voller Konzentration in meiner Kunst

Imaginationssymbole:
Wind, Nabel, Liebesgott, Wasserlilie

Nr. 11 - Mudra des handwerklichen Ausdrucks MITTE - EINSSEIN

Talent verlangt Üben; Üben führt zu Können. Ohne mein Handwerk zu beherrschen kann ich meiner Kunst nicht zum Ausdruck verhelfen. Mit Können „aus der Mitte“ schaffe ich ein geeignetes Gefäß für Inspiration. Das Einssein mit meiner Kunst ist die stärkste Kraft, die nach außen strömt.

Affirmationen:
Ich schreibe/dichte und bin in meiner Mitte
Ich vertraue auf mein technisches Können
Ich male/tanze und bin in meiner Mitte

Imaginationssymbole:
Blätter, Dolch, Tisch, Fahne

Nr. 12 - Mudra des kraftvollen Ausdrucks MUT - TUN

Jeder schöpferische Akt erfordert Risiko, Kraft und Mut, denn nur durch mich kommt er zustande. Ich konzentriere mich voll und ganz auf das, was ich tue, und sammle dabei meine physischen, mentalen, emotionalen und spirituellen Kräfte.

Affirmationen:
Ich habe Mut, auf der Bühne zu arbeiten
Ich habe die Kraft, mich meiner Kunst ganz und vollkommen hinzugeben
Ich spüre die Beständigkeit meiner inneren Kräfte

Imaginationssymbole:
Faust, Kraft, Festigkeit, Mond

Nr. 13 – Mudra des Kritikvermögens LOBREDE – SPIEGEL

Zunächst muß ich mein eigenes Qualitätsbewußtsein entwickeln, ehe ich von anderen erwarte, meine Kunst zu verstehen. Ich bin der erste Kritiker. Wenn mein Werk meiner Kritik standhält, ist es einerlei, was tausend andere sagen. Ich schaue in den Spiegel und erkenne, daß nichts anderes aus mir sprechen kann als *ich selbst.*

Affirmationen:
Ich bin bereit, die Früchte meiner künstlerischen Arbeit zu ernten
Ich bin offen für konstruktive Kritik
Ich unterscheide zwischen Lob und Schmeichelei

Imaginationssymbole:
Spiegel, Murmeln, Frau, Vollmond

Nr. 14 – Mudra der künstlerischen Harmonie KNOSPE – REIFE

Harmonie ist das Gleichgewicht zwischen innen und außen. Um dies zu erreichen, braucht es Reife. Der Weg zur Reife ist wie das Öffnen einer Knospe. Ich erschaffe mir die Zeit, jeden Schritt bewußt zu erleben.

Affirmationen:
Ich nehme mir die Zeit, zu reifen
Ich bewege mich leicht und harmonisch zur Musik
Mein künstlerischer Ausdruck ist wie das Öffnen einer Blütenknospe

Imaginationssymbole:
Ball, Frucht, Rose, Brust

Nr. 15 – Mudra des spirituellen Ausdrucks EINHEIT – HARMONIE

Ohne die Entwicklung von Spiritualität bleibt Kunst in der Enge der Materie gefangen. Spiritualität ist das Einssein von Außen und Innen, von Zeit und Ewigkeit. Sie ist die Basis der Inspiration und eröffnet mir die Sicht in mein höheres Selbst.

Affirmationen:
Die Inspiration öffnet sich mir gleich einem großen Tor
Die Geschicklichkeit meiner Hände/meiner Stimme steht im Einklang mit meinem Bewußtsein
In meiner Kunst wird mein höheres Selbst offenbar

Imaginationssymbole:
Augen, Gold, Charakter, Öl

Die Mudra-Karten als Bestandteil der musikkinesiologischen Balance fanden sofort großen Anklang, weil sie mit den Händen zu tun haben, einem wichtigen Medium des Künstlers, und weil die Affirmationen wie ein Pfeil auch das verborgenste Problem treffen. Den Ablauf einer Mudra-Balance wollen wir an einigen Beispielen erläutern:

Martin, ein sehr sensibler Organist aus Zürich, kam mit dem Thema zu uns, daß er beim Orgelspielen oft das Gefühl habe, es wüchse in ihm eine phantastische Erhabenheit. Einerseits fürchtete er sich davor, andererseits glaubte er, nicht genügend Kraft zu haben, um sie nach außen zu bringen. Wir gingen die Mudra-Karten durch, wobei im Muskeltest mehrere Mudras anzeigten, am stärksten die Mudra des kraftvollen Ausdrucks. Martin vermittelte selbst dem ungeübten Auge den Eindruck eines äußerst introvertierten, verspannten und steifen Menschen. Als er die Mudra mit dem Thema „kraftvoller Ausdruck“ sah, traute er seinen Augen nicht und sagte: „Das ist ja genau mein Thema!“ Schauen wir uns die Mudra-Karte Nr. 12 noch einmal näher an:

Auf der Vorderseite steht:

Mudra des kraftvollen Ausdrucks
MUT – TUN

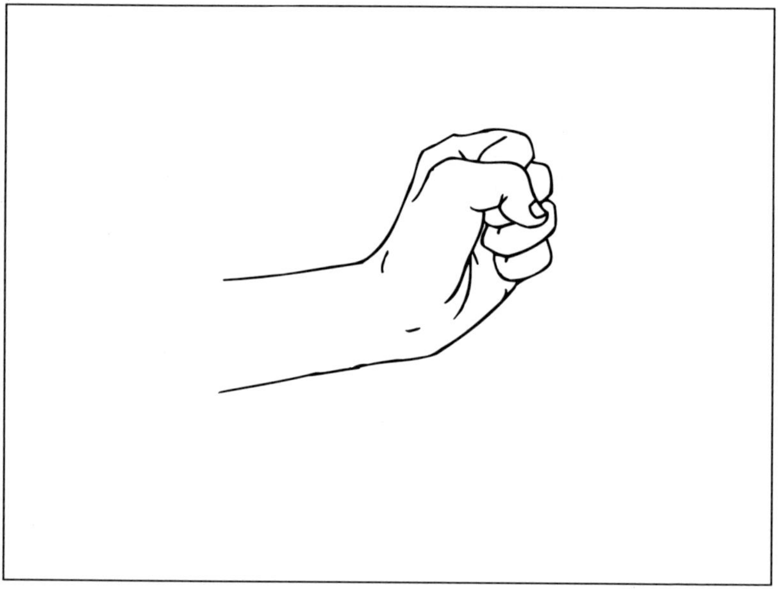

MUT – TUN bedeutet, daß der kraftvolle Ausdruck Mut erfordert. Wenn Mut bereitgestellt ist, dann will er sich dynamisch ausdrükken. Dazu müssen wir etwas tun. Der Mut drückt sich somit im Tun aus. Vor allem die Handhaltung ist wichtig für den Klienten; er wird sicher schnell eine Assoziation zu der abgebildeten Faust haben, und diese sehen wir als Tester natürlich im Zusammenhang mit dem Ausgangsthema des Klienten.

Auf der Rückseite stehen die *Affirmationen:*
Ich habe Mut, auf der Bühne zu arbeiten
Ich habe die Kraft, mich meiner Kunst ganz und vollkommen hinzugeben
Ich spüre die Beständigkeit meiner inneren Kräfte

Die *Imaginationssymbole* lauten:
Faust, Kraft, Festigkeit, Mond.

Auf der Rückseite stehen also drei Affirmationen und vier Imaginationssymbole. Bei Martin zeigte die zweite Affirmation „Ich habe die Kraft, mich meiner Kunst ganz und vollkommen hinzugeben" an und das Imaginationssymbol „Mond". In der Korrektur wurde Martin zuerst ermuntert, die Handhaltung mit beiden

Händen einzunehmen und zu beschreiben, wie sich das anfühlt, wie es ihm dabei ergeht.

Martin: Lächerlich, denn meine Hände haben keine Kraft; links ist mehr Kraft als rechts, irgendwie unausgewogen.
Tester: Öffne noch einmal die Hände und schließe sie sanft zur Faust. Ab wann hast du das Gefühl von Kraft verloren?
M.: Erst wenn ich die Muskeln der Faust spanne.
T.: Öffne wieder die Hände und sage laut die Affirmation, während du sanft die Fausthaltung einnimmst.
M.: Ich habe die Kraft, mich meiner Kunst ganz und vollkommen... Nein, es geht nicht.
T.: Was geht nicht?
M.: ...ganz und vollkommen. Das will ich gar nicht, vielleicht kann ich's nicht.
T.: Welchen Teil von dir möchtest du nicht hingeben in deiner Musik?
M.: Mein Innerstes, das geht niemanden etwas an.
T.: Was ist das, dein Innerstes?
M.: Meine Gefühle.
T.: Kannst du genauer sagen, welche Art von Gefühlen du verborgen halten möchtest?
M.: Was mich erregt, was wie ein Vulkan in mir brodelt, das möchte ich nicht zeigen.
T.: Du brauchst ja jetzt nicht im Konzert zu spielen. Könntest du denn mal in der Erinnerung ein solches Gefühl abrufen und die Mudra ausführen?
Martin macht mehrere ungemein dynamische Faust-Mudras.
T.: Wie fühlst du dich dabei?
M.: Die Handbewegung entspricht auf jeden Fall meinem Gefühl.
T.: Geh noch einmal tief in das Gefühl, mache die Mudra und sage laut die Affirmation.
Martin sagt laut und bestimmt „Ich habe die Kraft, mich meiner Kunst ganz und vollkommen hinzugeben“ und führt energisch die Mudra aus.
M.: Das ist ein tolles Gefühl, ich spüre Kraft.
T.: Bist du denn jetzt bereit, dich ganz und vollkommen deiner Kunst hinzugeben?
M.: Naja, ich weiß nicht...

T.: Was hindert dich?
M.: Ich glaube, ich kann mich gar nicht hingeben.
T.: Woher kommt denn dann das Gefühl, wie ein Vulkan zu brodeln? Kannst du dich trennen von diesem Gefühl?
M.: Nein, wenn es da ist, gehört es zu mir.
T.: Wo empfindest du körperlich diesen Vulkan?
M.: Hier im Bauch.
T.: Möchtest du es auch noch anderswo spüren?
M.: Ja, schon, aber wie denn?
T.: Welche Farbe symbolisiert für dich Mut, Tun?
M.: Ein starkes Blau.
T.: Und wenn du dieses Blau im Bauch visualisierst?
M.: Toll, fühlt sich stark an.
T.: Wenn du dir nun vorstellst, du sitzt an der Orgel - verhilft dir das Blau im Bauch zu Mut und Tun?
M.: Ja, das ist ein gutes Gefühl. Ich bin konzentriert.
T.: Kannst du dieses Blau durch den ganzen Körper fließen lassen, auch durch die Extremitäten?
M. (nach einer Weile): Ich hätte nie gedacht, daß ich so warme Finger und Füße von Blau kriegen könnte. Fühlt sich wirklich gut an.
T.: Kommen wir zu deinem ausgewählten Imaginationssymbol, dem Mond. Stell dir dieses Symbol mal in der Thymusgegend vor.
M.: Ja, da tut der Mond gut.
T.: Geh mal das Konzert an der Orgel durch. Du benötigst beide Hände und Füße. Plötzlich läßt die Kraft nach. Was machst du?
M.: Ich lasse den Mond aufgehen, mehr in der Herzgegend, das ist wie ein Impuls, das funktioniert, ich spüre es.

Nach der Balance spielt Martin eine ausgesuchte Stelle am Klavier, nachdem er vorher einige Male die Mudra gemacht hat, visualisiert sein Imaginationssymbol und geht auf diese Weise noch einmal seine neuen energetischen Erfahrungen durch.

Um den Sinn einer Mudra noch besser zu verstehen, wenden wir uns einmal Nr. 11 - Mudra des handwerklichen Ausdrucks zu:

Diese Mudra ist nicht so leicht einzunehmen - viele Musiker testeten schwach auf die Handhaltung und kamen sich ungelenk dabei vor. Hinter der Mudra steht zum einen, daß es zu erkennen

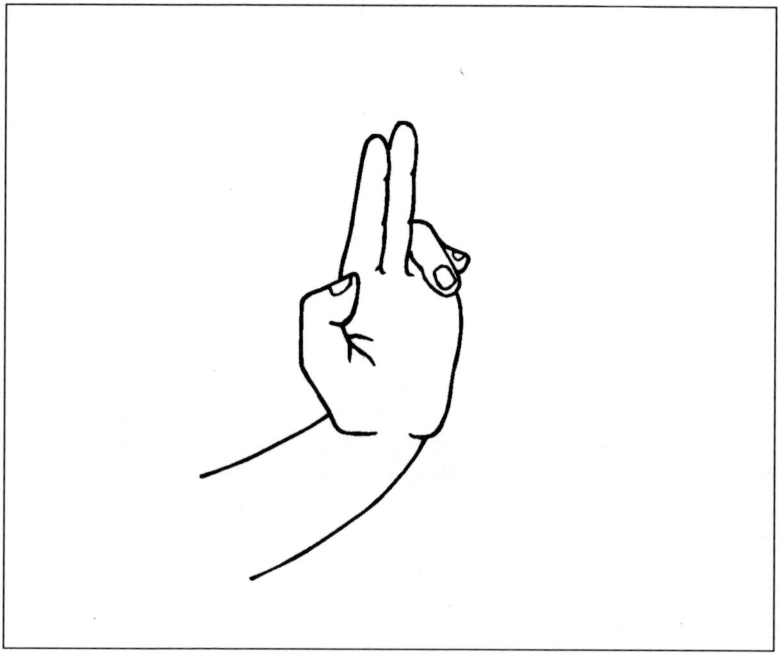

gilt, daß handwerkliches Können die Basis jeder Kunst ist, zum andern, daß es, um diesem handwerklichen Geschick Ausdruck zu verleihen, der Schönheit einer Geste bedarf. Am Anfang einer Balance mit dieser Mudra ist das Einnehmen und Wieder-Auflösen der Handhaltung alles andere als schön. Indem der Klient es immer wieder übt, gewinnt er eine positive Wertschätzung für sein technisches Üben, für sein Hand-Werk.

Auf der Rückseite stehen die *Affirmationen:*
Ich schreibe/dichte und bin in meiner Mitte
Ich vertraue auf mein technisches Können
Ich male/tanze und bin in meiner Mitte

Die *Imaginationssymbole* lauten:
Blätter, Dolch, Tisch, Fahne

Die Affirmationen enthalten interessanterweise keinen Hinweis auf Musik. Auch dem liegt eine Absicht zugrunde: Schon im 8. Jahrhundert v. Chr. wurde im bedeutendsten Musik- und Tanzlehrbuch Indiens, dem *Natyashastra*, betont, daß jede Fixierung auf eine Kunst Einengung bedeutet. Deshalb lernte ein Musiker, Tänzer oder Schauspieler auch Töpfern, Malen, Bildhauern und Weben, das heißt Künste, die sich direkt mit den Händen ausdrükken. Die Hände werden in der indischen Kunstphilosophie als die Mittler zwischen Erde und Himmel, zwischen Materie und Geist verstanden. Leider wird uns ein so wunderbares Wissen nicht in Musikhochschulen vermittelt, obwohl jeder Musiker, den wir in der Balance mit dieser Mudra erlebten, die Zusammenhänge sofort verstand und von diesen Erkenntnissen begeistert war.

Hinter der Handwerks-Mudra steht außerdem noch eine pädagogische Absicht. Zu allen Zeiten strebte der junge Künstler sofort zum Höchsten, Besten und Schönsten. Dabei verlor er sich gerne einmal in schwindelnde Höhen und sah mißbilligend auf die herab, die keine Künstler, sondern „arme Alltagsmenschen" waren. Im jugendlichen Überschwang erhob er sich über alles, was ihm „nieder" und unkünstlerisch dünkte. Diese Überheblichkeit wurde in Indien in allen Musiklehrbüchern als eine natürliche Erscheinung gewertet, die man gelassen hinnahm, weil der Jugendliche als „unreifes Obst" galt und deshalb eine gewisse Narrenfreiheit besaß. In den Lehrbüchern holte man ihn sanft aus den Wolken herunter, zum Beispiel durch Übungen wie diese Mudra, die ihn ohne viel Worte den Bezug zum irdischen Leben lehrte. Wieviel Weisheit, ein junges Talent zu führen, drückt sich darin aus!

Auch hinsichtlich dieser Absicht reagieren Künstler in der Balance äußerst positiv und spontan. Es ist selbstverständlich wichtig, eine perfekte Technik möglichst streßfrei auszuüben. Der Sinn der Mudra ist, der Technik den ihr angemessenen Stellenwert zu geben und sie zu veredeln, ohne daran zu haften.

Die Bedeutung der Imaginationssymbole ist ebenfalls sehr aufschlußreich. Jeder Klient wird sie anders verstehen, doch lohnt es sich auch hier, die altindische Auffassung einmal darzulegen:

Blätter sind der zentrale Ausdruck eines Baumes, sie definieren seinen Charakter. Alle Bäume haben Blätter, ihre Form und Färbung jedoch sagt, welcher Familie sie angehören. Die Blätter stehen für die alten Künstlerfamilien.

Der *Dolch* stößt in die Mitte. Um das zu erreichen, muß eine sichere Hand ihn führen, sonst gerät er außer Kontrolle.

Der *Tisch* ist der Mittelpunkt einer Familie oder eines Freundeskreises, um den herum man sitzt und ein gutes Essen genießt. Ob rund oder eckig, er zentriert die Menschengruppe. Menschen, die sich nicht mögen, sitzen ungern an einem Tisch beisammen, es ist zu eng, zu nahe. Wer mit anderen vertrauensvoll um einen Tisch sitzt, genießt deren Anerkennung. Das gilt besonders für den jungen Künstler, dessen Privileg sich darin ausdrückt, daß er ernstgenommen wird und mit älteren Kollegen an einem Tisch sitzt.

Die *Fahne* kündigt wie in unserer Schlösser- und Burgentradition die Anwesenheit des Königs oder Fürsten an. In der Kunst heißt es: Hier wohnt ein Meister seines Fachs. Um seine künstlerische Fahne zu hissen, bedarf es der Selbstsicherheit, des Selbstvertrauens und der Gewißheit, sein Handwerk zu verstehen.

Mit jeder Mudra ist sehr viel indisches Hintergrundwissen verbunden, das wir aber nur dann einfließen lassen, wenn der Klient in seinen eigenen Erkenntnissen, in seinem eigenen Tun blockiert ist. Es ist vollkommen in Ordnung, wenn ein Klient ein Symbol völlig anders versteht, wie zum Beispiel eine Sängerin, die die Fahne als Imaginationssymbol wählte und sagte: „Ich hisse ein sauberes Taschentuch, weil ich jetzt nicht mehr dauernd durch Erkältung indisponiert bin."

So phantastisch das Mudra-Wissen ist – es sollte nicht dazu verleiten, dieses Wissen im Rahmen der Balance zu lehren, denn in der Kinesiologie geben wir nur Impulse, vermitteln aber kein noch so schönes Weltbild. In einem musikkinesiologischen Kurs, in dem die Handhabung von Karten-Hilfsmitteln jeder Art erklärt wird, ist es indessen angebracht, auf nähere Details und Quelleninformationen einzugehen.

Wir nutzen, wie schon erwähnt, die Mudras als Schlüssel zur kollektiven Kraft, die in den Symbolen gespeichert ist. Diese Haltung entspricht genau der Handwerks-Mudra: Wir beherrschen unser Handwerk, wodurch unsere Erdung gesichert ist, und konzentrieren uns auf den aktuellen schöpferischen Prozeß.

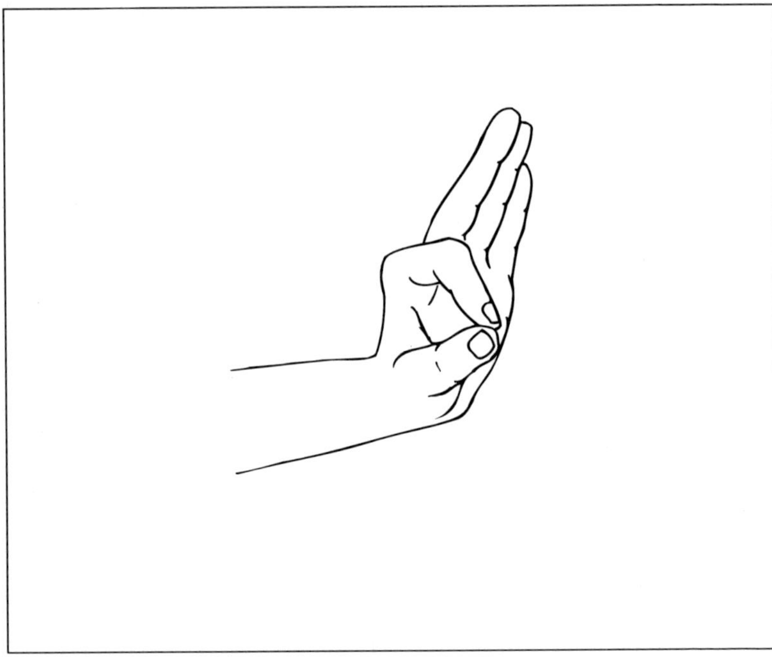

Gehen wir auf eine weitere Mudra ein: Nr. 9 - Mudra des freudigen Ausdrucks:

Diese Handgeste kennen wir alle; wir benutzen sie, um etwas Delikates, etwas Feines, Positives und Besonderes auszudrücken. In der Kinesiologie bedeutet der Fingermodus „Zeigefinger berührt Daumen" die Strukturanzeige auf der Körperebene (Muskeln testen schwach) sowie die Fixierung des Themas Schwarz (Dunkelheit) und Weiß (Licht). Auch dem Nicht-Kinesiologen wird klar, daß es sich hier um Strukturelemente des Körpers handelt, um die Basis unserer physischen Existenz.

In der Mudra-Lehre vermittelt diese Handgeste den Zugang zu Humor, Genuß und Lebensfreude, die ebenfalls zu den Basiskräften der Kunst gehören. Indien, das so viele Asketen hervorgebracht hat, hat in seinen Musiklehrbüchern immer wieder betont, daß Askese in der Kunst zur Austrocknung der Inspiration führe. Ein gutes Beispiel dafür sind die indischen Tempelfiguren und Götterstatuen mit ihrer Körperfülle und ihren Rundungen, die dem Betrachter sofort ins Auge springen. Dieser Formenreichtum aber ist kein Zufall: Spiritualität in Religion und Kunst - beide werden übrigens als Einheit verstanden - drückt sich in der Ganzheit und Fülle aus, die nur durch Freude gelebt werden kann. Kommt dann ein in sein Werk verbissener Künstler in Berührung mit dieser Mudra, schaut sie an beziehungsweise führt sie aus, kann es geschehen, daß er spontan aus seinem Schneckenhaus herauskommt und die Welt mit ihren Freuden wieder wahrnimmt.

Die dritte Affirmation „Meine Stimme gleicht einer Girlande von Jasminblüten" will dreierlei anregen: zum einen die Leichtigkeit des Gesangs, zum anderen die Girlande als Sinnbild von Fröhlichkeit, zum dritten den Geruchssinn. Jasmin duftet bekanntlich sehr intensiv. Dahinter steht, daß der Musiker, anstatt seine Melodien lustlos dahinplätschern zu lassen, seine Musik intensiv riechen soll. Um aber riechen zu können, muß eingeatmet werden, das heißt, auch die wichtige Rolle der Atmung wird hier angesprochen. Jasminblüten sind strahlend weiß und klein, sie sind ein Ausdruck für Intensität und Konzentration, was sich in diesem Bild so treffend widerspiegelt.

Die Imaginationssymbole Girlande, Perlenkette, Fest und Singen sind allesamt Sinnbilder für Freude, Lebensbejahung, Körperlichkeit. Wer eine Perlenkette trägt, läuft mit Sicherheit nicht in Sack und Asche herum, sondern reinigt sich, kleidet sich schön und schmückt sich. Sie ist sozusagen das I-Tüpfelchen einer Gala-Garderobe. Keine Frage, daß die Perlen (=Kunst) echt sein müssen. Man versucht in der Kunst niemals, durch äußeren Schein zu blenden; ein echter Künstler hat das nicht nötig. Man muß die Perlenkette einer Dame nicht erst in die Hand nehmen, um sich von ihrer Echtheit zu überzeugen, denn dies ist eine Selbstverständlichkeit. In diesem Sinnbild liegt der gesunde Stolz in der Haltung des Künstlers. Schon im alten Indien hieß es: Wer für seine Kunst wirbt, hat es nötig. Auf die Perlenkette übertragen heißt das: Wer laut tönt: „Schau, ich trage echte Perlen, ich bin ein echter Künstler", dem fehlen wichtige Voraussetzungen.

Auch die 8. Mudra (Mudra des rhythmischen Ausdrucks) erscheint oft in musikkinesiologischen Balancen. Von den Kindern, die nicht das Glück haben, eine phantasievolle musikalische Früherziehung zu genießen, leiden viele unter einem mangelnden rhythmischen Körpergefühl. Sobald Kinder den Kindergarten verlassen, singen und tanzen die meisten von ihnen kaum noch, und jene, die ein Instrument lernen, tun dies meist in völliger körperlicher Starre. Musiklehrer, die in der Schule die Kinder zu ihrer Musik tanzen lassen, sind äußerst rar und unterrichten freiwillig mehr, als der Lehrplan fordert; zudem reicht eine Dreiviertelstunde Unterricht gerade dafür aus, die Hausaufgabe anzuhören, Fehler zu besprechen und das neue Stück anzugehen. In diesem öden Kreislauf aber erstirbt jedes Gefühl für Spaß an der Bewegung und am Atmen, und folglich lernen die wenigsten Kinder den Zusammenhang von Musik und Körpergefühl kennen. Später als Erwachsene lehnen sie die Einheit von Tanz und Musik dann ab, vor allem die männlichen Musiker tun sich schwer damit. Es ist also kein Zufall, daß viele Musiker trotz eisernen Übens unrhythmisch sind, denn ihre linke und rechte Gehirnhälfte arbeiten getrennt und finden selten zu einer Ausgewogenheit.

Daß der Körper ein schwerfälliges Instrument ist, wußte man schon im alten Indien. Anstatt jedoch den jungen Künstlern mehr Übung zu verordnen, wurden sie dazu erzogen, die Natur zu beobachten. Das auffälligste Beispiel für eine harmonische rhythmische Bewegung ist der harmonische Flügelschlag des Vogels, der durch das Fliegen die Erdenschwere überwindet - daher rührt auch die poetische Affirmation „Die Schnelligkeit in der Musik ist wie der natürliche Flügelschlag eines Vogels“. Bisher haben wir keinen Musiker erlebt, der nicht von diesem Bild angetan war und sagte: „Ja, so wäre es am schönsten - so natürlich und ohne Anstrengung.“

Wer allerdings näher mit Vögeln zu tun hat, wird wissen, daß diese Leichtigkeit des Fliegens eine enorme Kraftanstrengung bedeutet. Zahllose Bedingungen müssen erfüllt sein, damit der Vogel auch nur einen Flügelschlag ausführen kann, damit er durch die Luft gleiten kann und nicht wie ein Stück Blei zu Boden fällt.

Eine weitere positive Botschaft dieser Affirmation steckt in dem Wort „Schnelligkeit“, denn schon sehr bald versteht ein Musiker die Schnelligkeit seiner Finger oder der Stimme als das einzig wichtige Aushängeschild seiner Professionalität. Diese Verarmung des Verständnisses von Virtuosität macht denn auch vielen Interpreten emotional zu schaffen.

Die dritte Affirmation „Wenn ich musiziere, vertraue ich auf meinen tiefen Atem“ bedeutet für die meisten Musiker großen Streß. „Luft ist etwas für Sänger und Bläser“ ist eine häufige Meinung auch dann, wenn der Atem gepreßt, gestaut, hektisch und unregelmäßig am Puls der Musik vorbeihastet. In Indien gehört eine gründliche Atemschulung in allen möglichen Variationen zur Grundausbildung jedes Künstlers, einerlei, ob er Bronze gießt, malt, tanzt oder ein Instrument spielt. Wenn diese Mudra-Affirmation in einer kinesiologischen Balance anzeigt, unterweisen wir den Musiker im Anschluß an die Balance immer im Tiefatmen, da die meisten gar nicht wissen, was das ist. (Im Übungsteil dieses Buches gehen wir auf Seite 284 noch ausführlich auf die Atmung ein.)

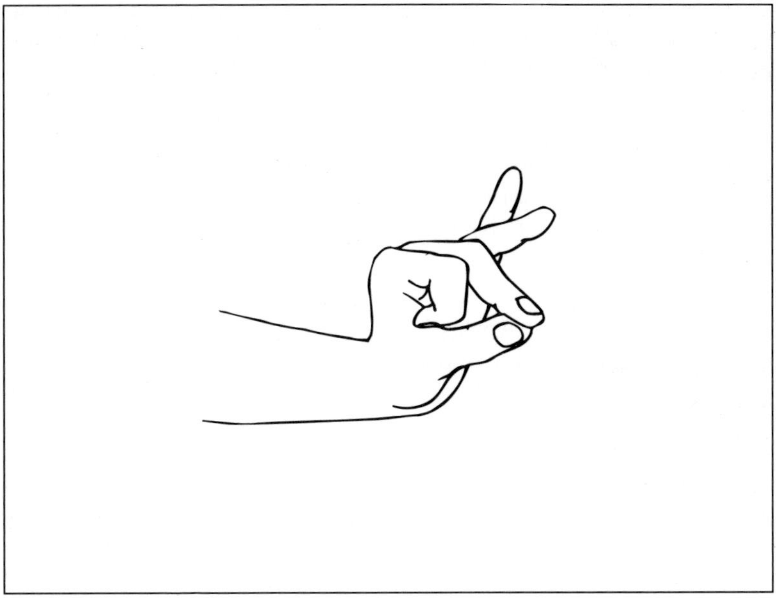

Beim Einnehmen dieser Handhaltung, dem anschließenden Öffnen der Hand und dem erneuten Einnehmen stolpern die meisten Klienten über den eingerollten Zeigefinger. Da eine Mudra immer mit beiden Händen ausgeführt wird, kommt es häufig vor, daß die rechte Hand funktioniert, während die linke noch die Finger sortiert. Das führt dazu, daß die Bewegungen beider Hände völlig unrhythmisch werden. Wenn wir den Klienten ermuntern, die Mudra rhythmisch auszuführen, scheitern die ersten Versuche meist daran, daß er versucht, mit allen Fingern gleichzeitig die richtige Position einzunehmen. Diese Schwierigkeit rührt daher, daß wir im Westen auch bei den kleinsten Dingen so daran gewöhnt sind, Leistung zu beweisen, daß uns jeglicher Blick für eine pulsierende Reihenfolge, für den Atem einer Sache fehlt. Deshalb erkennen wir meist auch nicht, daß es sich bei dieser Mudra um zwei aufeinanderfolgende Bewegungen handelt, nämlich zuerst den Zeigefinger einrollen, um dann Daumen und Mittelfinger zueinanderzuführen, und dies mit beiden Händen gleichzeitig.

Wir zeigen dem Klienten jedoch niemals, wie er es machen soll, sondern er muß selbst darauf kommen, damit es *seine* Erfahrung ist. Wir erinnern uns einiger Musiker, die schier verzweifelten, weil sie einfach keinen Rhythmus in die Mudra-Bewegung brachten und dem Tester mitunter viel Geduld abverlangten. Wir wissen aber, daß keine Erfahrung abgekürzt oder vereinfacht werden kann. Wenn der Klient die Mudra dann schließlich mit beiden Händen sanft und rhythmisch ausführt, ist es ein befreiendes und großartiges Gefühl, das wir durch eigene Ungeduld nur schmälern würden.

Noch etwas steckt in dieser Mudra: Da sie aus zwei Bewegungen besteht, gilt die eine für das Einatmen, die andere für das Ausatmen; wir können wählen, welche Atemphase wir dem eingerollten Zeigefinger und welche wir dem Daumen und Mittelfinger geben. Das klingt sehr einfach und ist es auch, aber die meisten tun sich schwer, die Mudra atmend auszuführen. Auch dies zeigt, daß wir in der Regel vollständig von unserem Atem „abgekoppelt" sind. Es erscheint einleuchtend, daß es weitreichende Konsequenzen hat, wenn ein Mensch Atem und Kunst gleichzeitig erlebt und daß es im Grunde widersinnig ist, wenn ein Mensch einmal pro Woche zum Atemtherapeuten geht, um richtig atmen zu lernen. Da bei uns die Atemschulungen getrennt vom Alltag stattfinden, erscheint es nicht verwunderlich, daß viele junge Musiker vehemente Probleme damit haben.

Kommen wir nun zu einer weiteren Mudra, die den Kinesiologen als Fingermodus bekannt ist; es ist die Nr. 6 – Mudra des emotionalen Ausdrucks:

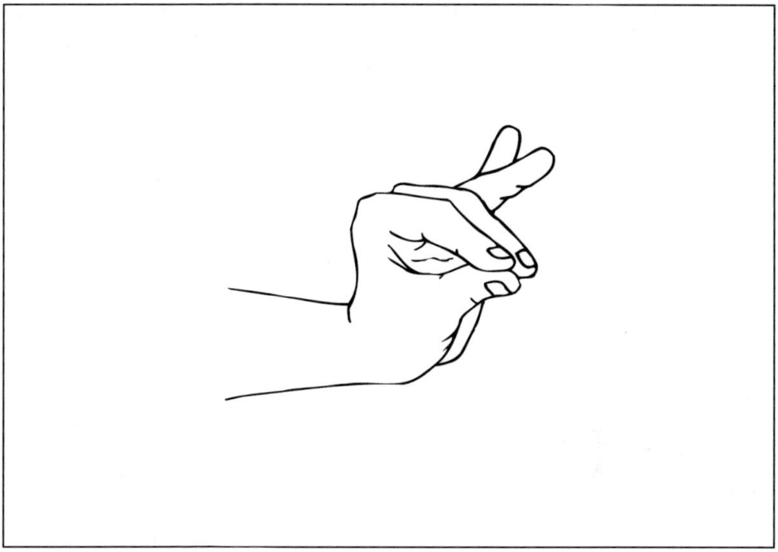

In der Kinesiologie zeigt dieser Fingermodus die Struktur-Funktionsfaktoren an, das heißt physiognomische Körpermerkmale, dabei vor allem die des Kopfes. Ob wir wollen oder nicht - wir reagieren spontan emotional auf eine Hakennase, schmale oder wulstige Lippen, große Iriden, breite Kinnladen oder auf ein schmales Gesicht. Damit muß kein Streß verbunden sein, aber wir reagieren dennoch darauf, denn alle diese und noch unzählige andere körperliche Merkmale nehmen wir als Säugling und Kleinkind wahr und speichern sie mit den damit zusammenhängenden emotionalen Erlebnissen. Hatte eine liebenswerte Tante eine Hakennase, wird das Kind später mit diesem Struktur-Funktionsfaktor kaum Probleme haben.

Wie der Begriff schon sagt, verbindet sich mit einer bestimmten Struktur oder Form auch eine bestimmte Dynamik, die davon abhängig ist, wie die Struktur funktioniert, wie sie sich nach außen offenbart. Dieses Funktionieren erleben wir hauptsächlich emotional, ehe wir mental damit umgehen. So kann uns jemand tausend Beispiele für die Vorzüge großer Augen geben - wenn wir ein negatives Erlebnis damit verbinden, helfen auch die schönsten Augen nicht, uns zu überzeugen.

Indien und China waren immer die Kulturen mit der ausgeprägtesten Physiognomielehre, und diese Mudra ist ein vorzügliches Beispiel für den Weitblick der alten Inder. Sie zwingt dazu, nachzudenken, ob das Öffnen der drei Finger wichtig ist oder das Schließen. Wenn ein Klient sie ausführt, wird er in der Regel sagen, das sei egal, beides sei wichtig. Genauso ist die Mudra gemeint, denn sie steht für eine ausgewogene Emotion: Spannung = Schließen, Entspannung = Öffnen der Finger. Darin liegt Weite des Geistes.

Die erste Affirmation „Meine Kunst ist wie das sanfte Spannen eines Bogens" betont die Sanftheit in der Spannung. Wer einmal einen Bogen gespannt hat, weiß, wie ungeheuer stark der Zug ist, weshalb wir ihn auch meist mit Kraft reißen und damit schon vom Ziel entfernt sind.

„Meine Sprache ist wie eine Perlenkette, die Worte reihen sich mühelos aneinander" ist nicht nur ein Thema für Schauspieler. Gemeint ist jegliche künstlerische Sprache, die mühelos eine Bewegung an die andere reiht. Diese Mühelosigkeit spiegelt sich in der Mudra wider.

„Ich kann meine Emotionen künstlerisch ausdrücken" ist die dritte Affirmation, die bei vielen streßbesetzt ist, weil wir in unserer Sprache „Du bist so emotional" sagen und damit einen Makel ausdrücken. Vor allem Frauen wird zugeschrieben, emotional zu reagieren, ohne Intellekt, ohne Sinn und Verstand, und ihren Emotionen freien Lauf zu lassen. Besser als mit solchen Phrasen könnten wir unseren Streß im Hinblick auf Emotionen gar nicht ausdrücken. Emotional zu sein wird mit Sich-gehen-Lassen gleichgesetzt. Wenn eine Frau emotional wird und weint oder lacht, wird dies von vielen Menschen als „typisch Frau" gewertet, als sei es etwas Anstößiges. Jungen und Männern dagegen wird beigebracht, das Weinen sehr schnell zu verlernen, denn es paßt nicht zu einem Bild von Männlichkeit, das gleichgesetzt wird mit Kraft und Unnahbarkeit.

Vor allem bei Musikern erleben wir bei dieser Mudra-Affirmation meistens eine hundertprozentige Streßanzeige. Wir gehen dann behutsam vor, indem wir die Affirmation abwandeln in die Grade:
Ich erlaube mir, meine Emotionen künstlerisch auszudrücken.
Ich darf meine Emotionen künstlerisch ausdrücken.

Ich kann meine Emotionen künstlerisch ausdrücken.
Ich drücke meine Emotionen künstlerisch aus.

Wenn der Musiker dabei die Mudra ausführt, sieht man deutlich den Prozeß des verkrampften Betonens der einen oder anderen Bewegung, bis sie zum beinahe tänzerischen Öffnen und Schließen der Finger führt, sobald er tatsächlich bereit ist, seine Emotionen in seiner Kunst auszudrücken.

Kommen wir zu den Imaginationssymbolen dieser Mudra, die oft zu Heiterkeitsausbrüchen führen. Zum besseren Verständnis sei gesagt, daß schon die alten Inder größten Wert auf die Verbindung von Kunst und Düften legten. Der Geruchssinn spielt bei ihnen für die Wahrnehmung von Schönheit eine enorme Rolle, weshalb Musiker in Indien sich bis auf den heutigen Tag von einem speziellen „Duft-Astrologen“, der in der Regel auch ein Kenner von Metallen und Edelsteinen ist, das richtige Parfüm bestimmen lassen. Es soll ihnen helfen, die künstlerischen Emotionen so genau und weit wie möglich auszudrücken. Bezeichnenderweise sind diese Parfüms für unsere Nasen extrem intensiv, da sie weit reichen sollen, und dies nicht, um andere zu benebeln, sondern um sie aufzufordern, ebenfalls ihr Riechorgan einzusetzen und den Künstler als Duft wahrzunehmen. So ist denn auch jeder Künstler in Indien an seinem Parfüm zu erkennen.

Abschließend möchten wir eine Mudra vorstellen, die in der musikkinesiologischen Balance sehr beliebt ist, die 7. Mudra des ganzheitlichen Ausdrucks (siehe Abbildung Seite 204).

Selbst jüngste Musiker assoziieren mit dieser Handgeste ein Flugzeug oder etwas, das sich schnell nach vorne bewegt. Die Dynamik ist offensichtlich. Zeige-, Mittel- und Ringfinger bilden gleichsam einen breiten Pfeil, eine solide Tragfläche; der kleine Finger ist das Höhenruder, der seitlich angelegte Daumen gibt der Mudra Halt und Sicherheit. Das Thema der Mudra, Aufbruch – Entdeckung, wird ebenfalls schnell erkannt, denn ein Flugzeug steht für Aufbruch in ein neues Zeitalter, weil es die Gravitation der Erde besiegt. Es ermöglicht uns, andere Länder, Kulturen, Menschen, Tiere und Pflanzen zu entdecken.

Die alten Inder waren in der Wahl dieser Mudra geradezu hinterlistig, denn obwohl die Handgeste zielgerichtet ist, fragt sie

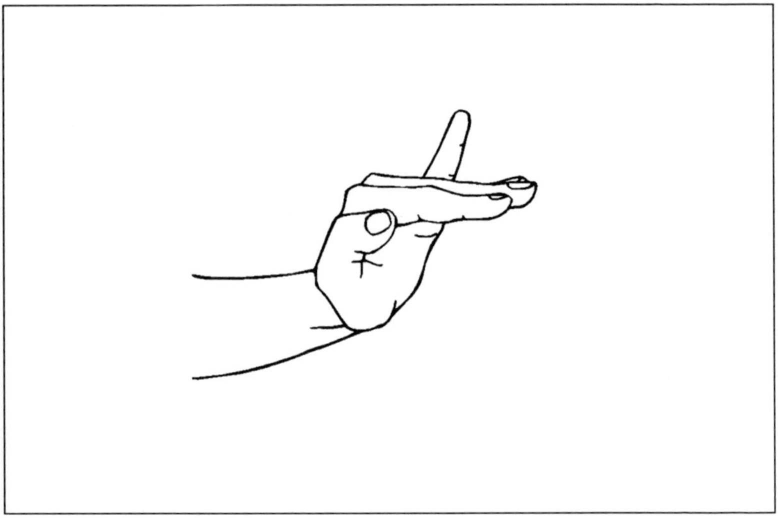

sofort: Wohin geht denn die Reise, was ist das Ziel deiner Kunst? Das Ziel wird in der Mudra nicht gezeigt, weil es kein weltliches, materielles ist. Die Mudra selbst steht für ein gesundes Ego, das heißt für ein unterscheidendes Bewußtsein. Das hohe Ziel ist jedoch, das „Lied in allen Dingen“, das wahre, ewige, unsterbliche Wesen in uns, in allen Lebewesen zu entdecken. Die Reise geht nach innen, ins eigene Selbst, was zweifellos das größte Abenteuer des Menschen ist. Die Affirmation „Meine Kunst ist die Brücke zwischen Ego und wahrem Wesen“ könnte diese Entdeckungsreise nicht schöner kennzeichnen.

In den ältesten Yoga-Schriften der Inder wird die Kunst als leichtester Weg zum wahren Selbst genannt, weil der Künstler als Medium, als Mittler zwischen Erde und Himmel verstanden wird, der durch seine Musik oder Kunst die Wahrnehmung erhöht und den Klang zu einem erhebenden Erlebnis transformiert. Indische Musiker legen auch heute noch größten Wert darauf, höher als das Publikum zu sitzen. Unser Verständnis für die Bühne ist reduziert auf die Idee, man könne besser sehen, wenn die Künstler erhöht stehen oder sitzen. Das ist zweifellos richtig, aber das ist noch nicht alles. Der Blickkontakt ist zwar sehr wichtig, viel wichtiger aber ist die innere, geistige Erhöhung, die der Musiker durch seine Kunst und das Publikum durch den Ausdruck des Künstlers erlebt.

Auch die Imaginationssymbole dieser Mudra sind sehr aufschlußreich: Die *Brücke* verbindet Orte und Energien. Wenn der Künstler sich als Brücke empfindet, steht nicht sein Ego im Vordergrund, sondern seine höhere Berufung.

Wenn wir *essen*, nehmen die Speisen eine bestimmte Richtung, nämlich in den Mund und dann in den Magen hinein. Erst danach, wenn die Verdauung, die Assimilation der materiellen Nahrung beginnt, kommt die Qualität des Essens zur Geltung. Im Körper findet die Transformation statt - wieder eine Art Brücke vom Groben zum Feineren.

Das *Geschenk* ist wohl das deutlichste Symbol für Ganzheit, denn es richtet sich an einen anderen Menschen, bei dem das Geschenk eine positive Resonanz auslöst. Der Musiker lernt, seine Kunst als Geschenk zu begreifen, das mehr als einen materiellen Wert besitzt. Wenn man so will, ist das Geschenk die Brücke zwischen zwei emotionalen Standorten.

Wann immer das *Versteck* als Symbol bei der Balance anzeigt, sorgt es für Heiterkeit, da man spontan ein Versteck mit kindlichem Spiel oder mit einem Ausdruck von Angst und mangelndem Selbstvertrauen assoziiert. Doch das Unterbewußtsein reagiert durch einen stark testenden Muskel sehr klug und weise auf die wirklichen Bedürfnisse, die das Oberflächenbewußtsein nicht zugibt oder wahrnimmt. Das Versteck hat eine große Dynamik, eine starke Zielrichtung nach innen. Sich zu verstecken heißt, von außen nach innen zu gehen.

„Wie sieht denn dein Versteck aus?" fragen wir dann den Klienten - und welche Überraschung erlebt er, wenn er eine behagliche Höhle beschreibt, ein anderer sein Schlafzimmer mit den gemütlichsten Accessoires schildert, oder wenn sich ein Musiker unter einem Baumblatt wohlig zusammenkuschelt. Was ist denn ein Versteck auch anderes als ein Hort der Sicherheit! Vielen Musikern fällt es wie Schuppen von den Augen, wenn sie erkennen: Ich muß mich gar nicht auf der Bühne entblößen, nackt und verletzlich dastehen. Ich kann mir einen Hort der Sicherheit und Geborgenheit erschaffen, in dem ich neue Kräfte „auftanke", mich ausruhe, faul sein darf und mich bequem und ungesehen von der Außenwelt zurückziehe.

Wenngleich es interessant ist, die Mudras aus diesem, zum Teil indisch geprägten Blickwinkel zu betrachten und zu deuten, so sollten daraus niemals Vorgaben entspringen, wie etwas zu sein oder wie der Klient etwas zu verstehen habe. Deshalb beschränken wir uns auf diese wenigen Beispiele, um dem Leser, dem Musiker und dem Kinesiologen genügend Freiraum für eigene Erkenntnisse und Kreativität im Umgang mit Mudras zu lassen. Die Mudras sind zwar in Indien entstanden, aber sie vermitteln allgemeingültige menschliche Energien im künstlerischen Ausdruck.

Kapitel 7
Bühnen-Energetik

Die Situation auf der Bühne wird vor allem von dem Zusammentreffen großer Energien bestimmt. Bühnenängste und -probleme sind energetische Probleme. Der Musiker sollte sensitiv sein, um sich der Musik zu öffnen und gleichzeitig Energie auf das Publikum auszustrahlen. Die meisten sensitiven Musiker ziehen zwar die Energie des Publikums an, können jedoch damit nicht umgehen und bauen so Angst- und Verdrängungsmechanismen auf.

Musiker und Publikum sind für die Dauer des Konzerts oder der musikalischen Darbietung einem enormen *Energiefeld* ausgesetzt, das ständig zwischen Bühne und Publikum hin- und herbrandet. Der Zuschauer produziert durch seine freudige Erwartungshaltung Energie, die sich entsprechend der Zuschauermenge potenziert. Auch der Musiker ist in Erwartungshaltung und durch die Adrenalinausschüttung ebenfalls energetisch aufgeladen. Betritt er die Bühne, stoßen die beiden Energiepotentiale aufeinander. In Bruchteilen von Sekunden orten die Sensoren des Musikers die „Stimmung" im Saal, während die Sensoren des Publikums erfassen, in welcher inneren Verfassung sich der oder die Musiker befinden. Von Anfang an hat das Publikum eine instinktive Wahrnehmung von dem, was „herüberkommt", und ob das viel oder wenig ist. Die Atmosphäre ist gespannt, sie entspannt sich erst durch die Musik selbst. In diesem erhöhten Energiefeld will der Musiker in Höchstform sein und bleiben und seine Musiksprache entfalten. Es ist sein innigster Wunsch, die Lauschenden vor ihm mögen seine Musik verstehen und lieben. Im Idealfall sagen die Zuhörer auch: „Dieser Musiker hatte uns etwas zu sagen." Anders ausgedrückt heißt das, eine musikalische Sprache konnte sich frei entfalten und wurde mit Herz und Sinn gehört. Es entsteht das Gefühl des Erhobenseins auf beiden Seiten.

In diesem Idealfall hat der Zuhörer das Gefühl, aktiv an dem schöpferischen Prozeß teilgenommen zu haben. Er hat sich dem Künstler anvertraut, ist allen dramatischen und stillen Momenten innerlich gefolgt, hat mit ihm geatmet, gelitten, vielleicht sogar Tränen der Ergriffenheit unterdrückt (im westlichen Konzertsaal weint man leider nicht!), oder es trug ihn eine große Heiterkeit durch die Musik. Die Sensorien des Musikers nehmen dies alles wahr und reagieren spontan darauf, es kommt zu einem „Zwiegespräch" zwischen Musiker und Zuhörer, das nicht über den Verstand läuft, sondern über die intuitiven Kräfte des Menschen. In solchen Glücksmomenten verliert sich das Gefühl von Raum und Zeit; in einem solchen Konzert hat der Musiker dankbar die ihm zur Verfügung gestellte Energie des Publikums für seinen schöpferischen Akt genutzt, und das Publikum hat die Musikbotschaft dankbar in Empfang genommen. Immer dann, wenn dieser Kreislauf des Gebens (Musiker) und Nehmens (Publikum) in Gang kommt, spielt das Lampenfieber kaum eine Rolle, sondern erzeugt allenfalls ein gesundes Maß an Streß, das wir zum Musizieren und ganz allgemein im Leben brauchen. Um den energetischen Austausch zwischen Musiker und Zuhörern besser zu verstehen, hilft es, die östlichen Lehren von den feinstofflichen Hüllen, Körpern oder Emanationen des Menschen einzubeziehen.

Die Energiekörper in ihrer verschiedenen Dichte

Die Zeichnung veranschaulicht die verschiedenen Energiekörper des Menschen. Die feinen Energiekanäle der Meridiane strahlen bis etwa fünf bis zehn Zentimeter weit vom Körper ab und bilden den sogenannten *Ätherkörper* oder die physische Aura, wie sie in der Kirlianfotografie sichtbar gemacht wird; diese Methode ist bestens geeignet, um Schwachpunkte im physischen Energiehaushalt aufzudecken. Der Bereich der Meridianenergie betrifft unser körperliches Selbst.

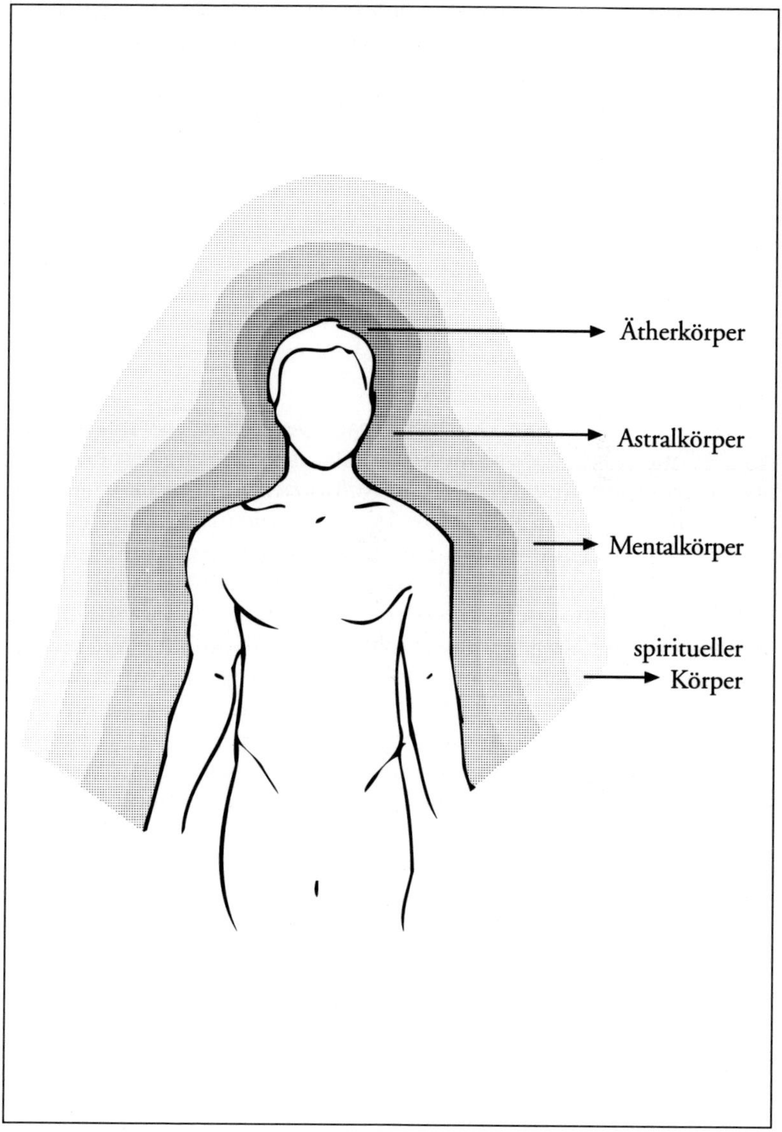
Ätherkörper
Astralkörper
Mentalkörper
spiritueller Körper

Aber schon mit unseren Gefühlen verlassen wir das Grobstoffliche und Gegenständliche. Nach den östlichen Lehren geht die physische Aura in die feinere Hülle der Emotionalaura über, die auch *Astralkörper* genannt wird. Die körperliche Hülle ist eine feste und dichte Energie, die astrale oder emotionale Hülle ist schon beweglicher und feiner, sie schwingt schneller. Wie diese Energie wirkt, wird jedem klar, der einen Raum betritt, in dem vorher gestritten und gezankt wurde. Wir haben das Gefühl, die Luft sei zum Schneiden dick. Mit unserem emotionalen Körper, der genau wie der physische über Sensorien beziehungsweise Sinne verfügt, können wir sofort den emotionalen Zustand eines Raumes oder eines Menschen wahrnehmen.

Wir kommen zu einer weiteren, noch feineren Hülle, dem *Mentalkörper* oder Denkkörper. Unser Denken ist von noch feinerer Energie als die Emotionen, und alle drei Energiekörper korrespondieren miteinander. Jede Emotion bewirkt eine körperliche Reaktion. Ein Haßgefühl zieht den Solarplexus zusammen, ein Gefühl der Liebe dehnt ihn aus und bringt Entspannung. Durch negatives Denken können wir negative Emotionen in uns auslösen, die wiederum negative körperliche Zustände bewirken. Die Gesamtheit der Reaktionen macht unsere Persönlichkeit aus. Je nachdem, auf welcher Ebene wir den Schwerpunkt im Ausdruck unseres Selbst leben, betonen wir mehr die mentale oder emotionale Seite. Eine Person, die ihre drei Energiekörper in hohem Maße integriert und lebt, nennen wir eine große Persönlichkeit oder einen Menschen mit einer großen persönlichen „Ausstrahlung“. Ein stark intellektuell orientierter Mensch mag viel wissen, aber als große Persönlichkeit erscheint er uns nur dann, wenn er auch große emotionale Anziehungskraft besitzt, also magnetisch wirkt. Ein rein emotionaler Mensch wird uns nicht als „groß“ erscheinen, weil wir kein geistiges, mentales Lebensprinzip dahinter erkennen, es fehlen Gedankenkraft und Ideen. Deshalb ist es nötig, unsere Energien auf drei Ebenen zu schulen. Nur so erschaffen wir in uns ein vollendetes Ausdrucksmittel für die Musik, für die Kunst schlechthin.

Jede Erfahrung, die wir machen, wird in eine Gedankenhülle gekleidet und somit speicherungsfähig gemacht, im positiven wie im negativen Sinne. Nehmen wir folgendes Beispiel: Du hast als Kind gehört, eine schwarze Katze, die von rechts nach links über die Straße läuft, bringt Unglück. Dein ganzes Leben lang wirst du bei jeder schwarzen Katze daran erinnert. Oder du hast als Kind einmal auf der Bühne einen Blackout erlebt und konntest keinen Einstieg mehr in deine Musik finden. Wann immer du ähnliche Situationen erlebst, werden diese Angstgefühle reaktiviert.

Dazu kann noch eine Negativerfahrung von den Eltern kommen, die nicht viel Vertrauen in das musikalische Talent ihres Kindes gesetzt haben: „Ob die Kleine das schafft? Hoffentlich schafft sie es, aber ich zweifle daran..." All das kann dir passiert sein und wurde vielleicht sogar noch durch andere Erfahrungen verstärkt: Du warst negativ eingestimmt, mußtest vorspielen, hattest keine Lust dazu und hast versagt. So hat sich die Negativerfahrung weiter aufgebaut, denn eine Eigenschaft ist allen unseren Erfahrungen gemeinsam: *Gleiches zieht Gleiches an*.

Du umgibst dich mit Menschen, die dir ähnlich sind, die etwas in dir ansprechen. Gerade dann, wenn es dir unerklärlich ist, wieso du ausgerechnet mit *diesem* Menschen zu tun hast, kannst du bei dir selbst nachforschen: Was liegt in dir unbewußt vor, daß du diesen Menschen anziehst? Das betrifft natürlich besonders unsere Schattenseiten.

Die große Kunst besteht nun darin, solche Negativprogrammierungen rückgängig zu machen. Das braucht Geduld, da die negativen Muster meist seit langer Zeit bestehen und ins Unterbewußtsein verdrängt worden sind. Beobachte dich, wie oft du sagst „will ich nicht, glaube ich nicht, mag ich nicht", ohne zu prüfen, was an dem Neuen, das auf dich zukommt, Gutes ist. Gedanken sind Energien, die wir aussenden und die genau das zurückbringen, was wir ausgesendet haben. Der Volksmund sagt treffend: „Wie man in den Wald hineinruft, schallt es heraus." Durch die magnetische Anziehungskraft seiner Aura zieht der Musiker auf der Bühne gleiche Schwingungen an, das heißt, die Negativerfahrungen des Musikers ziehen negative Gedankeninhalte der Zuhörer an. Wie eine Mauer legen sich diese um ihn und schnüren ihm jede Energie ab.

Kunst bedeutet, energetisch gesehen, die Öffnung aller Energiekörper. Der Künstler öffnet sich für seine Musik, für sein Instrument und für sein Publikum – seine Mitmenschen –, und damit liegt sein Inneres bloß. Und genau hier liegt auch die wichtigste

Blockade, die Lampenfieber verursacht. Instinktiv spürt der gestreßte Musiker, daß er sich öffnen müßte, aber aufgrund seiner Negativmuster kann er sich nicht öffnen, hat Angst, der Zuschauer könnte etwas von dieser Disharmonie wahrnehmen. Nun, der Zuhörer muß kein Hellseher sein, um seinerseits instinktiv den psychischen Zustand des Musikers auf der Bühne zu erspüren. Die Folgen von Ungeduld, Langeweile oder Mißbehagen gehen somit zum Teil auf das Konto des Künstlers. Das negative Energiepotential bringt alles außer Kontrolle, Konzentration und Balance gehen verloren, und wir werden an die Situation von Goethes Zauberlehrling erinnert, der nicht wußte, wie die Energien in den Griff zu bekommen sind.

Eine weitere Variante für den Ausdruck eines unausgeglichenen Energiekörpers ist heute schon bei vielen jungen Musikern zu beobachten: die Überbetonung des Ego, der grobstofflichen Psyche, des Ja-Nein-Selbst und des dualistischen, linearen Denkens.

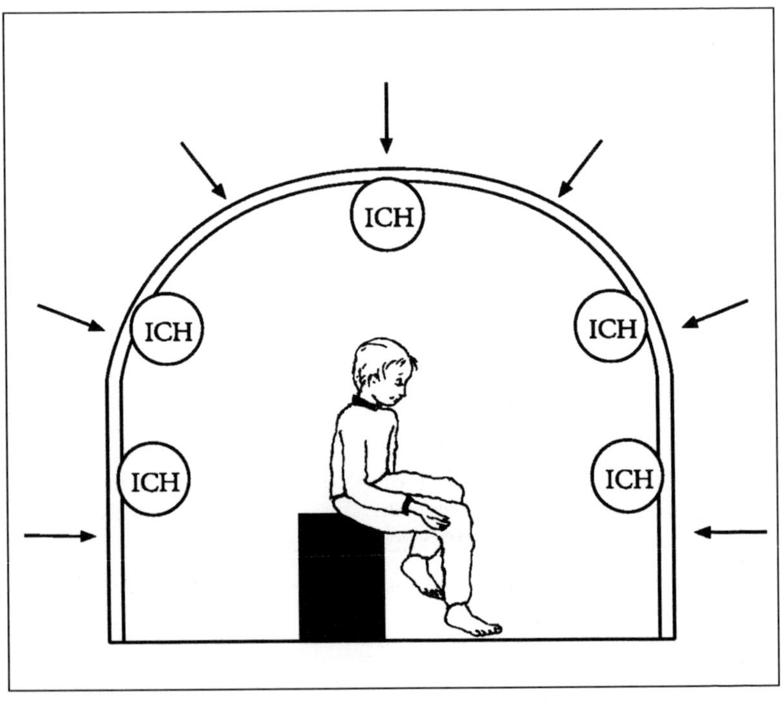

Hier tritt eine Kompensation negativer emotionaler Erfahrungen durch übersteigerte Selbstwertgefühle ein. Man stelle sich den Musiker vor, wie er lauter Gedankenformen um sich hat, die sagen: „Ich bin großartig." Wir sprechen hier von einem Gedankenmuster, das nur *vorgibt*, so zu sein, ohne daß es in der Tiefe seines Wesens wirklich so ist. Die Entlarvung solcher Kompensationsmuster folgt auf dem Fuße, denn, wie schon gesagt, wir ziehen das an, was wir aussenden.

Die Inspiration hat keine Möglichkeit, die Mauer der persönlichen Eitelkeit zu durchdringen und wird zurückgewiesen. Das gleiche geschieht auch bei einem sensiblen Musiker, wenn er negativ programmiert ist und deshalb keine Inspiration empfängt:

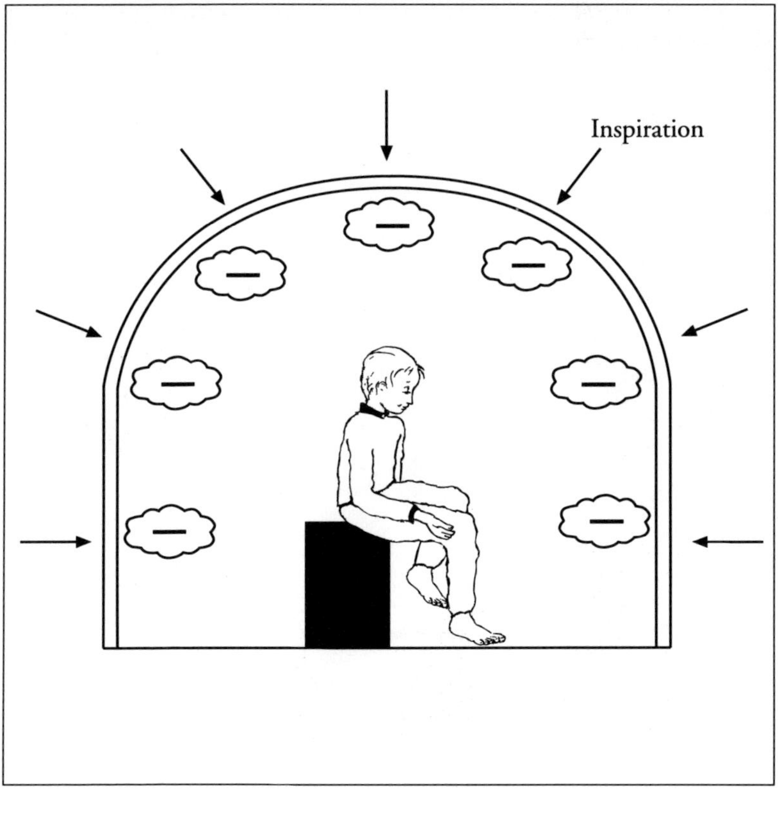

Hier hat der Musiker die persönliche Genugtuung, kein Lampenfieber zu haben und die Ego-Persönlichkeit seiner Zuhörer anzuregen. Dadurch wird zwar sein Selbstbewußtsein gestärkt, nicht aber seine spirituelle Musikerfahrung und auch nicht sein dreidimensionales Denken, ganz abgesehen davon, daß sich die Blokkaden, wenn nicht auf der Bühne, so doch in anderen Lebensbereichen bemerkbar machen. Was nicht erledigt, angeschaut, aufgelöst wird, reist immer mit uns; wir tragen unsere Probleme so lange mit uns herum, bis wir sie auflösen, oder besser, bis wir sie umwandeln.

In der Kunst geht es letztlich nicht darum, ein Feld für Selbstdarstellung und Selbsttherapie aufzubauen, auch wenn dies heute gang und gäbe ist und vom Musikmarketing sogar gefördert wird. Die Kunst lebt von der Inspiration des Über-Persönlichen, des höheren Selbst. Damit kommen wir in den seelisch-geistigen Bereich der Kunst. Öffnen wir unsere Kanäle, sprich unsere Energiekörper, dann spielen unsere privaten Probleme eine untergeordnete Rolle. Schauen wir jetzt noch einmal das verwandelte Bild an:

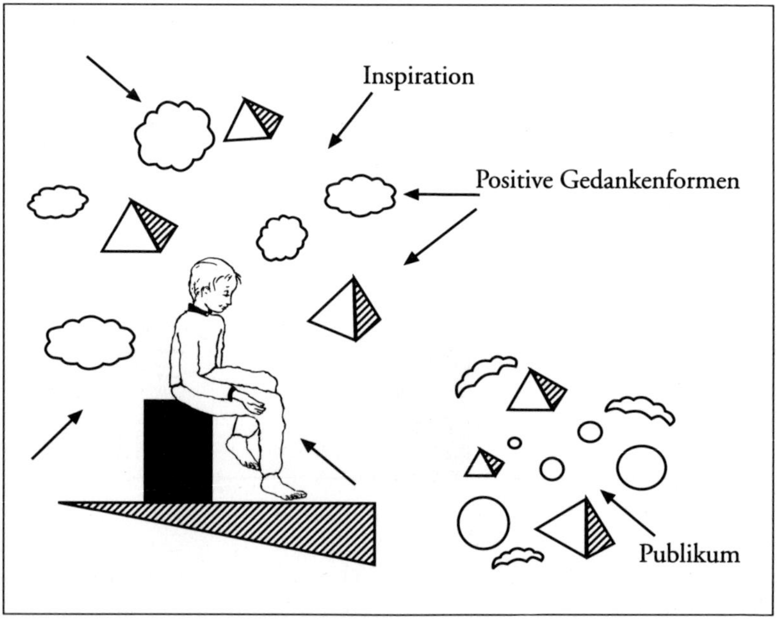

Der Musiker wirkt auf der Bühne, das Publikum sitzt erwartungsvoll da, die Einzelpersönlichkeit trifft auf das Kollektiv. Dies ist der Moment, in dem auch der erfahrene, berühmte, große Künstler noch Lampenfieber in verschiedenen Nuancen hat. Sobald aber der erste Ton erklingt, verschwindet es, denn die Inspiration, die Öffnung für das Höhere, das in der Musik schwingt, gewinnt Raum. Die ausgesendeten Gedankenformen des Musikers sind *Musik* und so stark, daß sie die konfusen Energien des Publikums ordnen und prägen – Seelenkraft berührt Seelenkraft.

Die Phänomene des Lampenfiebers

Das bekannteste Bühnenphänomen ist zweifellos das Lampenfieber. Die Musik-Kinesiologie mit ihren musik- und bühnenbezogenen Möglichkeiten zur Entstressung versucht, Wege aus dem Dilemma des Lampenfiebers zu weisen.

Die Erfahrung hat uns gelehrt, daß gerade das Lampenfieber mit seinen Dis-Streß-Erscheinungen so gut verdrängt, so gut versteckt wird, daß kaum ein Musiker, Schauspieler oder Tänzer auf die Idee kommt, es könne etwas nicht in Ordnung sein. Vergessen wir auch nicht, daß die Gesellschaft Künstlermarotten und „spleeniges" Verhalten sanktioniert hat und damit dem Streß des Künstlers Vorschub leistet. Andererseits war bisher der Gang zum Psychotherapeuten die einzige Alternative, wenn etwas „nicht in Ordnung" schien. Aber wieviele psychische Wracks gibt es aufgrund der häufigen Einnahme von Psychopharmaka, wie uns aus Orchestermusiker- und Wettbewerbskreisen bekannt ist, weil die wenigsten Psychotherapeuten sich mit den besonderen Zuständen des Künstlers auskennen. Da gibt es Orchestermusiker, die mit einer Pistole unter dem Kopfkissen schlafen, bereit, sich zu töten, wenn eine schwere Solostelle im Konzert nicht gelingt! Und es ist erschreckend, wie skrupellos Jugendlichen, die an Musikwettbewerben teilnehmen, Beta-Blocker und Psychopharmaka verschrieben und verabreicht werden. Doch weder Eltern noch Ärzte noch Apotheker finden das problematisch, wenn wir sie darauf ansprechen!

Was wir im Laufe von 15 Jahren an Wegen, Mitteln und Ritualen bei Musikern kennengelernt haben, um gegen das Lampenfieber anzukämpfen, würde ein eigenes, höchst deprimierendes Buch füllen. Wir lassen es bei der Feststellung, daß uns der Zustand jener bedauernswerten sensiblen Musikerkollegen, die - oft schon in jungen Jahren - aufgrund von Gedächtnisschwund, mentalen Krankheiten und Gliederzittern unter großem Lampenfieberstreß stehen, dazu bewogen hat, jede nur mögliche Nuance des Lampenfiebers wahr- und ernstzunehmen und Wege aus dem Teufelskreis zwischen Kunst und Droge anzubieten.

Jeder Kinesiologe, der mit Künstlern zum Thema „Lampenfieber" arbeitet, weiß, wie schwierig dies sein kann. Manche Musiker verschanzen ihre Ängste hinter Egozentrik oder betonter Ernsthaftigkeit. Das sind jene Musiker, die auf der Bühne wie versteinerte Gestalten wirken, keine Miene verziehen und damit kundtun, wie wichtig das ist, was sie tun, und wie unwichtig ihnen das Publikum ist. Für alle diese Zeichen verborgener, ernsthafter Nöte muß man einen sicheren Blick entwickeln. Meist sitzen die Probleme so tief nach unten verdrängt, daß gerade darstellende Künstler oft meinen, das Leben auf der Bühne müsse so sein, zumal es Lehrer gibt, die ihren Studenten keinen besseren Rat geben können als: „Damit muß man irgendwie zurechtkommen." Dieses „irgendwie" hat leider verheerende Folgen. Hinzu kommt schließlich auch noch, daß die Gesellschaft, das Kunst-Management und das Pseudo-Selbstverständnis vieler Künstler mit einem stressigen, launenhaften, egozentrischen Verhalten kokettieren, ganz so, als gehöre dies zur Kunst. Hier wirken enorm starke Verdrängungsmechanismen, und viele Jet-Set-Künstler haben den Streß zu ihrer zweiten Natur gemacht.

Wer mit Künstlern kinesiologisch arbeitet, sollte sich zwei Grundsätze vor Augen halten:

1. Ein Bühnenmensch lebt und wirkt in einer viel höheren Vibration beziehungsweise Spannung als andere Menschen. Dem kinesiologischen Therapeuten mag dieses Schwingungsniveau immer noch „leicht überdreht", „aufgedreht" oder „exaltiert" erscheinen, aber es kann für den Künstler gerade das richtige Spannungsverhältnis sein. Kunst lebt aus der Spannung von Geben und Nehmen, Innen und Außen. Daraus folgt:

2. Ein vollkommen entspannter Künstler auf der Bühne versagt ebenso wie ein gestreßter. Dies ist leicht zu verstehen, wenn man sich vergegenwärtigt, daß der einzelne Künstler energetisch auch mit einem x-fach großen Publikum arbeiten kann, also etwa 1:1000. In dem Maße, wie sich der Künstler für das ungeheure Energiepotential öffnet, wächst er über sich hinaus, er „speist" sich gewissermaßen energetisch aus dem Publikum. Hier liegt das Geheimnis für das Phänomen des energetischen „Abgehobenseins" nach einem gelungenen Konzert - trotz des enormen Kraftverbrauchs. Genau das strebt der Künstler an, denn das ist die Folge des Transzendierens von Kunst, Künstler und Zuschauer in einem gemeinsamen Prozeß.

Nehmen wir an, ein Musiker kommt zur Balance und konkretisiert sein Lampenfieber genau: „Wenn ich auf die Bühne komme, bin ich wie gelähmt. Wenn ich nicht in den Zuschauerraum schaue, ist es etwas besser, aber damit bin ich nicht zufrieden, denn als Künstler sollte ich in der Lage sein, ins Publikum zu schauen." Dieser Musiker beschreibt das Problem und das, was er ändern möchte. Er will nicht dauernd das Publikum anstarren. Aber wenn er den Blick vom Notenpult in den Zuschauerraum hebt, soll dies streßfrei geschehen. Wir gehen noch einen Schritt weiter und sprechen von einem inneren Augenkontakt, das heißt, das Publikum ist im Bewußtsein des Musikers.

Daß der Musiker etwas ändern möchte, ist die Grundvoraussetzung für eine partnerschaftliche kinesiologische Arbeit, denn kein Kinesiologe sollte unter einem Helfersyndrom oder Missionszwang leiden. Es ist also wichtig, daß der Musiker weiß, was er ändern möchte, so daß wir zum zweiten Schritt übergehen und eine Affirmation formulieren können, die für den Musiker das Problem auf den Punkt bringt, hier etwa: „Ich bin energiestark, wenn ich ins Publikum schaue." Nun testen wir diese Affirmation, aber auch die Negation „Ich bin nicht energiestark, wenn ich ins Publikum schaue". Der Hintergrund hierzu ist folgender:

Ein Streßproblem setzt sich immer zusammen aus unserer Wirkung nach außen und der Wirkung unserer Umgebung auf uns – wir haben also einen Kreislauf von innen nach außen und von außen nach innen. Ist eine Streßablösung erfolgreich abgeschlossen, sollte eben dieser Kreislauf zu hundert Prozent streßfrei sein, das heißt, der Musiker ist energiestark, wenn er ins Publikum schaut (innen → außen). Aber nehmen wir einmal an, ein Kollege des Musikers sagt: „Du warst doch immer schwach. Wieso sollte es dir denn jetzt nichts mehr ausmachen, ins Publikum zu schauen?!" Dieser Kollege steht für alle möglichen „Anfechtungen", denen wir ausgesetzt sind, und spiegelt unsere alten Muster wider (außen → innen).

Auch bei diesen musikkinesiologischen Balancen stellen wir höchste Anforderungen an uns, die Negation auf allen Ebenen hundertprozentig zu entstressen, und wenden viel Phantasie an, um den Musiker zu prüfen. Hierbei zahlt es sich natürlich aus, daß wir als Berufsmusiker die energetische Situation auf der Bühne in allen Variationen kennen und zugleich die Winkelzüge der Künstlerpsyche, die kraft ihrer Kreativität unter Streß dazu neigt, sich selbst zu betrügen beziehungsweise zu sabotieren.

Der Test der Affirmation und/oder Negation ergibt einen schwachen Muskel. Wir prüfen die negative Ladung (NEL) in Prozent, fragen, ob eine Altersrückführung nötig ist und sammeln mittels der Fingermodi (Mudras) alle Informationen, die bei dem Streßthema anzeigen. An dieser Stelle können nicht alle Möglichkeiten angeführt werden, da es keine Regel gibt, was anzeigen wird. Kinesiologische Arbeit ist eine rein subjektive Methode, die von einem Ist-Zustand ausgeht und sich vieler ganzheitlicher Hilfsmittel zur Entstressung bedient. Gehen wir deshalb zum besseren Verständnis eine Lampenfieber-Balance einmal systematisch durch:

Ein Musiker wird getestet und es ergibt sich die Anzeige einer Altersrückführung, das heißt, das sechste Lebensjahr zeigt mit 100 Prozent NEL (negative emotionale Ladung) an. Nehmen wir ferner an, als Information zum Problem erhalten wir das Wortpaar „optimistisch - unbewußt" aus dem Farb-Ton-Barometer bei der Farbe Grün und der Tonart F-Dur beziehungsweise dem Ton F. Vielleicht zeigt auch eine Mudra an.

Wir haben nun eine Sammlung von Informationen, die sich zunächst wie ein Sammelsurium ausnimmt, denn weder der Musiker noch der Tester erkennt spontan logische Zusammenhänge. Jetzt beginnt der Streßablösungsprozeß unter ESR durch Berührung der Stirnbeinhöcker (Aktivierung des Vorderhirns, der rechten Gehirnhälfte, der ZBAD) und des Hinterkopfes (Aktivierung des AIZ, des Sprachzentrums).

Zunächst lassen wir den Musiker seine Situation beschreiben. Er geht geistig in einen der vielen Momente hinein, in denen er auf die Bühne kam und sich beim Anblick des Publikums wie gelähmt fühlte. Er soll so genau wie möglich beschreiben, wie er sich dabei fühlt: physisch, emotional, mental. Hierbei werden keinerlei Schranken aufgestellt, der Klient darf alles sagen, was es ihn zu sagen drängt, auch wenn uns die bisweilen schroffe Reaktion („Ich fühle mich zum Kotzen“, „Ich könnte rasen vor Wut“ usw.) verwundern mag. Aber häufig ist dieser Moment das erste Mal, daß der Klient sich eingesteht, wie er sich wirklich fühlt.

Nachdem der Musiker seine Gefühle zu der Bühnensituation detailliert beschrieben hat, fragen wir ihn eingedenk der Testanzeige „6. Lebensjahr 100 Prozent NEL“, ob er sich erinnern kann, im Schulalter einmal eine ähnliche Situation erlebt zu haben. Der Musiker erinnert sich spontan an eine Familienfeier, bei der Onkel und Tanten anwesend sind und die Mutter den kleinen Jungen drängt, etwas auf dem Klavier vorzuspielen. Er aber hat keine Lust dazu. Er sitzt wie gelähmt am Flügel, schaut in die wartenden Gesichter und fängt an zu weinen. Die Mutter sagt: „Das macht doch nichts, du brauchst ja jetzt auch nicht zu spielen, wenn du nicht willst.“ Beim Rausgehen aus dem Wohnzimmer hört der kleine Junge, wie einer der Erwachsenen sagt: „Der hat doch schon einen Preis gewonnen und ist immer noch so zimperlich.“ Ärger und Scham über sich selbst sind zum Beispiel die Folge für das Kind.

Der Musiker findet sich mit seinem Problem in der damaligen Situation wieder, dem Beginn des Streßmusters. Wir geben ihm nun weitere Informationen, das heißt, wir nennen die ausgetesteten Barometerwörter. Zu jedem Wort fällt dem Musiker spontan eine kleine Geschichte ein, und allmählich erkennt er die Zusammenhänge seines Problems. In dieser Phase aktivieren wir alle Erfahrungen, die mit dem Thema zu tun haben.

Jetzt beginnt die eigentliche Streßablösung, indem wir den Musiker fragen, was er denn gerne bei sich ändern würde, um in der jeweiligen Situation, die wir aktiviert haben, energiestark zu sein. Hierbei ermuntern wir ihn, so kreativ und phantasievoll wie irgend möglich zu sein. Ein Dialog könnte sich folgendermaßen anhören:

Musiker: Ich müßte mich irgendwie schützen.
Tester: Wozu brauchst du den Schutz?
M.: Ich will nur bestimmte Schwingungen vom Publikum an mich herankommen lassen.
T.: Wie erschaffst du dir den Schutz?
M.: Ich baue einen Wall um mich herum.
T.: Gut, geh' ins Detail und spüre, wie du dich dabei fühlst.
M.: Ja, ist schon ganz gut, aber der Wall ist zu dick, er hält zuviel ab.
T.: Was änderst du?
M.: Die Wände sind porös, sie haben eine raffinierte Technik, sie lassen nur das durch, was ich will, alles andere bleibt draußen.
T.: Du stehst jetzt wieder auf der Bühne, wie fühlst du dich jetzt mit dem durchlässigen Wall?
M.: Super!
T.: Was möchtest du noch ändern?
M.: Ich möchte einfach mehr Kraft in mir spüren, da ist immer noch der Kloß im Hals, und die Arme sind lahm.
T.: Wie kannst du den Kloß auflösen?
M.: Geht nicht, ist zu hart.
T.: Erschaff dir die Mittel, ihn aufzulösen.
M.: Ja, ich hab's, ich nehme einen Hammer und zerschlage ihn.
T.: Wie fühlst du dich dabei, ist das optimal?
M.: Oh nein, das ist doch zu grob, ich weiche den Kloß in heißem Wasser ein.
T.: Und dann? Was passiert mit dem Schlamm oder Brei?
M.: Den schütte ich weg.
T.: Wohin?
M.: In den Gulli und gehe weg, erledigt!
T.: Fühlst du dich jetzt besser?
M.: Ja, jetzt ist es sehr gut, ich fühle mich erleichtert.
T.: Und wie ist es mit der Kraft?
M.: Prima!
T.: Ist die Kraft in deinen Füßen?
M.: Moment, nein, ach da muß sie ja auch sein...

Nun gehen wir jeden Körperteil durch und prüfen so, ob die Energie auch wirklich überall gespürt wird; wir verlassen uns nicht nur auf die Vorstellung von Kraft!
M.: Ja, jetzt fühle ich mich durch und durch energiestark.

Der Tester muß an diesem Prozeß immer beteiligt bleiben und genau mitverfolgen, wie der Klient alte Bilder durch neue ersetzt. Das ist sehr spannend, denn jedes Thema, das ein Klient zur Balance mitbringt, betrifft auch den Tester, da es um menschliche Themen geht. Mag sein, daß der graduelle Unterschied einmal sehr groß, ein andermal nur sehr gering ist; der Tester muß auch nicht jeden Streß persönlich erfahren haben – dennoch berührt uns jedes Thema in irgendeiner Weise. Besonders interessant ist, wie ein Musiker ein Problem kreativ löst, das dem Tester selbst vertraut ist.

Zum Ende der Streßablösung ist der Einsatz aller Sinne gefordert, das heißt, der Musiker prüft, wie sich die neue Situation vor seinem geistigen Auge ansieht, anhört, anfühlt, wie sie schmeckt, riecht usw. Je intensiver und ganzheitlicher er dies erlebt, um so energiestärker und tragfähiger ist die Balance. Hier ist vielleicht das Ergebnis, daß der Musiker als Essenz das Symbol eines grünen, energiedurchlässigen Schutzwalls wählt.

Während des gesamten Entstressungsprozesses spürt der Tester, ob beim Klienten Streßfelder aktiviert werden, denn sowohl am Hinterkopf als auch an der Stirn beginnen die kleineren Schädelteile regelrecht zu schwingen, oder der Streß zeigt sich in einem erhöhten Puls und Schweißausbruch unter den Stirnbeinhöckern. Sobald der Streß wirklich abgelöst ist und der Klient eine für sich optimale Lösung gefunden hat, kann er spüren, daß mit einem Mal Ruhe in seinem Kopf einkehrt und die neurovaskulären Punkte (Stirnbeinhöcker) deutlich abkühlen. Ist dieser Zustand erreicht, werden alle Informationen und Altersrückführungen noch einmal nachgetestet, wobei der Muskel jetzt stark bleiben sollte, vor allem im Hinblick auf das Ausgangsthema.

Die Phasen des Auftritts

Irgendwann erlebt jeder Musiker, daß er auf der Bühne nicht privat ist, daß sein Befinden jetzt ein ganz anderes ist als zu Hause oder in der Probe, kurz: daß jeder Auftritt ein Risiko, ein Abenteuer ist, ein Sprung in das Energiegemisch aus Leistung, Emotion und Musik. Dies übt eine große Anziehungskraft auf den Musiker aus, und man kann verstehen, daß er leidet, wenn er aufgrund von Problemen mit dem Auftreten immer weniger in der Lage ist, auf der Bühne das zu verwirklichen, was er wirklich kann. Schlimmer noch: Der Leistungsabfall nimmt zu, je öfter „Pannen" auf der Bühne passieren. Diese Frustration wächst in demselben Maße wie der Perfektionszwang. Hier steuert die perfekte Aufnahmetechnik mit ihren Mitteln zur Manipulation, das Marketing von Sound und Interpretation noch das ihrige bei, weil sie gnadenlos aufdeckt, was der Zuhörer im Live-Konzert auf natürliche Weise „zurechthört".

Der erste Schritt, den Circulus vitiosus des Marketing, zu dem der Leistungs- und Perfektionszwang gehören, zu durchbrechen, ist zu begreifen, daß es *meine* Entscheidung ist, dem Trend der Marktwirtschaft zu folgen, daß es *mein* Energiesystem ist, das zusammenbricht, wenn Musik und Musik-Business in meinem Musikerdasein nicht mehr zusammenpassen. So gesehen gäbe es keinen Grund zu klagen. Doch geschieht die Entscheidung für das Mitmachen des hektischen Musikmarktes in der Regel unbewußt, und wenn dann vor lauter Streß auf der Bühne keine Freude mehr aufkommt, ist es sehr schwer, das eigene Unterbewußte anzuschauen. Eine Weile arrangiert man sich mit den Problemen, verdrängt sie immer tiefer, bis sie auf der körperlichen Ebene wirksam werden.

Aus diesem Grund haben wir versucht, Licht in die diffuse Problematik der Bühnensituation zu bringen, indem wir sie in drei Phasen unterteilt haben:

1. Vor dem Auftritt
2. Während des Auftritts
3. Nach dem Auftritt

Die erste Phase erscheint dem Künstler oft als die schwierigste, weil Ungewißheit, verbunden mit Erwartungsfreude, unterschiedliche energetische Zustände hervorruft, wobei durchaus nicht jeder Musiker unter Lampenfieber in extremer Form leiden muß. Die Komplexität der energetischen „Prä-Konzertzustände" wurde bisher von der Psychologie noch nicht genügend wahr- und ernstgenommen, es sei denn, sie weisen pathologische Symptome auf. Der erhöhte Adrenalinspiegel vor dem Auftritt ist nur *ein* Aspekt, der allein für sich betrachtet nichts über die Auswirkung auf die Bühnenarbeit sagt und sich bei ein und demselben Musiker im Verlauf seines Konzertierens sehr unterschiedlich ausdrükken kann. Alle kinesiologischen Balancen für den Prä-Konzertzustand zielen zum einen auf ein Gleichgewicht der Energien der verschiedenen Energiekörper, zum anderen auf die Integration von rechter und linker Gehirnhälfte, die es ermöglicht, daß uns alle Informationen und Fähigkeiten, die wir zum Musizieren brauchen, hundertprozentig zur Verfügung stehen. Anzahl und Arten der Balancen zu diesem Thema sind inzwischen sehr umfangreich und erfordern aufgrund der unterschiedlichen Aspekte eine genaue Differenzierung.

In speziellen Balancen testen wir zunächst aus, ob der ganze Konzerttag zu überprüfen ist. Zeigt der Muskeltest, daß dies nötig ist, setzen wir dort an. Wenn nicht, beginnen wir mit dem Testen kurz vor dem Konzert und gehen dabei alle Stationen von der Garderobe bis zur Bühne durch.

Als besonders hilfreich hat sich der Meridian-Test erwiesen, durch den wir feststellen können, welcher Meridian bei der Vorstellung des Auftretens betroffen ist. Man kann Meridiane schon im voraus „programmieren", das heißt stärken, wenn Datum und Zeitpunkt des Konzerts feststehen. Eine übliche Konzertzeit ist zum Beispiel 20 Uhr, also die Maximalzeit des Kreislauf-Sexus-Meridians (19 bis 21 Uhr), oder die Matinée, die meist um 11 Uhr stattfindet und energetisch den Wechsel vom Milz-Pankreas-Meridian (9 bis 11 Uhr) zum Herzmeridian (11 bis 13 Uhr) bedeutet. Durch Abstreichen vor dem Konzert können wir den oder die beteiligten Meridiane dann selbst aufladen. Eine zweite Möglichkeit ist, den/die Meridian(e) vorab von einem Kinesiologen im Rahmen einer Balance hinsichtlich eines bestimmten Tages und einer bestimmten Uhrzeit aufladen zu lassen. Wie die Meridiane vom Musiker selbst angeregt werden können, wird ausführlich im Übungsteil auf Seite 295 besprochen.

Auch den bei Musikern beliebten „Stuhl-Test" setzen wir für die Vor-Konzert-Situation ein. Er wird folgendermaßen ausgeführt:

Zwei Stühle, A und B, stehen weit auseinander. Der Klient setzt sich auf A, steht auf, und du testest den Deltamuskel, er sollte stark sein. Nun bitte den Klienten, zu Stuhl B zu gehen. Dort setzt er sich kurz hin und steht wieder auf. Teste wieder den Deltamuskel. In 99 Prozent der Fälle ist jetzt der Muskel schwach. Warum? Weil wir nur von Punkt zu Punkt denken. Worin aber liegt nun die Lösung? „Der Weg ist das Ziel", heißt es in allen östlichen Lehren, was bedeutet, daß jeder Schritt auf dem Weg ebenso wichtig ist wie das Ziel selbst.

Bitte den Klienten, nun von B nach A zu gehen, diesmal aber bewußt jeden Schritt wahrzunehmen, das heißt, in der eigenen Mitte zu bleiben. Das Ergebnis verblüfft die Musiker immer wieder, denn jetzt bleibt der Muskel stark, wenn A erreicht ist. Dieser Test ist ein wunderbares und einleuchtendes Sinnbild für den Auftritt und hat bis jetzt alle unsere Klienten beflügelt, bewußt auf die Bühne zu gehen und bewußt in den Konzertprozeß einzusteigen, damit keine Energie verlorengeht.

Eine zwölfjährige Flötistin, die schon viele Preise gewonnen hatte, sagte nach dem Stuhl-Test: „Das ist ja toll, da kann ich ja schon viel früher in der Musik drin sein, als erst auf der Bühne!"

Und so könnte das Schema für diese Balance aussehen:

Balance „Vor dem Auftritt“

1. Die Erlaubnis des Musikers einholen; seine uneingeschränkte Bereitschaft sicherstellen, die positiven Auswirkungen der Balance auf allen vier Ebenen (physisch, emotional, mental, spirituell) zu akzeptieren.
2. Folgende Fragen und Aussagen mit dem Deltamuskel testen:
   - Ist es wichtig, den ganzen Konzerttag zu überprüfen?
3. Wenn nicht, kurz vor dem Konzert testen:
   - Du bist kurz vor dem Auftritt, kommst aus der Garderobe.
   - Du hörst das Publikum.
   - Du gehst auf die Bühne.
   - Du schaust das Publikum an.
   - Du verneigst dich.
   - Du setzt das Instrument an.
4. Die absolute Priorität und den Prozentsatz an NEL (negative emotionale Ladung) feststellen.
5. Zu diesem Prioritäts-Thema die Alarmpunkte der Meridiane und die Augen-Modi testen, auch hierbei Priorität festlegen.
6. Testen, ob eine Altersrückführung nötig ist.
7. Zusatzinformationen (je nach Kenntnissen) austesten, zum Beispiel Barometerwort, Mudras, Astrologiekarten.
8. Den Stuhl-Test durchführen.

Korrektur:
1. ESR; den Klienten ermuntern, alle seine Sinne zu diesem Thema zu aktivieren, vor allem im Hinblick darauf, was er im Prä-Konzert-Zustand wahrnimmt.
2. Den oder die Meridian(e) stärken und/oder programmieren.
3. Alle Informationen nachtesten, dabei sollten 0 Prozent NEL beziehungsweise 100 Prozent PEL (positive emotionale Ladung) erzielt werden.

Für die zweite Phase der Bühnenarbeit haben wir ebenfalls eine Reihe von Balancen entwickelt, in denen es um den energetischen Austausch zwischen Künstler und Publikum geht. Die zentralen Aussagen, die wir hier testen, sind:

1. Ich gebe dem Publikum Liebe.
2. Ich nehme vom Publikum Liebe an.
3. Meine Energie ist magnetisch anziehend.
4. Meine Energie ist dynamisch ausstrahlend.
5. Meine Energie kommuniziert mit der des Zuhörers.

Und so könnte das Schema einer Balance aussehen:

Balance „Während des Auftritts"

1. Die Erlaubnis des Musikers einholen; seine uneingeschränkte Bereitschaft sicherstellen, die positiven Auswirkungen der Balance auf allen vier Ebenen (physisch, emotional, mental, spirituell) zu akzeptieren.
2. Folgende Aussagen mit dem Deltamuskel testen:
   - Ich gebe dem Publikum Liebe.
   - Ich nehme vom Publikum Liebe an.
   - Meine Energie ist magnetisch anziehend.
   - Meine Energie ist dynamisch ausstrahlend.
   - Meine Energie kommuniziert mit der des Zuhörers.
3. Die absolute Priorität und den Prozentsatz an NEL (negative emotionale Ladung) feststellen.
4. Testen, ob eine Altersrückführung nötig ist.
5. Zusatzinformationen (je nach Kenntnissen) austesten, zum Beispiel Barometerwort, Mudras, Astrologiekarten.
6. Den Stuhl-Test durchführen.

Korrektur:

1. ESR anwenden; den Klienten dazu ermuntern, alle seine Sinne zu diesem Thema zu aktivieren, vor allem im Hinblick darauf, wie er die Situation auf der Bühne wahrnimmt.
2. Alle Informationen nachtesten, dabei sollten 0 Prozent NEL beziehungsweise 100 Prozent PEL erzielt werden.

Schließlich kommen wir zur dritten Phase der Bühnenarbeit, dem „Post-Konzert-Zustand“. Uns war von Anbeginn der musikkinesiologischen Arbeit an auch das Thema des Post-Konzert-Zustandes sehr wichtig, weil viele Künstler sich nach dem Konzert sehr einsam fühlen - ein Zustand, den Kritiker, Publikum, Konzertveranstalter und Manager leider häufig nicht wahrnehmen, da für die meisten das Konzert am wichtigsten ist. Dies ist die Ursache für tiefsitzende Frustrationen, unter denen viele Künstler leiden und die nach dem Konzert durch Essen, Trinken und Rauchen kompensiert werden.

Leider wird diesem Thema in der Realität des Konzertlebens keine Beachtung geschenkt - das Konzert ist vorbei und damit ist alles Erlebte fortgewischt. Alle noch so guten Methoden zur Bereitstellung von Energie, wie Alexandertechnik, Feldenkrais oder Atemtherapie, die erfreulicherweise wenigstens an einigen Musikhochschulen angeboten werden, konzentrieren sich in erster Linie auf die Situation vor dem Auftritt und allenfalls noch während des Auftritts. Doch wenn wir von einer ganzheitlichen Sicht des Musizierens sprechen, von Zusammenhängen und Berührungspunkten im Energiekreislauf von Musiker, Musik und Zuhörer, dann ist eine sehr wichtige Nahtstelle das Ende eines Konzerts und der Beginn des nächsten, auch wenn zwischen diesen beiden eine größere zeitliche Distanz liegt.

Ein schöpferischer Akt hat zu tun mit einem Einschwingen und einem Ausschwingen. Wer vor dem Auftritt mit vielen Ängsten kämpft, wird bemüht sein, diese schnellstmöglich zu vergessen. Auf diese Weise schrumpft der schöpferische Akt auf der Bühne zu einem „Ding dazwischen“ zusammen, nämlich auf die Zeitspanne zwischen dem Lampenfieber vor dem Konzert und der „Erlösung“ nach dem Konzert. Für viele Musiker ist das Konzert ein Kraftakt, und ihre Unrast nach der Aufführung gleicht einem Weglaufen vor dieser Erinnerung.

Nur wenige Musiker können ein Konzert in Ruhe ausschwingen lassen, sind glücklich über das Erhobensein durch die Musik und finden einen natürlichen Weg, den energetischen Höhenflug langsam zur Ruhe kommen zu lassen und liebevoll mit sich umzugehen. Statt dessen wird die Konzerterinnerung in Wein und Bier ersäuft und mit Essen zugestopft. Natürlich ist nichts gegen ein gemütliches Beisammensein nach dem Konzert zu sagen, aber es kommt dabei auf die Motivation an: Esse und trinke ich aus Frustration, um zu vergessen? Oder ist das gemütliche Beisammensein ein Weg, um wieder privat zu werden und den nahen menschlichen Kontakt zu genießen? Gerade die „Mega-Stars" leiden oft unter Trink- und Eßsucht, weil dies als der einzige Weg erscheint, um die aufgewühlten Energien zu besänftigen. Jahrzehntelang waren zum Beispiel dickleibige Opernsängerinnen und -sänger gesellschaftlich sanktioniert nach dem Motto: Wer viel singt, muß viel essen und trinken – Singen macht durstig. Letztere Meinung betraf in hohem Maße auch die Blechbläser, weshalb viele Bläser an der Schwelle zur Alkoholsucht standen. Hier hat sich allerdings in den letzten 20 Jahren manches zum Guten gewendet, zum einen, weil die jüngere Generation ernährungsbewußter ist, zum anderen, weil in der Regel nach dem Konzert eine Autofahrt ansteht.

Die große Bedeutung des energetischen Zustandes nach dem Konzert ist uns spontan bewußt geworden, als die ehemalige Wagnersängerin Eva Krasznai-Gombos erzählte, wie sie damit umging:

> *„Nach einer Wagner-Oper ist man wie versteinert, alle Muskeln des Atemapparates sind immer noch in Anspannung. Ich wartete, bis alle den Opernsaal verließen und stellte mich dann alleine auf die Bühne. Ich dankte dem nicht mehr sichtbaren, aber spürbaren Publikum für die gemeinsame Zeit mit Wagners Musik. Dann erfand ich 15 bis 20 Minuten lang ganz einfache Gesangsübungen, die meine Stimme, meinen Körper und meinen Geist entspannten. Eines Tages erkannte ich den Wert dieser schlichten Übungen und entwikkelte daraus einen Übungszyklus für den Belcanto, der auf die Entspannung des gesamten Körpers, also auch des Atemapparates, ausgerichtet ist."*

Bemerkenswert ist, daß hier eine Gesangstechnik aus dem *Abbau* von Spannung entstand. Von einer so natürlichen, entspannenden Gesangstechnik profitieren heute ihre Schüler, indem viele Probleme, mit denen Sänger sonst zu kämpfen haben, bei ihnen gar nicht erst auftauchen. Eva Krasznais Einstellung zur Musik nach dem Konzert läßt ein ganz anderes Verhältnis zur Bühnenarbeit erkennen. Dahinter steht eine Künstlerin, die echte Demut in der Kunst gelebt hat und damit ein seltenes Vorbild in der heutigen Zeit geworden ist.

Darauf aufbauend möchten wir drei Schritte anbieten, die helfen, die erhöhte Energie nach dem Konzert ausklingen zu lassen:

1. Der Musiker findet nach dem Konzert einen ruhigen Moment, um auf seine eigene Weise für den schöpferischen Akt zu danken und vom Podium Abschied zu nehmen (siehe auch Seite 297). Wenn wir dem Musiker sagen: „Dreh dich noch einmal um“, versteht er in den meisten Fällen sofort den tieferen Sinn dieser Geste.
2. Der Musiker streicht mit den Fingern einige Male langsam am Zentralgefäß entlang auf und nieder und beendet das Konzert mit einer gebenden Geste und weit geöffneten Armen.

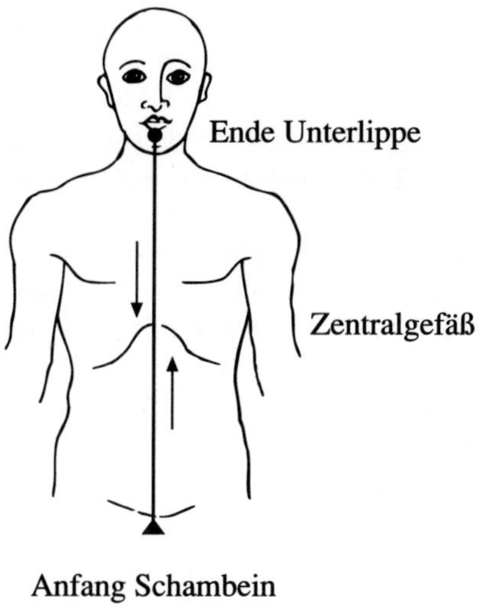

3. Der Musiker berührt Stirnbeinhöcker und Hinterkopf und gibt sich seinen Eindrücken vom Konzertgeschehen und von dem Miteinander „Musiker-Musik-Zuhörer" hin.

Durch diese kleinen Ruhemomente beruhigen sich die aufgewühlten Energiewellen, und vor allem die notorischen Selbstkritiker werden ihre linkshemisphärischen Eindrücke etwas mehr in Balance bringen.

Neben diesen Anregungen für den Künstler können wir das Thema „Energetik nach dem Konzert" auch aus kinesiologischer Sicht im Rahmen einer Balance betrachten. Dabei gibt es hochinteressante und erstaunliche Entdeckungen zu machen, vor allem, was die Vielzahl der Stressoren betrifft. Hier gibt es nämlich einen Faktor, der häufig ganz besonders tief verdrängt wird: Durch den schöpferischen Akt wird auch die schöpferische Urkraft im Menschen angeregt, die *Libido*. In vielen Balancen gestanden Musiker sich unter Tränen ein, daß sie nach dem Auftritt ein ungeheures Bedürfnis nach Zärtlichkeit und Erotik hätten und sich dessen schämten, weil alle so erhoben täten und sie selbst so ganz „irdische" Wünsche spürten. Es fiel ihnen schwer, ihre Gefühle, die, angeregt durch Musik, Oper, Theater, Malerei, Poesie usw., aus dem Unterbauch heraufsteigen, treffend zu benennen. Gemäß unseren Erfahrungen sind die Künstler dann sehr erstaunt, wenn ihre Nöte und Gefühle als etwas Positives, Erfreuliches, Menschliches und Wichtiges akzeptiert werden. Im Gegenteil: Wenn wir Eros als Ausdruck schöpferischer Kraft begreifen – was kann dann ein Künstler ohne Eros wirklich in der Kunst bewirken?! Auf der Bühne sind wir ganze Menschen, wir gestalten öffentlich einen schöpferischen Akt, und daran sind auch alle Aspekte der sexuellen Urkraft beteiligt. Ein Teil dieser Kraft wird zur Kunst transzendiert, ein Teil aber bleibt weibliche und männliche Erotik. Was sollte daran beschämend sein?

Der Nach-Konzert-Zustand ist energetisch deshalb so wichtig und interessant, weil wir die Energien, die wir vor dem Konzert aktiviert haben, auf der Bühne tatsächlich erleben und sie uns nach dem Konzert in vollem Umfang zur Verfügung stehen. Der Vorgang des Ausschwingens bedeutet deshalb nichts anderes, als daß diese Energien nun alle ihren Platz finden. Aus feinstofflicher

Sicht heißt das, daß nach dem Auftritt *Verwandlungen* in Gang kommen. Jedes Konzert, jeder Auftritt bewirkt eine Veränderung in uns, ob wir uns dessen bewußt sind oder nicht. Da wir mit erhöhten, mit feinstofflichen Energien als Emanation unserer Persönlichkeit umgehen, also schöpferisch tätig sind, wandeln wir uns auf subtile Weise. Sobald Musiker sich dessen mit Hilfe von Balancen klarer geworden sind, werden sie sensitiver für ihre Bühnenarbeit und bestätigen, daß sie diese Veränderungen immer besser bei sich wahrnehmen. Diese Konsequenz betrachten wir als das erfreulichste Ergebnis der musikkinesiologischen Arbeit, weil damit das Vorher, das Während und das Nachher zu einem harmonischen Ganzen werden.

Die Frage vieler Künstler nach dem tieferen Sinn ihres künstlerischen Tuns wird häufig nach dem Auftritt gestellt. Man sollte meinen, der Applaus sei für den Künstler ein ausreichend starkes Feedback, doch raten wir jedem Kinesiologen, dies einmal auszutesten. Die Balancen zeigen, daß der Applaus direkt zum schöpferischen Akt gehört, denn noch ist der Künstler auf der Bühne. Das emotionale „Loch" aber, in das mancher Künstler fällt, entsteht erst danach, wenn es still geworden ist, wenn der Künstler wieder privat ist.

Seit 1982 beobachten wir einen krassen Rückgang genau jenes Feedbacks durch Zuhörer, die zur Künstlergarderobe kommen, um ihre Eindrücke mitzuteilen und damit zu dokumentieren, daß sie als Partner des Künstlers wirklich da waren. Zum einen kommen sie deshalb nicht mehr, weil sie spüren, daß viele Musiker eine Mauer zwischen sich und dem Publikum aufgebaut haben, zum anderen ist das Weghasten nach dem Konzert nicht nur bei den Musikern, sondern auch bei den Zuhörern üblich geworden. Wie aber soll da etwas ausschwingen können? Muße ist heute Mangelware.

Der Künstler, der ein Feedback nur auf der Bühne erlebt, fühlt sich nicht vollständig, er lechzt nach einem menschlichen Kontakt. So sind denn viele Balancen hinsichtlich des Post-Konzert-Zustandes von noch viel tiefgreifenderer Wirkung als jene, die sich auf die Zeit vor dem Konzert beziehen. Wie eine Balance zu diesem Thema aussehen kann, zeigt das folgende Schema:

Balance „Nach dem Auftritt"

1. Die Erlaubnis des Musikers einholen; seine uneingeschränkte Bereitschaft sicherstellen, die positiven Auswirkungen der Balance auf allen vier Ebenen (physisch, emotional, mental, spirituell) zu akzeptieren.
2. Das Thema „Nach-Konzert-Zustand" mit dem Deltamuskel testen, den Prozentsatz an NEL (negative emotionale Ladung) feststellen.
3. Testen, ob eine Altersrückführung nötig ist; das Ursprungsalter feststellen und von dort ausgehend mit der Balance beginnen.
4. Zusatzinformationen (je nach Kenntnissen) austesten, zum Beispiel Barometerwort, Mudras, Astrologiekarten.
5. Testen, ob eine Streßablösung im Sitzen, im Stehen oder im Liegen besser ist.

Korrektur:

1. ESR in der ausgetesteten Körperhaltung anwenden. Den Klienten dazu ermuntern, seine Wahrnehmungen zum Thema „Nach dem Konzert" unter Einsatz aller Sinne detailliert zu schildern, zu beschreiben, was er riecht, schmeckt, sieht, hört, fühlt. Dem Klienten gewähren, über seine *sexuellen Wünsche und Phantasien* zu sprechen, wenn er möchte. Beobachten, in welchem Zusammenhang die Sinneswahrnehmungen mit dem Nach-Konzert-Zustand beziehungsweise mit dem Ausgangsproblem stehen.
2. Alle Informationen nachtesten, dabei sollten 0 Prozent NEL beziehungsweise 100 Prozent PEL erzielt werden.

In der musikkinesiologischen Betreuung eines Künstlers bietet es sich an, nach dieser Balance zum Thema „Kritik" überzugehen, da die Zeitungskritik ebenfalls nach einem Auftritt entsteht. Auf Seite 262 befassen wir uns ausführlich mit dem Thema „Kritik annehmen – Kritik üben".

Das Raumerlebnis

Ob bei religiösen oder künstlerischen Anlässen – in allen Kulturen der Erde spielt der Raum als Begrenzung energetischer Abläufe eine wichtige Rolle. Er wird als Widerspiegelung kosmischer Proportionen angesehen und zugleich als Ort der Kraft, der Energie in den Kosmos sendet. Das beste Beispiel hierfür sind die altägyptischen Pyramiden. In der indischen Musikausbildung etwa lernt der Schüler von Anbeginn an, in Räume hineinzuwachsen, das heißt, Räume entsprechend seiner wachsenden künstlerischen Ausstrahlung zu füllen. Interessanterweise gilt hier nicht: Je größer der Künstler, desto größer der Raum, sondern genau umgekehrt – je mächtiger eine Künstlerpersönlichkeit, desto enger der Kontakt zum Publikum und desto kleiner der Raum. Dahinter steht ein magisches Raumverständnis, das besagt, ein Musikmeister bringe die Materie durch seine Kunstausübung zum Schwingen. In diesen Prozeß wird der kleine Zuhörerkreis unmittelbar einbezogen, die Energie wird verdichtet und hautnah erlebt. Auch heute, da indische Musiker den Westen bereisen und riesige Konzerthallen bespielen, ist man der Auffassung, daß die Intensität des energetischen Austausches und der Transzendierung künstlerischer Kraft nur in kleinen Räumen für jeden erfahrbar gemacht werden kann. Der Fokus ist auf die Bündelung von Energie ausgerichtet. Die gleiche Einstellung kann man in allen anderen asiatischen Kulturen finden.

In den Stammeskulturen Afrikas und Amerikas wurde Musik ritualisiert und fast ausnahmslos in Kreisform ausgeübt, wobei der Kreis für einen geschlossenen Energiekreis steht. Auch in unserer Kulturgeschichte spielten einst kreisförmige Kultstätten für religiöse Handlungen (Steinkreise) oder künstlerische Darbietungen (Amphitheater) eine große Rolle. Vom Mittelalter bis zum Beginn des 19. Jahrhunderts können wir eine wachsende Vergrößerung des viereckigen Konzertraumes in Burgen, Schlössern und Kirchen beobachten. Der Grund dafür liegt in der Entwicklung der Kunstmusik mit Orchester- und Opernbesetzungen: Mit der Größe der Ensembles wuchsen auch die Räume. In der Romantik wandte man sich vorübergehend dem kleinen, intimen, bürgerlichen Musikraum zu, der um die Jahrhundertwende aufgrund des Demokratisierungsgedankens, allen Menschen Zutritt zur Kunstmusik zu gewähren, von den Konzertsälen abgelöst wurde. Weder den Schritt zur Ensemblevergrößerung noch den zur Demokratisierung von Kunst haben andere Kulturen vollzogen. Zwar finden heute in Indien Konzerte auch in riesigen Hallen und Zelten statt, doch herrscht hier eine strenge Hierarchie, derzufolge der engste Kennerkreis beim Künstler auf der Bühne sitzt, während das „gemeine Volk" im Saal und von außerhalb des Saales zuhört.

Die Form des Raums hat eine große Bedeutung für den künstlerischen Schaffensprozeß. Die japanische Kultur erhob den *quadratischen Raum* zum stärksten Energiefeld für Musik und Theater, um die zur höchsten Feinheit stilisierte Kunst gegen das Chaos der Alltagsformenwelt abzugrenzen. Der kubische Raum wurde hier in seiner Fähigkeit, Energie zu komprimieren, erkannt und genutzt. In allen Hochkulturen philosophierte man über die Beziehung von Raum und Zeit. In Süd- und Ostasien wurde der Konzertraum als Ritual- oder Kultraum verstanden, der die Zeit verlangsamt bis hin zur perfekten Illusion, wie es in den japanischen Bühnenkünsten geschieht, die den Zuschauer in eine andere Zeit versetzen. Diesen Grad der Zeitillusion haben unsere Operninszenierungen nie erreicht, vielleicht auch nie angestrebt. Das No- und Kabuki-Theater Japans ist das beste Beispiel für Zeitillusion, da hier durch die Statik des räumlichen Quadrats und die statische Haltung der Musiker bis hin zu den Zeitlupentempi der tänzerischen Bewegungen die Zeit gleichsam angehalten wird.

Im Gegensatz dazu bevorzugt man in Südasien den *Kreis*, der Ausdruck des Zentrums innerhalb eines größeren Ganzen ist. Der Blick in alle Richtungen nach außen ist offen, der Blick in den Kreis vermittelt die Wesensgleichheit derjenigen, die den Kreis bilden. Nirgendwo auf der Welt wird die Beziehung zwischen Künstler und Zuschauer so intensiv gelebt wie in der indischen Musik. Seit mehr als 2000 Jahren geht man in Indien ganz selbstverständlich davon aus, daß der Zuhörer die dargebotene Kunst versteht und daß der Künstler sich im Kreise von Wissenden bewegt. Zwar finden die meisten Konzerte in viereckigen Räumen statt, doch bildet man in ihnen nach Möglichkeit einen Kreis oder zumindest einen Halbkreis um den Künstler.

Die Anschauung des Raumes und seiner Zeit kann unabhängig von der Kultur auf zweifache Weise geschehen:

1. Der Raum ist ein *leeres Gefäß*, in dem sich unabhängige, individuelle Einheiten bewegen, die durch die Schwerkraft in Beziehung zueinander treten. Es herrscht das Prinzip von Anziehung und Abstoßung. Hier wird die Zeit sukzessiv und objektiv meßbar empfunden, jedes Ding und jeder Mensch ist vom andern getrennt.
2. Der Raum ist ein *lebender Organismus*, in dem sich Kräfte durch Differenzierung, Verdichtung und Konzentration als scheinbar vereinzelte Wesenheiten manifestieren. Die Zeit wirkt hier rhythmisch, sie dehnt sich aus oder zieht sich zusammen und wird auf diese Weise individuell wahrgenommen.

Für den Musiker ist es von Bedeutung, wie er Raum und Zeit erlebt. Im ersten Falle empfindet er Raum und Klang als Streß, weil er seinen schöpferischen Prozeß von Menschen (Zuhörer, Kollegen) und Dingen (Instrument) getrennt erlebt und sich dadurch begrenzt. Dies ist eine Form negativer Weltsicht, die sich in Worten äußert wie: „Jeder ist auf der Bühne allein auf sich gestellt" oder „Als einzelner ist man halt schwach".

Über die Dreidimensionalität des Musizierens haben wir schon gesprochen; sie ist wichtig, weil wir von der Bühne aus den ganzen Konzertraum energetisch ausfüllen möchten. Mit der *Raum-Balance* zielen wir in der Musik-Kinesiologie auf die ganzheitliche Erfahrung, durch die Raum, Zeit und Klang transparent und rhythmisch wahrgenommen werden. Auch das Lebensgesetz „Wie innen, so außen" wird dem Musiker besser verständlich, denn sein innerer Kerker manifestiert sich durch Streß bei begrenzten Räumen, seine innere Weite dehnt den kleinsten Konzertraum zum Kosmos.

Noch zu erwähnen wäre, daß sich auch bei diesem Thema wieder eine Parallele zur Astrologie zeigt, da die zwölf Tierkreiszeichen den Raum, die sieben Hauptplaneten (Wandelsterne!) die Zeit verkörpern.

Den Konzertraum als Resonanzfeld von Raum und Zeit haben wir in geometrische Grundformen gefaßt, die sowohl die äußere als auch die innere Energetik des Musikers ansprechen. Gehen wir zunächst auf die Raumsymbole im einzelnen ein:

Quadrat, Rechteck und Kubus - die Kraft der Begrenzung

Quadrat, Rechteck und Kubus sind Formen, die vom Menschen erschaffen wurden und in der Natur nicht vorkommen. Sie haben mit der Abgrenzung des eigenen Raums aus der unendlichen, kollektiven Weite zu tun, sie sind festgelegt und konkret. Mit dem Eingrenzen entsteht ein In-Besitz-Nehmen und Sich-vertraut-Machen. Diese Abgrenzung gegen das Chaos der Unendlichkeit hat auch den Aspekt der Angstabwehr. Ein kubischer Körper trägt in sich eine kompakte, komprimierte, zusammengeballte Kraft, die Angst erzeugen und zum Gefängnis werden kann. Sind wie im Quadrat alle Seiten gleich ausgebildet, so zeigt dies im Menschen die gelungene Selbstverwirklichung - Fühlen, Denken, Empfindung und Intuition sind gleichermaßen ausgeprägt.

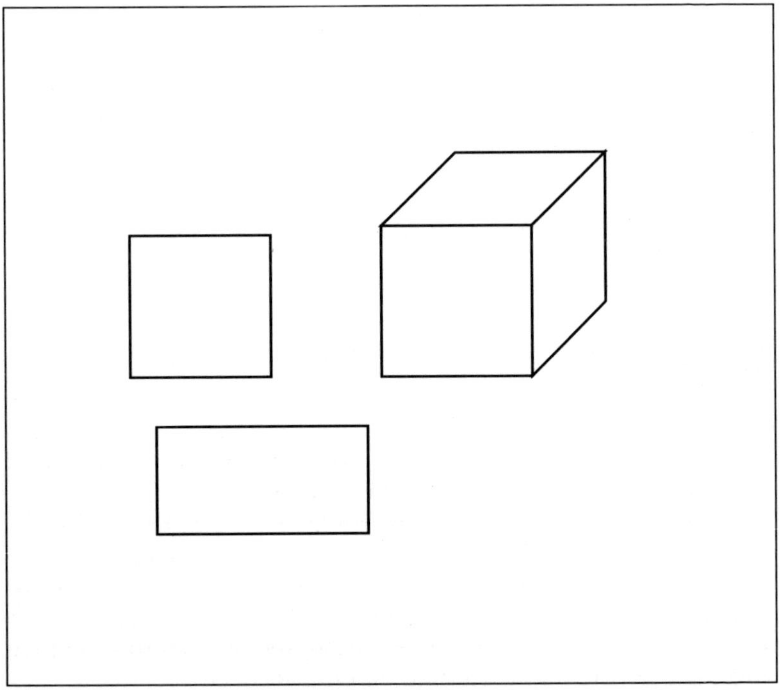

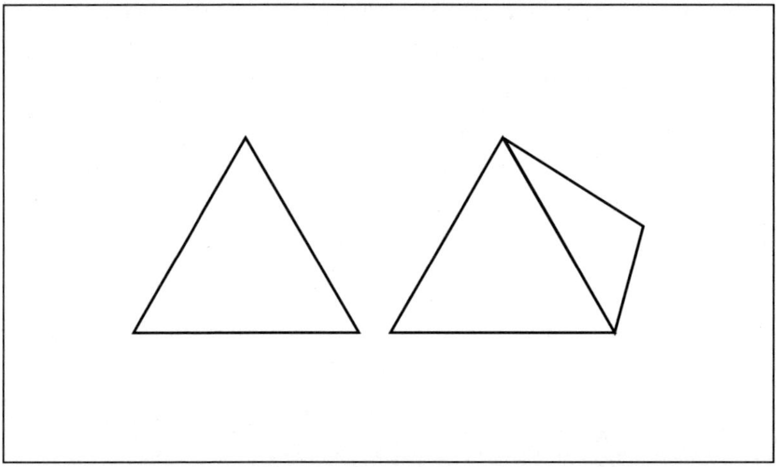

Dreieck und Pyramide - die Kraft der Beziehung

Das Dreieck stellt die Dinge in Bezug zueinander, erzeugt eine Spannung, aber auch eine Balance und Ergänzung. Der Künstler auf der Bühne steht in einem solchen Verhältnis zum Publikum: Beide Augen des Betrachters fokussieren den Künstler. Durch die Dynamik des Dreiecks und der räumlichen Pyramide lernen wir Selbständigkeit und Unabhängigkeit.

Kreis und Kugel - die Kraft der Umschließung

Man befindet sich selbst im Zentrum inmitten des größeren Ganzen und hat über die Radien den Bezug zum Außen. Kreis und Kugel stellen den Umkreis des eigenen Seins dar, der überschaubar und klar ist und nichts versteckt. Er ist offen und doch umschlossen, was weniger Einengung als beim Quadrat und Kubus erzeugt. Aber der Kreis um uns kann für andere auch etwas Ausschließendes haben. Jemand, der sich nur in seinem kleinen Kreis bewegt, läuft im Kreise herum. Depressionen und Krankheit sind die Folge (siehe Abbildung Seite 238).

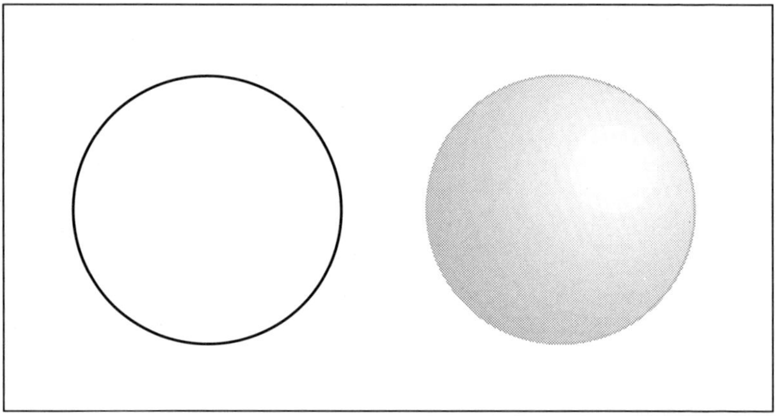

Die Spirale – die Kraft der Entwicklung und Transzendenz

Die Spirale ist dynamisch, jede neue Umdrehung bringt neue Energie: Expansionskraft nach oben und Konzentration nach unten, die Befähigung zur Begeisterung, das Überschreiten von Grenzen. Die Gefahr besteht in Überspannung und Überdrehung, so daß es wichtig ist, sich erst einmal in sich zurückzuziehen in die Selbstreflexion, um sich dann im Sinne der Spirale wieder neu „auszurollen".

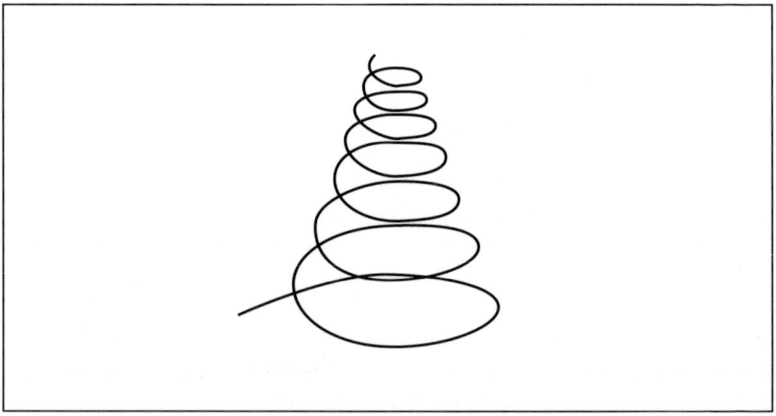

Das Kreuz – die Kraft der Ausweitung

Das Kreuz vereint in sich Dualität und Polarität. Die Senkrechte entspricht dem Geistigen, dem Himmel, dem Ich. Die Waagerechte entspricht dem Physischen, dem Irdischen, dem Du. Der Schnittpunkt beider Geraden ist der Erfahrungspunkt, er birgt in sich auch die Vierheit, die vier Elemente und die vier Jahreszeiten. Die vier Richtungen müssen ganzheitlich gelebt werden, denn durch die Vernachlässigung einer Seite ist die Stabilität des Kreuzes in Frage gestellt. Trotz aller Erfahrungen in alle vier Richtungen darf indessen nicht die eigene Mitte des Schnittpunktes verlorengehen, da sonst eine Auflösung des Kreuzes stattfindet. Es ist ein Wandlungs- und Lebenssymbol, auch ein Symbol für Rhythmus und Maß. Aus ihm spricht Mitteilung, zugleich ist es der Vermittler zwischen Transzendenz und Erde, zwischen Ich und Du. Das Kreuz verlangt nach Entscheidung und Orientierung.

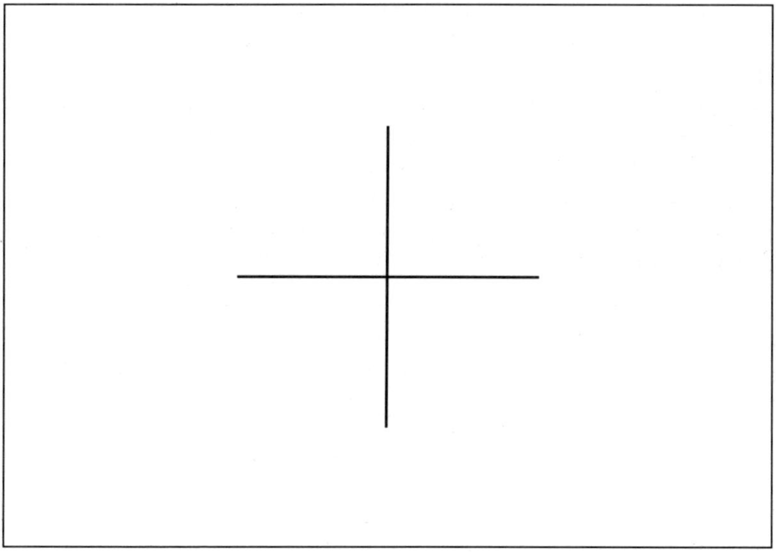

In den heutigen Konzerträumen gibt es als Grundfläche das Rechteck, in seltenen Fällen das Quadrat und den Kreis. Sobald wir in die Dreidimensionalität wechseln, überwiegt der quaderförmige Raum, selten erlebt man den Kubus, noch seltener eine zylindrische und kegelförmige Form (Amphitheater). Die schlimmsten Konzertsäle aus Stahlbeton entstanden als Mehrzweckhallen in den sechziger und siebziger Jahren, ganz so, als hätte unsere Kultur nie etwas von akustischen Gesetzen, harmonischen Proportionen und klingendem Material gewußt. Wie der Name schon sagt, versuchte man die kalten Säle zweckorientiert und pflegeleicht einzusetzen: Gegen die stickige Luft durch PVC und Synthetikmaterial schuf man Belüftungsanlagen, die wiederum Geräusche und Fallwinde während der Veranstaltung erzeugen. Für Wandverkleidungen verwendete man hemmungslos Asbest – sie müssen heute für Millionenbeträge wieder herausgerissen werden. In vielen Konzertsälen ist der blanke Beton auch innen sichtbar. Für jeden spürbar ist die feuchte Kälte im Raum. Kurzum, es sieht so aus, als hätten wir Räume geschaffen, um die Kunst zu vertreiben.

Bis auf sehr wenige Ausnahmen testeten die Musiker, die wir auf rechteckige Räume hin balancierten, schwach. Nun sind aber historische Räume auch rechteckig. Dazu haben wir etliche Experimente mit Musikern gemacht, die in solchen historischen Räumen gastierten, deren Proportion als schlecht bekannt war, weil sie entweder wie Zigarrenkisten gebaut waren, das heißt zu lang im Verhältnis zur niedrigen Deckenhöhe, oder weil sie gegenüber der Breite und Länge zu hoch waren. Dennoch testeten die Musiker hier stark, während der Test in einem als gut proportioniert bekannten modernen Saal schwach ausfiel.

Wir richteten nun unsere Aufmerksamkeit auf die wichtigste Frage – die Beziehung von Raum und Musikstil. Wir möchten diese uralte Beziehung nicht so puristisch sehen, daß mittelalterliche Musik nur in Räumen aus dem Mittelalter gespielt werden dürfte oder romantische Musik Bürgerhäuser verlangt, jedoch ist es wichtig zu wissen, daß jede Musikepoche adäquate Räume für ihre Musik schuf. Warum sollte es in unserem Jahrhundert anders sein? Für die klassische Moderne der fünfziger bis siebziger Jahre waren Dissonanzen und Geräuschanteile in den Kompositionen vorrangig; für sie schuf man entsprechende Räume ohne irgendeinen Anspruch an Schönheit, denn Wohlklang und Schönheit waren für lange Zeit in der Kunst verpönt. Das hatte sein Gutes, aber auch seinen Preis, denn mitnichten füllen sich die modernen Konzertsäle mit Menschen, die einen Widerhall ihrer lauten, technisierten Welt im Konzert erleben wollen. Als Resultat spielen wir heute öfter als in jedem anderen Jahrhundert zuvor alte Musik – also keine Musik unserer Zeit – in historischen Räumen.

Die meisten Musiker haben Probleme mit viereckigen Räumen, weil sie in der Regel in modernen Konzertsälen oder Kirchen auftreten und viele negative Erfahrungen mit einem schlechten Raumklang gemacht haben. Wir können zwar die Saalform nicht ändern, wohl aber unsere Position auf der Bühne, so daß andere akustische Winkel entstehen. Wir haben etliche Sänger und Instrumentalisten erlebt, die völlig resigniert sagten: „Ich habe ja keine Wahl – ich kann den Raum nicht ändern“ und damit selbst ein Teil des erstarrten Raumes wurden. In der Balance konnten sie oft nicht fassen, daß zumindest einer sich im Raum bewegen muß, damit der Raum anfängt zu schwingen. Wenn aber beide erstarren, Künstler und Raum, wie soll dann etwas in Schwingung versetzt und zum Leben erweckt werden?

Die Raum-Balance enthält auch Symbole, die weniger den architektonischen Aspekt eines Raumes betreffen als vielmehr den akustisch-klanglichen. Dazu gehören Spirale und Kreuz, wobei das Kreuz als Bewegungsmuster des Künstlers und die Spirale als Sinnbild für das Transzendieren von künstlerischer Energie erlebt werden kann. Ein ausbalancierter, körperbewußter Musiker wird im Laufe seines Spiels die Choreographie eines Kreuzes in allen möglichen Variationen erkennen lassen, einerlei, ob er steht oder sitzt, ob er geigt oder bläst. Es geht um die Bewegungen zur Musik. Er wird jeden Winkel des Konzertsaals mit seiner Energie füllen, wenn er gelernt hat, dreidimensional zu musizieren. Wie in Kapitel 4, „Der Puls und die Dreidimensionalität in der Musik“ auf Seite 81 ausführlich dargelegt, lassen wir einen Musiker sich spielend oder singend im Raum bewegen. Mit Hinblick auf die Raum-Balance lassen wir ihn auch in die Ecken des Raumes gehen oder tanzen. Man könnte an dieses Erlebnis gleich die Raum-Balance anschließen.

Hier, im großen Rahmen der Bühnen-Energetik, wollen wir noch mehr als Klang im Raum erfahrbar machen. Wenn zum Beispiel ein Musiker Streß hinsichtlich rechteckiger Räume hat und sich nichts Schöneres als einen runden Saal vorstellen kann, ist die Frage: Wie geht er damit um? Ein anderer wünscht sich eine Pyramide – was kann er tun? Was im Grunde zur Bewältigung der

Raum-Probleme vor allem nötig ist, sind Phantasie und Kreativität. Wir geben zu jedem Raumsymbol ein Balance-Beispiel, damit klar ist, wie einfach die Lösungen sein können.

Für Dorian, einen Baritonsänger, zeigte der Muskeltest Streß bei rechteckigen oder quadratischen Räumen. In einem Kubus singen zu müssen war für ihn gleichbedeutend mit einem Auftritt in einem Gefängnis. Er bekam Atemnot und schaute nie ins Publikum, weil er Angst vor der geraden Wand im Fond des Saales hatte. Die Raum-Balance fand in einem quadratischen Raum statt, und sofort stellten sich alle Streßsymptome ein. Er versuchte zu singen und schloß dabei die Augen. Öffnete er sie, brach ihm die Stimme. Unter ESR ergab sich folgender Dialog:

Tester: Dorian, in welchem Raum würdest du am liebsten singen?
Dorian: In einer Pyramide, von oben kommt sehr viel Energie, ich wäre geschützt.
T.: Wodurch entsteht das Sicherheitsgefühl?
D.: Durch die schrägen Wände, die sich nach oben verjüngen.
T.: Bitte bewege dich hier im Raum und zeige mir, wo du eine Pyramide empfindest.
Dorian bewegt sich überall im Raum, schaut nach oben und findet eine Stelle.
T.: Kannst du dir eine Pyramide jetzt vorstellen?
D.: Ja, ich sitze darunter.
T.: Kannst du auch die Pyramide drehen?
D.: Ja, dann wird mir allerdings schwindelig - ich stehe auf dem Kopf oder hänge seitwärts.
T.: Bist du festgewachsen am Pyramidenboden?
D.: Meine Güte, das ist ja wahr! Wenn ich mich freigebe vom Boden, dann kommt mal die Spitze, mal der Pyramidenboden auf mich zu oder ich nehme die Form der Pyramide an und fliege herum...
T.: Du bist der Sänger, der wichtigste Energieträger in deinem Konzert. Bist du die Spitze oder der Boden der Pyramide?
D.: Ich will die Spitze sein, ja, das fühlt sich gut an.
T.: Okay, du singst im viereckigen Raum, wie erschaffst du dir da eine Pyramide?

D.: Das ist einfach, ich bin die Spitze und von mir aus geht die Pyramide nach vorne in den Saal.
T.: Schau nach vorne, wenn du singst, was empfindest du jetzt?
D.: Die Wand da vorne ist mein Pyramidenboden, von mir gehen vier dicke Strahlen aus, in denen das Publikum sitzt.
T.: Bitte singe noch einmal deine Arie mit dem Pyramidenbewußtsein, das du erschaffen hast.

Dorian singt ohne Probleme und beschreibt, wie er sich auch frei auf der Bühne bewegen kann und dabei immer die Spitze der Pyramide bleibt. Er erlebt sich als Energiesender.

Klaus, der Klarinettist, erlebte den viereckigen Raum als kalt und unfreundlich. Als Folge davon war sein Ton eng und blaß geworden, weshalb er eigentlich zur Balance kam. Er wollte wieder einen runden, großen Klarinettenton erzeugen. Hier ein Ausschnitt aus der Raum-Balance unter ESR:

Tester: Du hast den runden Raum als ideal empfunden. Was ist mit den Zuhörern, die in den Ecken des Raumes sitzen?
Klaus: Tja, die habe ich einfach ausgeklammert, die sitzen draußen.
T.: Möchtest du sie wieder einbeziehen?
K.: Am liebsten nicht, aber ich muß ja wohl...
T.: Damit dein Ideal des Rundraumes erhalten bleibt, schiebst du einen Teil des Publikums ab, der das Pech hat, Eckplätze zu haben. Kümmert dich das nicht?
K.: Wenn ich recht überlege, ist das schon gemein, die haben ja auch Platzkarten bezahlt, naja, und die wollen ja auch was hören, oder?
T.: Stell dir vor, du sitzt am Ende einer Reihe...
K.: Klar, ich will auch alles hören!
T.: Gut, was machst du mit deinem Kreis?
K.: Den schlage ich um mich herum auf der Bühne.
T.: Reicht dieses zweidimensionale Symbol?
K.: Nein, ich will eine Kugel, ich spiele in einer Kugel.
T.: Geh intensiv in die Vorstellung einer Kugel und spiele etwas auf deiner Klarinette.
Klaus spielt und bewegt sich sehr überzeugend in runden Bewegungen und erklärt anschließend, das sei optimal für ihn.
T.: Ist es auch optimal für die Zuhörer?
K.: Oje, die hören mich ja gar nicht!

T.: Wieso?
K.: Ich sitze da in meiner tollen Taucherkugel und die draußen hören nichts!
T.: Was änderst du?
K.: Die Kugel muß bleiben, das steht fest. Ich mache sie aus Gazestoff, den nur ich sehe. Die Leute hören und sehen mich, die Musik geht locker hindurch. Ja, das muß gehen.
T.: Bitte spiele noch einmal in dem Bewußtsein, in einer Gazekugel zu musizieren.

Klaus spielt und bestätigt, dies sei optimal für ihn und das Publikum. Tatsächlich war innerhalb der Balance der Klarinettenton größer und weiter geworden, im Grunde so rund wie die Kugel, die er als Raum empfand.

Kinder und Jugendliche nennen oft die Kugel als idealen Konzertraum; sie sind sehr erfinderisch und kreativ, um sie für sich und die Zuhörer erfahrbar zu machen. Ein kleiner Junge, der sehr virtuos Blockflöte spielte, kam auf die Idee, jedem Zuhörer an der Kasse eine Tarnkappe zu geben, damit die Zuschauer den langweiligen viereckigen Raum verlassen und zu ihm in die Kugel verschwinden könnten.

Die vierzehnjährige Klavierschülerin Susanne hatte enormen Streß bei einem rechteckigen Konzertsaal, in dem Wettbewerbe stattfinden. Auf die Frage, ob es mehr die Wände seien, die den Streß ausübten, oder eher die Ecken, sagte sie: „Die Ecken sind furchtbar, da ist es dunkel, das gefällt mir nicht." Hier ein Einblick in die Streßablösung unter ESR:

Tester: Was wäre denn für dich der ideale Raum?
Susanne: Na, schon ein viereckiger Raum, das ist doch so üblich.
T.: Du magst aber keinen solchen Raum, hast du gesagt.
S.: Ja, aber eigentlich ist doch ein Viereck was Gutes. Meine kleine Schwester hat ja auch ein viereckiges Laufställchen, die fühlt sich darin wohl und sicher.
T.: Gut, das ist sehr interessant. Nun stell dir vor, du spielst in einem viereckigen Raum. Was tust du, damit du dich wie deine kleine Schwester darin wohl und sicher fühlst?
S.: Also, als erstes hänge ich mal helle Laternen in die vier Ecken.
T.: Prima, bitte spiele jetzt am Klavier ein Stück und sage, wie sich das mit den Laternen anfühlt.

Susanne spielt und bestätigt, daß alle Winkel jetzt freundlich erhellt sind.
T.: Ist das so optimal für dich?
S.: Nein, noch nicht. Irgendwas fehlt. Die Laternen sagen: Hier ist eine Ecke, und das finde ich so... eckig. Das erinnert mich an Matheaufgaben und so.
T.: Willst du die Laternen löschen? Oder was willst du ändern?
S.: Dazu habe ich keine Idee, war alles für die Katz!
T.: Bitte nimm den Klavierstuhl und setze dich einmal hier im Raum so hin, wie du das optimal findest.
Susanne wandert mit dem Schemel kreuz und quer durch den Raum und findet einen Platz, der ihr gefällt. Wir rollen das Klavier vor ihren Stuhl und legen fest, wo das Publikum sein soll.
T.: Bitte spiele etwas und beschreibe dann, was anders ist.
S.: Die Laternen bleiben an, das ist wichtig, aber ich schaue in diese Ecke vom Saal.
T.: Ändert sich dadurch die Form des Saals?
S.: Oh ja, ich bin wie eine dicke Pyramide, die Spitze reicht in diese Ecke.
T.: Können dich denn alle Leute hören?
S.: Kein Problem, ich bin ja die Basis von der Pyramide, die jeder sieht und hört, und meine Strahlen berühren jeden im Saal. Aber ich muß nicht in alle Ecken gucken, mir reicht eine Ecke.
T.: Gut, dann spiele nochmal von diesem Platz aus und gehe intensiv in dein Raumgefühl.
Susanne spielt sehr farbig und ist zufrieden. Am Schluß fügt sie noch hinzu: „Im Moment reicht mir die eine Ecke, vielleicht will ich eines Tages anders sitzen und andere oder mehrere Ecken im Blickfeld haben."

Die Sängerin Jessica erhielt viel Kritik von außen, sie stünde wie ein Stock auf der Bühne, ohne Ausdruck und Anmut. Die Raumbalance zeigte an und der Test ergab Streß bei dem Kreuz-Symbol. Es bereitete ihr unendliche Mühe, sich beim Singen seitwärts, vorwärts oder rückwärts zu bewegen. Sie klagte: „Wenn ich vorwärts gehe, bewege ich mich auf die Wand zu, wenn ich rückwärts oder seitwärts gehe, stoße ich immer an eine Wand!"

Tester: Bitte bewege dich hier im Raum so, daß sich ein Kreuz ergibt und vergiß einmal die Wände.
Jessica bewegt sich und findet schließlich einen Platz, auf dem sie sich problemlos vorwärts, rückwärts und seitwärts bewegen kann.
T.: Bitte schau jetzt, wo du im Verhältnis zum Raum und zu den Wänden stehst.
Jessica ist erstaunt, daß sie mehr in eine Ecke schaut als auf eine Wand. Grafisch sah ihre Position etwa so aus:

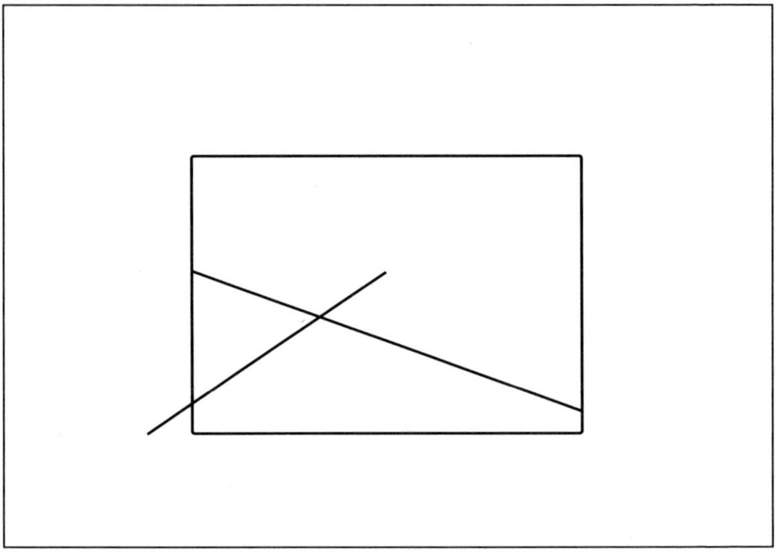

Die obere linke und rechte Ecke waren der Fond des Konzertsaals, Jessica bewegte sich auf dem Schnittpunkt der Geraden und erfaßte nach ihrem Empfinden viel mehr vom Publikum als vorher. Sie bestand darauf, daß die Rückwärtslinie energetisch aus dem Rechteck nach außen dringe, da dies für sie die Auflösung des Rechtecks bewirke.

Wie schon erwähnt, steht die Spirale für den schöpferischen Prozeß und die energetische Entwicklung in diesem Prozeß. Jeder Künstler liebt und kennt die Spirale als Zeichen der Expansion und der Höherentwicklung. Hier ein Auszug aus einer Balance mit diesem Thema:

Die junge Sängerin Clarissa aus Chile kam, weil sie sich im Laufe eines Konzerts wie von Steinen beschwert vorkam und keine Erklärung für den Energieabfall fand. Sie wirkte gerne auf der Bühne, kannte kaum Lampenfieber und zeigte keinerlei Streß hinsichtlich Strukturelementen in der Musik. Aber die Raumbalance brachte anhand des Symbols der Spirale Licht in das Problem. Alle anderen Raumsymbole testeten stark, und so gehört Clarissa auch zu den wenigen Musikern, die keinen Streß bei viereckigen oder quadratischen Räumen zeigen. Unter ESR ergab sich folgender Dialog:

Tester: In welcher Form erlebst du energetisch dein Konzert, könntest du das aufzeichnen?
Clarissa: Ja, das wäre ein Strahl, der von mir ausgeht, gerade ins Publikum.

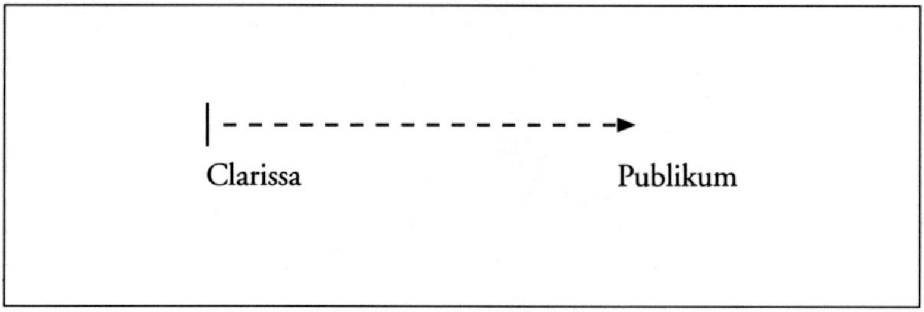

T.: Wie fühlst du dich dabei, schau auch deine Zeichnung an.
C.: Das ist schon stark, aber die Kraft läßt nach einer Weile nach.
T.: Wie könntest du denn das Bild ändern, damit es stark bleibt, stark und dynamisch?
C.: Ich sollte vielleicht mehrere Pfeile aussenden:

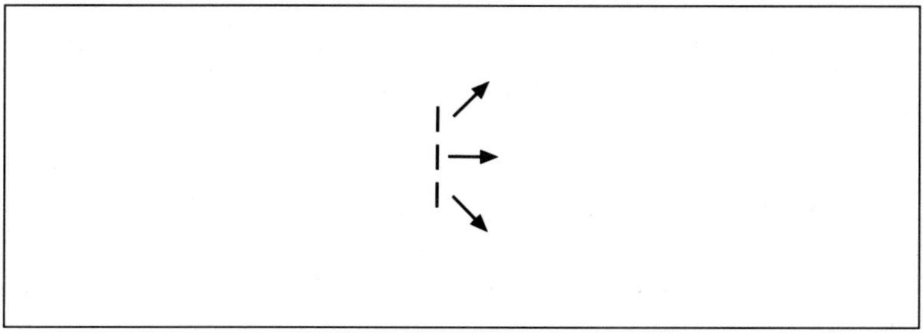

T.: Wie ist das Gefühl jetzt?
C.: Auch nicht besser, die Energie geht verloren nach einer Weile.
T.: Die Spirale als Symbol hat bei dir schwach getestet. Was empfindest du bei diesem Symbol?
C.: Ich bin total eingeengt, wie von Draht eingeschnürt.
T.: Wer schnürt dich ein?
C.: Ja, das ist die Frage. Die Energie vom Publikum vielleicht?
T.: Das kannst nur du wissen, denn du fühlst dich eingeschnürt. Wie sieht denn deine Spirale aus?

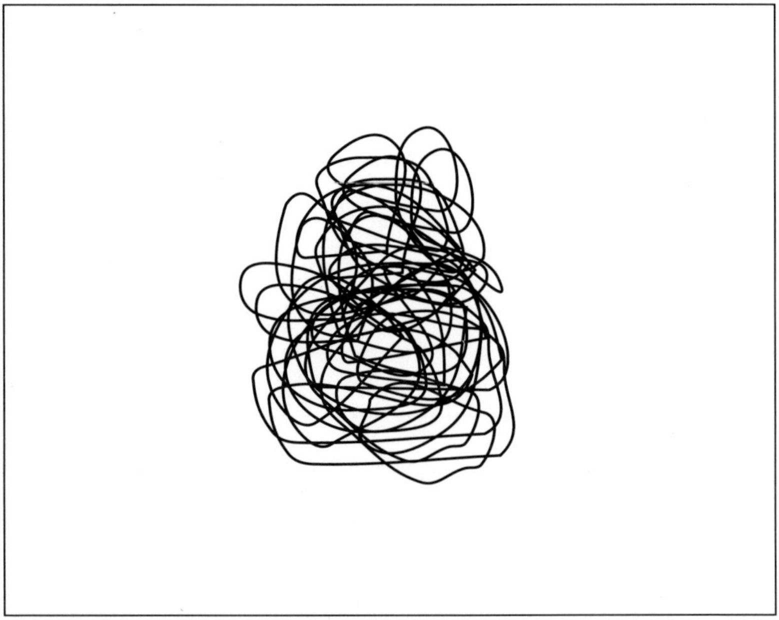

T.: Fühlst du dich so im Konzert?
C.: So ähnlich. Auf jeden Fall ist viel los, und es saust alles um mich herum, bis ich ganz müde werde.
T.: Atme tief und gleichmäßig, mit jedem Ausatmen öffne ein wenig deine Spirale.
C. (nach einer Weile): Ja, jetzt ist alles weiter, ich fühle mich besser.
T.: Wie sieht jetzt deine Spirale aus?

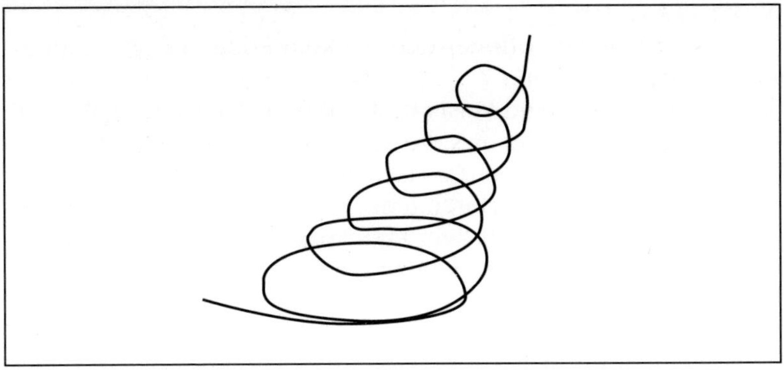

T.: Wie fühlst du dich in dieser Spirale?
C.: Das ist ein gutes Gefühl, ich kann die Kraft besser einteilen.
T.: Wo ist denn das Publikum?
C.: Das ist auch in der Spirale drin, ja, der ganze Konzertraum ist da drin.
T.: Kannst du näher beschreiben, wie dein Konzert als Spirale wirkt?
C.: Ich muß die Spirale noch mal ändern:

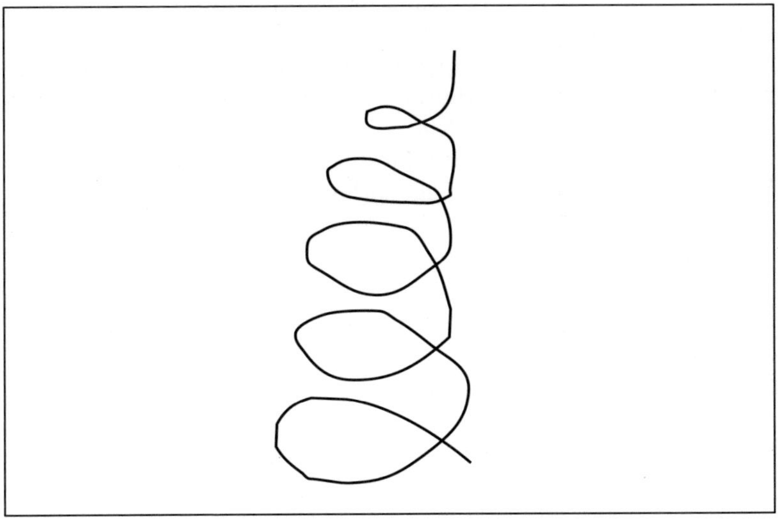

T.: Was ist anders?
C.: So ist die Spirale offener und hat kein Ende, sie geht unendlich weiter nach oben.
T.: Und wie sind deine Musik und Zuhörer darin untergebracht?
C.: Ich merke erst jetzt, daß die Spirale schwingt und sich gleichzeitig nach oben bewegt. Das ist sehr angenehm. Ich bekomme Kraft, anstatt daß sie verlorengeht.
T.: Und deine Musik und dein Publikum?
C.: Das gehört jetzt zusammen. Ich empfinde, daß durch die offene Spirale alles langsam in Bewegung kommt, dann steigert sich die Dynamik so, wie das im Konzert sein sollte.
T.: Ist es auch für dich so?
C.: Ja, ganz bestimmt! Ich werde versuchen, die Spirale im nächsten Konzert zu erschaffen, sie mir so richtig auf der Bühne vorstellen.

Clarissa berichtete, daß ihr dies gleich im nächsten und in den darauf folgenden Konzerten mühelos gelang. Sich den schöpferischen Prozeß als aufsteigende Spirale vorzustellen ist bei Musikern längst nicht so selbstverständlich, wie wir erwartet hatten. Die meisten meinen, sie müßten „powern", um einen typischen Ausdruck wiederzugeben, so wie Clarissa dies auch in den ersten Zeichnungen durch Pfeile markierte. Es ist nicht unbedingt nötig, einen Klienten das Raumerlebnis zeichnen zu lassen, aber im Falle der Spirale haben wir oft erlebt, daß die Vorstellung von diesem Symbol eher einem Drahtgewirr glich, wenn, wie Clarissa, ein Musiker sein Konzert in dieser Form wiedergab. Ebenso wie in diesem Beispiel kann der Klient auch anhand der Zeichnungen die Änderung seiner Wahrnehmung erkennen und damit den Wechsel von Einengung zu gesunder Dynamik.

Die Musik hören

Das Auge ist der Spiegel der Seele,
Das Ohr ist das Tor zur Seele.

Indisches Sprichwort[42]

In dem Echten und Wertvollen dann die wirklichen Kunstwerke zu entdecken muß eigener Versenkung, eigenem Empfinden, eigenem Suchen und Vergleichen anheimgestellt bleiben. Nichts wäre verkehrter als das „Nachbeten" auch des sichersten Urteils, dessen innere Begründung man nicht selbst empfunden hat.

Bo Yin Ra[43]

Beide Aussprüche sähen wir gerne auf die Wände jedes Konzertsaals geschrieben, denn sie berühren einen sehr wichtigen und stark vernachlässigten Aspekt der Bühnen-Energetik – das Erleben und das Hören von Musik. Auf den ersten Blick scheint dies die Zuhörer, das Publikum zu betreffen. Die Fähigkeit, zuzuhören, muß jedoch beim Musiker beginnen. Wenn er nicht vermag, im Klang zu verweilen, Zeit zum Zuhören zu haben, welche Botschaft soll dann das Publikum erreichen?

Die Idee, sich intensiv mit dem Partner Musik-Zuhörer aus dem Blickwinkel des Hörens und Sehens zu befassen, erwuchs aus der reichhaltigen Erfahrung mit Musikerkollegen, die verlernt haben, zuzuhören. In einer Zeit des Fernsehkonsums ist das Nicht-zuhören-Können zwar eine allgemein zu beobachtende Schwäche, doch hat es beim Musiker eine subtile Auswirkung auf sein Spiel, auf seinen Ausdruck und auf seine Energetik. Betrachten wir zunächst seinen Zuhörpartner:

Im modernen Musik-Marketing und -Management ist der Zuhörer in seiner Funktion auf den potentiellen Konsumkunden reduziert. Er soll CDs kaufen, Konzerte besuchen, soll applaudieren und den Mund halten, wenn es um seine Meinung geht. Dafür hat man die Kritiker im Konzert, die dem Konzertbesucher und dem Leser zuhause vorsagen, was sie zu meinen haben. Nie war die Kluft zwischen Künstler und Publikum größer als heute. Seit Jahrzehnten wird das Publikum in seinen Bedürfnissen ignoriert und seines Anteils am schöpferischen Prozeß beraubt. Das ist eine bittere Wahrheit, die durch nichts beschönigt werden kann.

Wir sannen auf Änderungen und begannen, die Zuhörer nach Konzerten zu fragen: „Was haben Sie wahrgenommen? Sie hatten jetzt fast zwei Stunden Zeit, sich in die Musik einzufühlen, die Musiker zu beobachten und vor allem sich selbst in Ihrem Befinden zu beobachten - wie ist es Ihnen ergangen?" Die Antworten decken die Misere erschütternd auf, denn der Zuhörer ist es nicht mehr gewohnt, daß er überhaupt gefragt wird oder daß es einen Berufsmusiker interessieren könnte, was den Zuhörer bewegt. Unser Durchschnittspublikum hat kein Selbstvertrauen und kein Selbstwertgefühl mehr. Es ist krampfhaft bemüht, eine Musik zu „verstehen", mit Faktenwissen aufzuwarten und sich für seine Unkenntnis zu entschuldigen.

Hier ein Dialog mit einem musikalisch interessierten Laien, der für hundert andere steht:

Zuhörer: Ich kann ja keine Noten lesen, ich spiele kein Instrument, ich bin unmusikalisch.
Autorin: Wer sagt, Sie seien unmusikalisch?
Z.: Mein Musiklehrer in der Schule sagte schon, ich könne nicht richtig singen.
A.: Singen Sie denn gerne?
Z.: Ja, schon, aber ich habe immer Angst, daß ich falsch singe.
A.: Sie haben jetzt lange Zeit zugehört. Haben Sie sich dabei wohlgefühlt?
Z.: Manchmal schon, aber so ein Konzert ist doch schon recht lang...
A.: Womit haben Sie sich denn die Zeit vertrieben?
Z.: Ich habe mir vorgestellt, was das für Menschen da auf der Bühne sein mögen.
A.: Haben Sie schon mal daran gedacht, daß Sie als Zuhörer unser wichtigster Partner sind?
Z.: Das wäre ja schön...
A.: Es ist so. Ohne Sie kommt kein schöpferischer Fluß in Gang. Die Noten werden durch uns Musiker beseelt, und die Musik wird durch Geben und Nehmen beseelt. Stellen Sie sich vor, wir spielen vor einem leeren Saal...
Z.: Das muß ja schrecklich langweilig sein!

A.: Genauso absurd wäre es, wenn Sie im Saal sitzen und auf der Bühne gar nichts passiert. Es gehören beide zusammen, der Musiker und der Zuhörer, sie bilden einen Energiekreis. Durch dieses gemeinsam geschaffene Energiefeld werden wir auch gemeinsam aus dem Alltag gehoben, wir fühlen uns erhoben, wenn der Austausch zwischen Künstler und Publikum funktioniert.

Z.: Das passiert aber selten. Die meisten Musiker spielen vor sich hin, gucken nicht ins Publikum und zeigen die kalte Schulter.

A.: Was meinen Sie, woran das Verhalten der Musiker liegt?

Z.: Ich habe das Gefühl, die haben Angst, auch wenn sie perfekt spielen.

A.: Kommen wir wieder zu Ihnen als Zuhörer zurück. Was haben Sie denn für ein Zeitempfinden im Konzert?

Z.: Manchmal bin ich so gefesselt, daß die Zeit nur so vorbeifliegt, und dann dehnt sie sich, vor allem, wenn ich mich langweile. Vielleicht verstehe ich auch zu wenig von der Musik...

A.: Nehmen wir den glücklichen Fall an, Sie langweilen sich nicht. Was nehmen Sie denn durch die Musik wahr?

Z.: Meinen Sie, was ich mir darunter vorstelle?

A.: Zum Beispiel. Sehen Sie Farben oder Bilder, haben Sie Empfindungen?

Spätestens in dieser Phase des Dialogs setzt ein großes Erstaunen ein.

Z.: Ja, darf man denn das?

A.: Wer sollte es verbieten?

Z.: Tja, wenn Sie mich so direkt fragen... Ja, ich sehe je nach Musik Landschaften oder meine, ich sei zum Beispiel in einer alten, finsteren Burg...

A.: Können Sie sich etwas unter farbigem Hören vorstellen?

Z.: Was? Farben soll man hören können?

A.: Farben sind Schwingungen wie Töne. Man sagt doch auch: Diese Musiker musizieren farbig. Sie kennen die Begriffe Tonfarbe und Farbton – unsere deutsche Sprache zeigt ganz wunderbar den Zusammenhang.

Z.: Farbig hören – das wäre ja toll!

A.: Wenn Sie zum Beispiel eine Landschaft vor Ihrem geistigen Auge erschaffen – ist die nicht auch farbig?

Z.: Ja, stimmt! Und Sie meinen, daß meine Farben, die ich sehe, etwas mit der Musik zu tun haben, die ich höre?
A.: Natürlich. Es sind Ihre ganz persönlichen Wahrnehmungen. Wenn ich musiziere, habe ich auch ähnliche farbliche Wahrnehmungen und Assoziationen. Wäre das nicht spannend zu wissen, ob meine Bilder, die ich sende, von Ihnen empfangen werden und ob unser beider Bilder etwas miteinander zu tun haben?
Z.: Das wäre wahrhaftig spannend, aber es klingt so unwahrscheinlich, daß das mit Musik zu tun haben könnte...

Es hat tatsächlich mehr mit Musik zu tun als jenes Faktenwissen, durch das wir erfahren, wann ein Komponist gelebt hat, was eine Sonate ist oder daß die Durchführung in einer Fuge XY von Takt 36 bis 74 geht. Dieses Wissen kann heute jeder in Fachbüchern nachlesen und lernen, aber selbst die anstrengendsten Musikstudien offenbaren uns nicht das Wesen eines Tones. Die Kenntnis der materialistischen und intellektuellen Seite der Musik lehrt uns auch nicht, wie wir unsere Seele mit Musik laben können. Dennoch hält sich hartnäckig die Meinung, für das Musikverständnis seien Fakten wichtig, und deshalb klammert sich der Zuhörer an das ausführliche Konzertprogramm. Werke von „Anonymus" irritieren, wenigstens eine Jahreszahl sollte die Lücke schließen, ein Konzert ohne Programm ist für viele eine Horrorvorstellung.

Ein fabelhafter Lautenspieler in Basel, der ähnliche Ideen vom Musik-Zuhören hat wie wir, wagte einmal, kein Programm für sein Konzert auszugeben. Er wurde gezwungen, zwischen Programm und Absage zu wählen. Er spielte das Konzert, ließ aber ein Programm austeilen, auf dem nur Stücke ohne Komponistennamen und Jahreszahlen standen.

Wenn man dagegen ankündigt, das folgende Werk sei von Händel, sagt jeder „Aha", als ob diese Tatsache bessere Ohren, bessere Aufnahmesensorien garantiere. Auch die Angabe von Geburts- und Todesjahr entlockt vielen dieses seltsame „Aha", von dem wir als Musiker nicht verstehen, welche tatsächliche Einsicht damit verbunden ist. Wie die Praxis zeigt, kommen die emotionalen, mentalen oder besser ganzheitlichen Erfahrungen beim Musikhören zu kurz und werden eher durch zuviel intellektuelles Wissen behindert.

Die Gespräche mit musikalisch gebildeten Zuhörern, die sich entweder viel Wissen angelesen hatten oder selbst musizierten, waren nur insofern anders, als sie eine aktive Teilnahme des Zuhörers am schöpferischen Geschehen für möglich und wünschenswert hielten. Indes waren auch sie sehr erstaunt, wenn es um eine phantasievolle, farbige Wahrnehmung der Musik ging. Am wenigsten Bereitschaft, Musik als Bilder-, Emotions- und Farbensprache anzunehmen, zeigten die Berufsmusiker. „Etwas von Musik verstehen“ bedeutete hier, über musiktheoretisches Wissen sowie instrumentales und vokales Können zu verfügen. Alles andere wirkte auf die Musiker suspekt und war nicht mit ihrem Anspruch an ein intelligentes Musikverständnis vereinbar. Der moderne Berufsmusiker ist intelligent, daran besteht kein Zweifel. Diese Intelligenz aber nutzt er meist ebenso einseitig, wie viele Schulmediziner und Naturwissenschaftler es tun. Da er so sehr von der Vorherrschaft des Intellekts überzeugt ist, erwartet er dies auch vom Zuhörer – aber diese Rechnung geht nicht auf. Folglich wenden sich viele Berufsmusiker vom Publikum innerlich ab. Was wunder, daß der Zuhörer keine Chance hat, seine seelischen und geistigen Bedürfnisse im Konzert zu stillen. Er spürt instinktiv, daß der perfekte Berufsmusiker oben auf der Bühne von ihm Wissen verlangt. Das Fehlen jeglicher Alternative führt zur Frustration.

Dieses Dilemma kann nicht kurzfristig aufgehoben werden. Es müssen Prozesse des Austauschs zwischen Bühnenkünstler und Zuschauer in Gang kommen, und das erfordert viel Zeit. Ein kleiner Beitrag hierzu waren die Vorträge, Seminare und Workshops, die die Autorin seit 1988 aufgrund der Auswertung der Publikumsbefragung an Volkshochschulen Baden-Württembergs hielt. Sie ließ Schüler, Studenten, Hochschullehrer und Musiker verschiedene Musikbeispiele in Farben malen und machte Übungen zum Musikhören, die teils auf die linke, teils auf die rechte Gehirnhälfte ausgerichtet waren.

Die reichhaltigen Ergebnisse unserer Befragungen inspirierten uns dazu, die Bühnen-Energetik noch einmal gesondert in der Beziehung Musiker-Zuhörer zu reflektieren und daraus eine *Zuhörer-Balance* zu entwickeln. Diese wurde zu einem wichtigen Thema der Musik-Kinesiologie, denn mit der verblüffenden, aber einfachen Einsicht, daß jeder Musiker zugleich sein erster und wichtigster Zuhörer ist, kamen wir direkt an den Pulsschlag des Bühnengeschehens heran.

Es entspricht der Realität, daß ein Musiker auf der Bühne Töne erzeugt und folglich etwas hört. Aber was hört er wirklich? Man sollte annehmen, er höre seine Musik. Das wäre der Idealfall, denn dann ist er eins mit seinem schöpferischen Tun. Diese Art des Hörens stellt die Harmonie zwischen sukzessiver Tonwahrnehmung der linken Gehirnhälfte und ganzheitlicher Musikwahrnehmung der rechten Gehirnhälfte her. Musiker sagen dann: Ich bin *ganz in* der Musik. Das wiederum bedeutet, im Hier und Jetzt zu sein. Weder denkt man an die kommende schwierige Stelle, noch hadert man mit einer vergangenen, die vielleicht nicht optimal war.

Viele Musiker, die zu uns zur Balance kamen, dachten beim Thema „Musiker-Zuhörer", es sei wichtig, sich zu überlegen, was für den Zuhörer im Saal wichtig sein könnte. Sie waren erstaunt, daß eine zweite Person außer ihnen gar keine Rolle spielte, daß sie selbst der Zuhörer sind. Genauso erstaunt waren Klienten, die gerne in Konzerte gehen und an einer solchen Balance teilnahmen. Sie dachten wiederum, sie müßten sich etwas einfallen lassen, wie sie dem Musiker mit konzentriertem Zuhören näherkommen. Sie staunten darüber, sich sowohl in der Rolle des Musikers als auch des Hörers wiederzufinden.

Bei der folgenden Zuhörer-Balance werden folgende Affirmationen ausgetestet:

1. Ich höre zu, wenn jemand spricht/rezitiert.
2. Ich höre zu, wenn jemand singt/spielt.
3. Ich werde eins mit dem Gehörten.
4. Ich werde gehört als Musiker vom Zuhörer.
5. Ich werde gehört als Zuhörer vom Musiker.
6. Ich höre meiner Musik zu:
   - beim Üben
   - in der Probe
   - im Konzert
   - im Wettbewerb
   - in der Prüfung.

Wir können in der Balance durchaus von einem konkreten Musikwerk ausgehen. So nehmen wir zum Beispiel eine Sinfonie, die der

Klient entweder gut kennt oder in der er selbst schon als Solist oder Orchestermusiker mitgespielt hat. Eine CD oder MC wird während der Balance eingespielt, so daß direkt erlebt wird, was Streß erzeugt und was sich in angenehme Wahrnehmungen verändert. Oft glaubt der Klient später gar nicht, noch dasselbe Musikwerk zu hören.

Wir möchten drei Beispiele von Zuhörer-Balancen geben, von denen die beiden ersten die Position des Musikers deutlich machen, während das dritte die des Musikliebhabers beziehungsweise Konzertgängers erhellt:

Die Geigerin Karin kam zu uns, weil sie als Solistin Probleme mit einer großen Zuhörerschaft hatte. Wir wählten das Violinkonzert von Johannes Brahms und testeten die Affirmationen. Dabei zeigten „Ich höre zu, wenn jemand spielt" und „Ich höre meiner Musik in der Probe zu" an. Karin, eine sehr quirlige, temperamentvolle Musikerin, geriet förmlich außer sich, als sie unter ESR das Violinkonzert hörte.

Karin: Oje, oje, das war genau die Stelle ..., paß auf, gleich kommt ...
Tester: Atme ruhig und tief ein und aus. Was hörst du auf deinem linken Ohr?
K.: Lauter Bäume.
T.: Bäume? Was meist du damit?
K.: Stämme – lauter lange und dicke Linien, die aber geordnet sind. Wie ein Laubwald, durchsichtig, aber geordnet.
T.: Gefällt dir dieser Eindruck?
K.: Ja, sehr!
T.: Atme weiter tief und ruhig, lenke deine Aufmerksamkeit auf das rechte Ohr.
K.: Jetzt bin ich in Irland, lauter grüne Hügel, stahlblauer Himmel, Wasser, Schafe, richtig pastoral.
T.: Das erlebst du in dieser Musik?
K.: Ja, ich sehe problemlos viele klare Farben.
T.: Atme weiter ruhig und tief, versuche nun aus deiner Mitte heraus mit beiden Ohren die Musik zu hören.
Karin summt leise und entspannt die Melodien des Violinkonzerts mit. Nach einer Weile:
T.: Gefällt dir diese Art des Hörens?
K.: Es ist ein ganz neues Gefühl, ich kann die Musik gut verfolgen, sie fließt.

T.: Stell dir vor, du spielst jetzt dieses Violinkonzert. Das bist du, hörst du?
K.: Schrecklich! Mach die Musik aus! So spiele ich nicht.
T.: Gut, die Musik ist abgestellt. Kannst du dir jetzt vorstellen, das Violinkonzert zu spielen?
Karin summt leise vor sich hin, wiegt sich im Rhythmus und dirigiert mit den Händen.
T.: Was hörst du?
K.: Ich höre mir zu.
T.: Was siehst du in deiner Musik?
K.: Viele Farben. Sie greifen ineinander über und bewegen sich.
T.: Was fühlst du?
K.: Festigkeit in den Füßen und Wind, der viel frische Luft bringt.
T.: Was schmeckst du?
K.: Diesen frischen Wind, ich kann gut atmen.
T.: Und was riechst du in deiner Musik?
K.: Urlaub (bricht in schallendes Gelächter aus). Es riecht wie am Meer - salzig und frisch.
T.: Hast du jetzt das Gefühl, daß du mit allen Sinnen deine Musik wahrnimmst?
K.: Ja, das kann man wohl sagen. Ich wünsche mir, daß ich den Brahms mal mit dem frischen Wind spiele!
T.: Was sollte dich daran hindern?
K.: Ja, nichts, ich muß es einfach tun.

Die Balance bewirkte bei der Geigerin ein Umdenken, die Musik nicht mehr selektiv zu hören, sondern immer wieder so, als höre sie sie zum erstenmal.

Diese Ursprünglichkeit der Wahrnehmung erlaubt, Neues zu entdecken, auch Neues für die Interpretation zu kreieren. Für die Musiker, die sich in der Balance als Zuhörer erleben, ist es heilsam, sich zunächst der Tatsache bewußt zu werden: Ich höre nicht mehr unbefangen Musik. Der nächste Schritt ist die Befreiung aus dieser Einengung des Hörens, indem sie die Musik mit allen Sinnen wahrnehmen. Natürlich soll ein Berufsmusiker weiterhin kritisch seine eigenen oder andere Interpretationen von Orchester-, Opern- oder Kammermusik anhören, doch kann er die Musik nach einer solchen Balance dann wertfrei genießen. Wie schwierig dies sein kann, mag das folgende Beispiel erhellen:

Die Autorin machte Schallplattenaufnahmen, die unter extrem anstrengenden Bedingungen stattfanden, so daß sie schon in Rage geriet, wenn sie nur ein paar Töne der Aufnahme anhörte. Sie hörte nicht die Musik, sondern das ganze Streßumfeld. Jeder sagte, das Repertoire sei exzellent interpretiert, und einige Freunde rieben sich ein wenig schadenfroh die Hände und meinten, angesichts der kinesiologischen Kenntnisse der Autorin dürfe ein solcher Streß doch gar nicht aufkommen. Ist man aber selbst von einem Thema betroffen, macht man die gleichen Schwierigkeiten durch wie jeder andere Musiker auch.

Die Autorin traf sich mit einer Kinesiologin, erklärte ihr die Zuhörer-Balance und ließ sich von ihr in bezug auf die Plattenaufnahmen entstressen. Am Anfang war es völlig unmöglich, durch das Dickicht der anstrengenden Begleiterscheinungen zur Musik durchzudringen. Es war frustrierend zu erleben, wie fern die Musik war, wie wenig Bereitschaft bestand, anstatt der kompletten Arien nur die Passagen zu hören, die während der Aufnahme wiederholt werden mußten. Erst beim Einsatz aller Sinne und beim Sich-Hineinversetzen in den Zuhörer, der die Arien hört, brach der Bann. Die Autorin hörte nach der Balance die Aufnahmen zum erstenmal wertfrei und konnte sich erst jetzt an der Musik erfreuen.

Nehmen wir ein letztes Beispiel, einen Zuhörer, der gerne und oft in klassische Konzerte geht. Helmut behauptete, er sei total unmusikalisch und komme sich wie ein Analphabet vor, weil er keine Noten lesen könne. Aber Musik gehöre zu seinem Leben. Unter ESR ergab sich folgender Dialog:

Tester: Du bist jetzt im Konzertsaal, was nimmst du wahr?
Helmut: Na, Musik!
T.: Was genau?
H.: Töne, Melodien, Harmonien, Rhythmus.
T.: Ist das alles? Das klingt so nach Einzelteilen.
H.: Aber das ist doch wichtig, sagen die Musiker.
T.: Was ist denn für dich wichtig?
H.: Es muß schön klingen, es muß harmonisch sein, dissonante Musik kann ich nicht leiden.

T.: Du hörst jetzt ein bekanntes Werk, die „Kleine Nachtmusik" von Mozart...
H.: Ja, kenne ich natürlich (summt mit bis zu einer virtuosen Stelle). Siehst du, jetzt kann ich nicht mehr mithalten, jetzt wird es schwierig, ich bin eben Laie.
T.: Meinst du, es sei wichtig für den ersten Geiger, daß er seine Stimme genau singen kann?
H.: Ja, finde ich.
T.: Gut, jetzt sei du der erste Geiger und tauche in die bekannte Melodie ein. Was siehst du?
H.: Sehen? Ich sehe einen Zaubergarten, in dem sich alle Pflanzen bewegen, hinten ist ein Schloß, eine richtige Märchenszenerie.
T.: Gefällt dir das?
H.: Sehr, ich kann mich locker in der Szenerie bewegen, die Stimmen von der Nachtmusik sind alles Personen, mit denen ich mich treffe.
T.: Was sagt denn gerade die zweite Geige?
H.: Muß ich mal hinhören. (Nach einer Weile) Das ist ja unfaßbar, ich konnte ganz genau diese Stimme verfolgen, ohne von den anderen gestört zu werden.
Wir gehen alle Stimmen durch, die der Klient erstmalig deutlich wahrnimmt.
H.: Komisch, ich höre das Cello und zugleich alle anderen, ich höre dreidimensional!
T.: Ist ja toll, und du sagst, du seiest unmusikalisch.
H.: Ja, das ist wirklich sonderbar, ich höre das Stück so umfassend, als hätte ich die Partitur studiert.
T.: Hast du ja auch.
H.: Nein, ich kann doch keine Noten lesen!
T.: Was ist denn eine Partitur außer schwarzen Punkten auf weißem Papier?
H.: Soviel ich weiß, ist eine Partitur das Notenbild, auf dem alle Stimmen untereinander stehen.
T.: Das stimmt natürlich. Wie kommt sie denn zum Leben?
H.: Jetzt verstehe ich, was du meinst, die Noten sind noch nicht die Musik.
T.: Es geht nicht darum, was ich meine, sondern wie du die Partitur zum Leben erweckst.
H.: Ich? Das kann ich doch gar nicht!

T.: Was hast du denn eben in deinem Zaubergarten erlebt? Kannst du ihn noch einmal erschaffen?
H. (hört intensiv dem zweiten Satz der „Kleinen Nachtmusik" zu): Phantastisch, jetzt bin ich wieder gut Freund mit jeder Stimme.
T.: Wer ist jetzt die Partitur?
H.: Das alles um mich herum, der Garten, das Schloß, die bunten Farben und die Musiker, die sich im Garten ergehen.
T.: Und du bist dabei?
H.: Ja, mittendrin, ich bin ein Teil von diesem Garten.
T.: Stichwort „Notenlesen" – ist das jetzt noch ein Thema?
H.: Naja, eigentlich könnte ich das ja noch lernen, um mal die Musik per Noten zu verfolgen, so zum Spaß.
T.: Ist das wichtig für das Hören von Musik?
H.: Nach diesem Erlebnis muß ich gestehen: Es spielt überhaupt keine Rolle mehr für mich. Ich erlebe die Musik dreidimensional, das finde ich phantastisch!

Helmut lernte schließlich doch nicht Notenlesen, sondern hörte statt dessen stundenlang Musik auf seine dreidimensionale Weise und schuf sich die verschiedensten Landschaften, in denen die Partitur lebendig wurde. Er fühlte sich bereichert und als Zuhörer nicht mehr ausgegrenzt von den Musikausübenden. Er begriff seinen Anteil am künstlerischen Schaffensprozeß, nämlich die ganzheitliche Wahrnehmung und den inneren Zugang selbst zu einer Musik, die er zum erstenmal hörte.

Die Zuhörer-Balancen avancierten bei uns für einige Monate zum „kinesiologischen Hit", weil es ungemein spannend war, wie grundverschieden Konzertgänger ein und dieselbe Musik erlebten. Das war für uns als Musiker mindestens ebenso bereichernd wie für die Klienten.

Das Annehmen und Üben von Kritik

Zum schöpferischen Prozeß gehört neben dem Musiker und dem Zuhörer auch der Kritiker, der das Kunstwerk „von außen“ oder „objektiv“ betrachten soll. Diese scheinbare Objektivität resultiert aus der Vorstellung, allgemein gültige Normen, die zu einer bestimmten Zeit als Interpretations-, Stimm- oder Klangideal aufgestellt wurden, als Maßstab nutzen zu können. Im Grunde aber ist jede Kritik subjektiv, und es wäre ein deutlicher Fortschritt in der Kunstmusik, wenn die Kritiker anstelle der Allgemeinplätze persönlich Stellung beziehen und nicht „Gott“ spielen würden.

Wenn jeder von dem spräche, was er versteht, dann wäre alsbald ein großes Schweigen auf der Erde.

Laotse[44]

Eigentlich ist mit Laotses Worten alles zum Thema „Kritiker“ gesagt, denn in keinem Fachbereich werden soviel unnütze, leere, unsachgemäße Worte produziert wie in der Musikkritik. Mit ihr verhält es sich wie mit den Horoskopen der Boulevard-Presse: Jeder hält sie für Unsinn, aber jeder liest sie. Wie viele Musiker amüsieren sich über ihre Kritiken, wie viele ärgern sich, wie viele sind betroffen, wenn ihre Arbeit mit einem Wimpernschlag ins Nichts oder gar in den Schmutz gezogen wird!

Im Musikbetrieb spielt das Echo auf einen schöpferischen Akt (Komposition) oder eine Aufführung (Konzert) eine große Rolle. Es gibt gewissenhafte Kritiker, die das Geschehene würdigen und frei ihre Meinung sagen. Ihrem Urteil entspringt nicht selten eine konstruktive Kritik, die dem Künstler als Anregung dient und das als Echo wiedergibt, was der Interpret oder Komponist selbst gemerkt hat.

Dann gibt es den gewissenlosen Kritiker, der unbehelligt dummes, bösartiges Geschwätz schreiben darf und dafür auch noch

Geld bekommt. Jeder einigermaßen intelligente Leser, vor allem der betroffene Künstler, liest zwischen den Zeilen einer solchen Kritik eher Frustration, Neid oder Geltungsdrang als Sachverstand. Es lohnt sich, einmal der Frage nachzugehen, wem eigentlich eine Kritik dient beziehungsweise dienen sollte.

Die Beantwortung verlangt einen ständigen Wechsel des Blickwinkels. Beginnen wir bei dem Kritiker selbst und gehen wir von einem lauteren Menschen aus, der seine Kritiken nicht als Müllplatz für seine psychischen Probleme wählt. Hier finden wir nun eine Anzahl von Lehrern oder Journalisten, die gerne in Konzerte gehen, einen Zugang zur Musik haben und sich für Neues interessieren. Sie schreiben für eine Tageszeitung oder ein musikalisches Fachblatt. Hinter ihrer Kritik steht Wissen. Sie beginnen mit einer wortreichen Darstellung ihres Wissens über Epoche, Stil, Instrumente und Geschichte. Daraus jedoch machen manche eine Bastion von Wertigkeiten, an denen sich die Aufführung zu messen hat. Diese Bastion entpuppt sich immer dann als bloße Taktik, wenn der Kritiker mit der Aufführung nicht zufrieden ist. Er muß zwei Seiten bedienen: die Zeitung mit ihrem Zeilenzwang, und den Leser, dem er in zwei, drei Kolumnen seinen Eindruck von ein bis zwei Stunden musikalischer Arbeit vermitteln soll. Kein Wunder, daß es hier zu Formulierungen kommt, die wie Sägespäne schmecken, wie zum Beispiel: *„Die Begleitung der Gesangsnummern differenzierte häufig und erhöhte damit den kammermusikalischen Reiz…“*

Die Regel Nr. 1 des Kritikschreibens besteht darin, zu wissen, worüber man schreibt. Wenn also ein Konzert mit früher französischer Mehrstimmigkeit stattfindet, ist es ratsam, vor dem Konzert über diese entlegene Epoche etwas nachzulesen. Noch besser ist es natürlich, wenn der Kritiker diese Musik zuvor schon gehört hat und sich selbst damit die Überraschung des Neuen, Ungewohnten erspart. Doch sogar auf dem Gebiet der sogenannten „Alten Musik“, die sich vorzugsweise mit der Musik vor J.S. Bach befaßt, gibt es inzwischen Schulen und Trends, die zu bestimmen versuchen, wie diese oder jene Musik zu klingen habe. Diese mangelnde Toleranz übernehmen dann gerne Fachkritiker, die kundtun: „Die Musik kenne ich, aber du spielst/singst sie nicht so, wie *ich* es gewohnt bin.“ Der Kritiker ist auch nur ein Mensch, und seine eigene Meinung sollte auch zu Wort kommen. Doch ist unsere

Musiklandschaft übersät mit Kritikern, die nur eines kundtun: Ich habe gemerkt, du machst es anders, und das kritisiere ich. Flexibilität und Toleranz sind leider selten geworden.

Dann gibt es noch den Kritiker, der zusätzlich zu seinem Lexikonwissen ein persönliches Urteil über das Musikrepertoire hinzufügt, ehe er noch ein Wort zur Ausführung der Musik geäußert hat. Mit einem einzigen journalistischen Handstreich wertet und richtet er über die geistige und seelische Arbeit des Musikers. Man könnte mit der Aufzählung der Mißstände im Bereich der professionellen Musikkritik ein eigenes Buch füllen – soviel liegt im argen. Statt dessen aber möchten wir eine kleine amüsante Analogie zu Hilfe nehmen, weil es uns hier nicht nur um den Kritiker von außen geht, sondern auch um unsere eigene Fähigkeit, zu kritisieren und Kritik anzunehmen.

Stellen wir uns einmal vor, es fände ein Fußballspiel statt und der Reporter oder Journalist hätte kaum eine Ahnung von den Regeln, der Spannung, dem Witz dieses Spiels. Jeder würde sagen: „Wie kann ein solcher Ignorant etwas über Fußball schreiben!" Was den Volkssport Fußball betrifft, haben wir eine Volksbildung, und niemand läßt sich bieten, daß ein Fußball-Ignorant über diesen Sport etwas sagt oder ihn womöglich verurteilt. Die Fußball-Fans erwarten keine Darstellung der Fußballgeschichte oder der gesundheitlichen Aspekte des Fußballspiels. Sie wollen alles Wissenswerte über dieses Spiel aus dem Mund eines Kundigen hören, das heißt, von jemandem, der Fußball mag, der die Mannschaften, ihre Liga-Positionen, die Sorgen des Trainers und vielleicht ein wenig Klatsch und Tratsch aus dem Hintergrund kennt. Gibt sich ein Fußballkritiker aber durch Unwissenheit eine Blöße, kann er das Feld sofort räumen.

Warum aber stellen wir nicht die gleichen berechtigten Ansprüche an unsere Musikkritiker? Da der moderne Musikindustriebetrieb schon so darum bemüht ist, die Sportdisziplin als Vorbild zu wählen – schnelle Noten, schnelle Karriere, perfekte Technik –, warum dann nicht auch im Bereich des Kritikschreibens? Warum werden die Kommentatoren im Sport für ihr Wissen bezahlt und die Kritiker in der Kunst für ihr Unwissen? Die Antwort ist einfach: weil es keine *Volksbildung* in der Kunstmusik gibt. Das ist keine neue Erscheinung, sondern resultiert aus einer Entwicklung der modernen Kunst, die in den fünfziger Jahren begonnen hat.

Indem der moderne Künstler meinte, das Publikum habe „sowieso keine Ahnung von Kunst“, dies sei das Privileg des Künstlers, entstand die Kluft zwischen Bühne und Publikum. In dem Maße, wie Zuschauer und Zuhörer entmündigt wurden und ihr Desinteresse dadurch wuchs, wurde der Künstler auf der Bühne immer empfindlicher gegen Kritik. Er koppelte sich selbst von seinem wichtigsten Partner, dem Publikum, ab.

Daß in einer derart gespaltenen Atmosphäre der Kritiker irritiert als Vermittler umherirrt, ist kein Wunder. Von ihm wird heute erwartet, daß möglichst jede musikalische Aufführung, angefangen von Kindergärten und Schulfesten über Kantoreien bis hin zu den Abonnementkonzerten – alles was zwischen Amateur- und Berufsmusik liegt –, in den Zeitungen besprochen wird. Berechtigte Kritik wird selbst von jüngsten Musikern, von dilettantischen Dirigenten oder Chorleitern beleidigt abgewiesen. Eine engagierte Kritikerin des Schwäbisch Haller Tagblatts sagte dazu: „Meine Kollegen und ich haben es satt, immer nur Schönschreiberei zu betreiben. Wir müssen doch mal sagen dürfen, wie es auf uns wirkt, wenn 1½ Stunden lang langweilig und zudem noch dilettantisch musiziert wird! Wo sind eigentlich die Maßstäbe für gute und schlechte Musik geblieben?!“ Diese Frage stellen sich heute viele Zeitungsredaktionen, weil der Stand des Kunstkritikers zu degenerieren droht: Auf der einen Seite steht die Masse von Veranstaltungen, die keiner Professionalität standhalten, jedoch erwarten, daß sie lobend rezensiert werden. Auf der anderen Seite befinden sich die Kritiker, die sich krampfhaft von ihrem erhöhten Podest aus bemühen, die professionellen Künstler zu bewerten. Beides hat ungesunde Züge, und durch das Benennen allein kommt keine Lösung.

Deshalb fangen wir am besten bei uns selbst an, etwas zu ändern. Wie draußen, so drinnen. Die Mißstände in der Musikkritik sind Projektionen der eigentlichen Mißstände in der Kunst. Da sie aber durch Menschen belebt werden, ist es wichtig zu fragen: Wie gehe *ich selbst* mit Kritik um?

Viele Musiker sind *kritiksüchtig*; namentlich nach dem Konzert, wenn andere sagen: „Das hat mir gut gefallen“, antworten sie: „Ach, nein, ich war gar nicht gut, dies war falsch, jenes daneben.“ Solche Musiker prüfen wir auf ihre Kritikfähigkeit, indem wir sie bestätigen: „Ja, das stimmt, du warst nicht gut". Ihre Reaktion ist meist aggressiv, weil sie gerade das nicht hören wollten. Wir erklären ihnen, daß ihre selbstzerstörerische Sicht nichts als Gier nach Lob ist. Die Erfahrung hat gezeigt, daß eine negative Selbstbewertung nach der Darbietung immer das Gegenteil ersehnt, nämlich, daß es hoffentlich nicht so schlimm war, daß hoffentlich die Fehler nicht aufgefallen sind. Die eigene Kritik wird hier als Stoßdämpfer im voraus verwendet für den Fall, daß Kritik von außen kommt, die dann nicht mehr so wehtut, weil der eigene Schmerz größer ist. Musiker mit diesen Problemen durchlaufen in der kinesiologischen Balance oft eine wunderbare Wandlung. Sie lernen zu begreifen, daß sie geliebt werden möchten, daß es völlig in Ordnung ist, Lob anzunehmen und daß sie ihren Fähigkeiten vertrauen dürfen.

Die Idee einer *Kritik-Balance* resultiert somit wieder einmal aus den unübersehbaren Mißständen im Bereich des Musik-Marketings, aber sie bringt soviel Licht und Spaß in die inneren Zusammenhänge dessen, was Kritik bedeutet, daß sich alle Frustrationen und Ärgernisse nicht nur gelohnt, sondern in eine heilsame Lebenserfahrung verwandelt haben: Das Phänomen der mangelnden Kritikfähigkeit und -annahme ist bei weitem nicht auf Künstler beschränkt, sondern es hat sich gezeigt, daß die meisten Menschen Probleme damit haben. Die Balance soll das Kräftedreieck Musiker - Publikum - Kritiker wiederherstellen. Was alle drei vereint, ist die Fähigkeit zuzuhören, alle Sinne der Wahrnehmung einzusetzen. Ein Kritiker, der als Mensch fähig ist, entspannt mit Lob und Kritik umzugehen, wird seinem Beruf eine solide Basis verschaffen und alle verdiente Ehre erweisen. Das gleiche gilt für den Künstler und schließlich für jeden einzelnen, der im Publikum sitzt.

Die Basis der Kritik-Balance bilden zwei Mudra-Karten: Nr. 7 (Mudra des ganzheitlichen Ausdrucks) und Nr. 13 (Mudra des Kritikvermögens). Bei der Balance geht es um drei Aspekte:

1. Die ganzheitliche Sicht
   Hierzu gehört die Beziehung Künstler - Kunstwerk - Betrachter/Zuhörer (Publikum), wobei der Kritiker zum Betrachter/Zuhörer zählt.

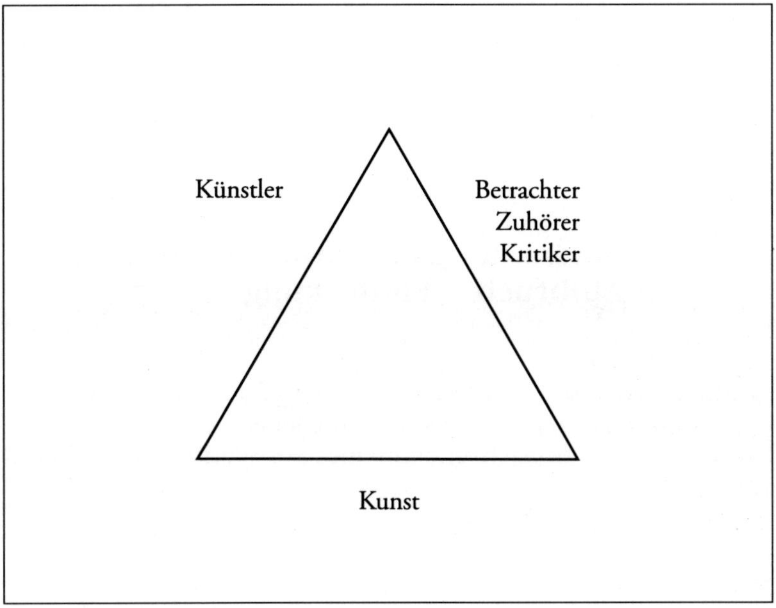

2. Die eigene Kritikfähigkeit
   Hierzu gehört die Beziehung: Ich und mein künstlerisches Tun.

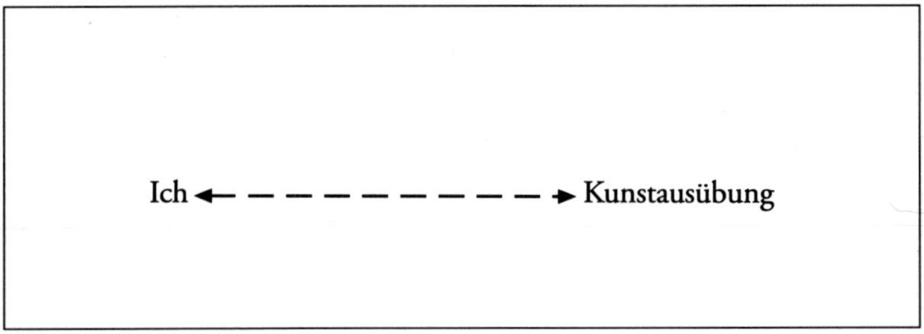

3. Die Annahme von Kritik
   Hierzu gehört die Beziehung Ich - Betrachter/Zuhörer (Publikum), wobei der Kritiker zum Betrachter/Zuhörer zählt.

Ich ← – – – – – – – – – – → Publikum / Kritiker

Nr. 7 - Mudra des ganzheitlichen Ausdrucks Aufbruch - Entdeckung

Affirmationen:
Meine Kunst ist die Brücke zwischen Ego und Wahrem Wesen
Ich befreie mich aus der Enge des Intellekts
Ich schöpfe alle Möglichkeiten meines künstlerischen Ausdrucks aus

Imaginationssymbole:
Brücke, Essen, Geschenk, Versteck

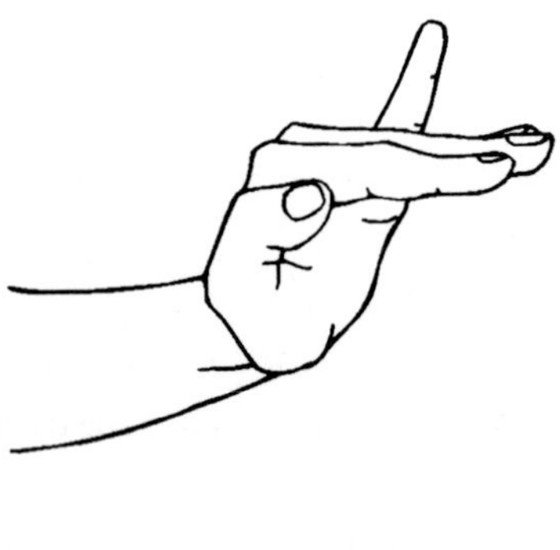

Diese Handgeste sieht man sehr häufig im südindischen klassischen Tanz Bharatnatyam im Zusammenhang mit Szenen, die Affekte und Abenteuerlust ausdrücken. Sieht man die Mimik und Körpersprache des Tänzers, wird die Gleichzeitigkeit von Vergangenheit und Zukunft klar, die damit gemeint ist: Die leicht nach unten gewölbten Finger symbolisieren Vertrautheit mit Altbewährtem, mit der Tradition. Der aufwärts gerichtete kleine Finger weist in die entgegengesetzte Richtung nach oben und symbolisiert Offenheit für das Neue.

Ganzheitliches Tun besteht aber nicht nur aus technischer Vollkommenheit und starkem künstlerischem Ausdruck. Was wirklich energetisch passiert, welchen Grad des Erhobenseins der Musiker und das Publikum erleben, ist abhängig von der inneren Zielsetzung des Künstlers. Will ich glänzen im Sinne des Egos? Will ich Gefäß (Medium) meiner Kunst sein? Will ich mich meinen höheren Kräften anvertrauen? Alle diese Möglichkeiten drücken die drei Affirmationen der Mudra-Karte aus. Das Thema dieser Mudra heißt „Aufbruch - Entdeckung“. Für den künstlerischen Prozeß bedeutet das: „Ich entscheide mich für das künstlerische Tun, ich gehe auf die Bühne. Jeder Auftritt ist ein Abenteuer, dessen Ausgang ich nicht genau kenne. Ich gehe auf Entdeckungsreise, und das bedeutet, ich lasse los, ich bin eins mit meinem künstlerischen Tun.“

Wie bei allen anderen Mudra-Karten auch sollte die Balance beziehungsweise die kreative Lösung des Problems in einem Imaginationssymbol zusammengefaßt werden, das durch die starke Indikatoranzeige ausgewählt wird. Da die Annahme von Kritik ein grundsätzliches Problem vieler Menschen ist, suchte man auch im alten Indien nach anschaulichen Hilfen für den Künstler und bot ihm dafür viele Symbole an, von denen die oben genannten nur eine Auswahl sind: Die *Brücke* steht im physischen wie im geistigen Sinn für den Prozeß, ein tatsächliches oder vermeintliches Hindernis zu überwinden. Bezeichnenderweise führen Brükken am häufigsten über Gewässer. Wasser wiederum steht für Emotionen, und Emotionen sind eine der wichtigsten Quellen, aus denen ein Künstler schöpft.

Der Begriff *Essen* wirkt angesichts unserer Fast-Food-Gesellschaft fast fehl am Platz. Dennoch kennt jeder das gute Gefühl, eine liebevoll zubereitete, schmackhafte Mahlzeit zu genießen. Wir nehmen dankbar an, was ein anderer für uns tat. Ein *Geschenk* annehmen steht für konstruktive Kritik. Wie reagieren wir, wenn das Geschenk keine schöne Vase, sondern eine berechtigte oder auch unberechtigte Kritik an unserer Aufrichtigkeit ist?

Das Symbol des *Versteck*s ist im Rahmen dieses Themas besonders aufschlußreich. Wird es zum „Auffanglager" auf der Flucht vor Kritik? Wird es zur Zuflucht nach einer ausgestandenen Kritik? Steht es für die innere Sicherheit, einerlei, ob die Kritik berechtigt oder unberechtigt ist?

Nr. 13 - Mudra des Kritikvermögens Lobrede - Spiegel

Affirmationen:
Ich bin bereit, die Früchte meiner künstlerischen Arbeit zu ernten
Ich bin offen für konstruktive Kritik
Ich unterscheide zwischen Lob und Schmeichelei

Imaginationssymbole:
Spiegel, Murmeln, Frau, Vollmond

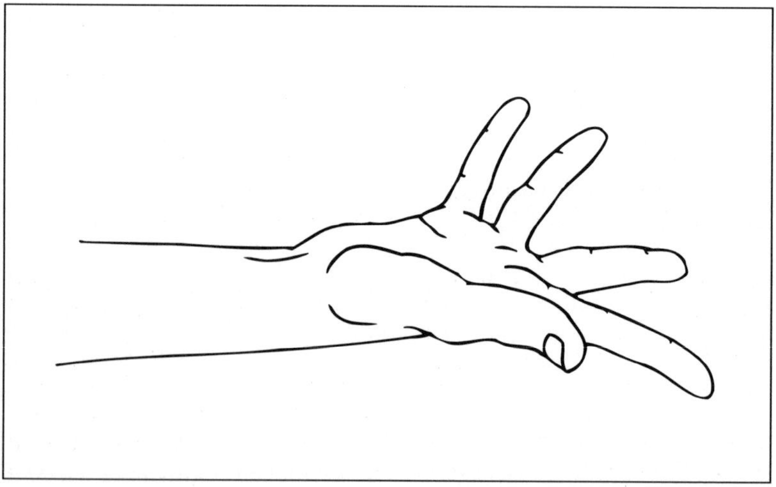

Die Handgeste dieser Mudra ist im indischen Tanz immer als Symbol für Aktivität nach außen, Mut und Kraft zu sehen. Alle fünf Finger sind gespreizt, so daß jeder sie wahrnehmen kann. Für den künstlerischen Prozeß heißt das: „Seht her, das bin ich, ich habe nichts zu verbergen." Die gesamte Körpersprache, zu der die Mudra gehört, steht im südindischen Bharatnatyam-Tanz für Kraft, Mut, Herausforderung, Freiheit und Einssein mit sich selbst.

Es gibt kaum eine Mudra, die so unmittelbar auf die Musiker wirkt wie die der offenen Hand, da wir im Westen in der Kunst verlernt haben, uns vollkommen gelassen preiszugeben. Wir halten uns - bewußt und unterbewußt - stets irgendwelche Hintertürchen offen. Die Mudra des Kritikvermögens ist in ihrer Bedeutung „Lobrede - Spiegel" sehr weise und deckt jedes dieser Hintertürchen auf. Das Lob bedeutet mitnichten nur das Lob von außen (Kritiker, Publikum), sondern zunächst einmal das Lob sich selbst gegenüber. Bei diesem Thema geraten fast alle Musiker in enormen Streß, weil es sich nach langgeübtem Erziehungs-Knigge ja schließlich nicht gehört, sich selbst zu loben. Entscheidend ist der Spiegel, in dem das Lob gesehen wird, denn hier ist der Spiegel des *ganzen* künstlerischen Prozesses gemeint. Im Spiegel sehe ich mich und die anderen. Auch die anderen sehen mich im Spiegel.

Die drei Affirmationen enthalten beide Aspekte: die eigene Kritikfähigkeit und die Annahme von Kritik. Jeder hält *Schmeichelei* für eine Untugend, aber die meisten sind anfällig dafür. Wie oft haben wir von Musikern gehört: „Ich will keine Schmeichelei hören, sondern echte Kritik!", doch geraten sie schnell in einen Zwiespalt der Gefühle, denn schmeichlerische Worte hüllen sanft ein, benebeln verführerisch die klare Sicht auf die „nackte Realität" und vermitteln ein wohliges Gefühl - wenigstens für kurze Zeit! Wer große Stars aus der Nähe kennenlernt, wird häufig feststellen, daß hinter dem Künstler ein einfacher Mensch steht, vielleicht sogar nur ein kleines Selbstbewußtsein, das nur durch die Macht der Public Relations des Kunst-Business zum überlegenen Opernsänger, zum Klavierlöwen oder Geigen-Held aufgebaut wird. In dem Maße, in dem alle Menschen mit einem kleinen Selbstbewußtsein leichter empfänglich sind für Schmeicheleien, gilt dies auch für Stars. Wenn jemand oft genug sagt: „Du bist der/die Größte", läßt sich ein Minderwertigkeitsgefühl irgendwann übertölpeln und der Schmeichelei-Empfänger glaubt wirklich, daß er der Größte sei.

Die Menschheitsgeschichte ist voll von diesen Beispielen kleiner Persönlichkeiten, die durch gezielte Schmeichelei zu Scheingrößen wurden und die auch immer abhängig von denen blieben, die ihnen bestätigten, daß sie die „Größten" seien. In der Kunst war und ist es nicht anders - auch hier wimmelt es von Sternen und Sternchen, die immer die Bestätigung von außen brauchen, wie phantastisch sie seien. Je höher diese Stars am Kunsthimmel stehen, desto schwieriger wird es für sie, den Boden der Tatsachen noch zu betreten.

In der Kunstmusik-Szene erkennt man diese Schwierigkeit an der Launenhaftigkeit der Künstler. Wenn sie alle Welt um sich herum unter ihren Launen leiden lassen, ist ein Zerrbild entstanden zwischen dem, was sie von sich sehen und akzeptieren, und dem, was die PR-Maschinerie von ihnen erwartet. Hinter Affektiertheit, Launen und Allüren steht ein schwacher und geschwächter Mensch, dessen Selbstbewußtsein entweder akut oder chronisch leidet. In verschiedenen Graden kennt jeder diese Zustände, und so wagen wir auch zu behaupten, daß jeder Mensch in seinem Leben die eigene Empfänglichkeit für Schmeicheleien kennenlernt. Das ist kein Makel, wie keine menschliche Schwäche an sich ein Makel ist. Das Problem fängt erst dann an, wenn andere Menschen unter dieser Schwäche zu leiden beginnen. Zwar leidet immer zuerst derjenige, der die Schwäche hat, doch leben wir in einer Gemeinschaft, so daß alle Tugenden und Untugenden auch nach außen wirken.

Kommen wir nun zur Kritik-Balance und ihren Möglichkeiten. Der kinesiologische Testvorgang ist denkbar einfach. Wir lassen uns zunächst vom Klienten sein Problem zum Thema „Kritik üben, Kritik annehmen" beschreiben. Es gibt kaum ein Thema, das Klient und Tester so eng verbindet wie die Kritikfähigkeit, denn wenn der Klient nach der Balance entstreßt ist und anschließend sagt, er habe beim Kollegen X schon eine bessere Balancetechnik mit mehr Einfühlungsvermögen erlebt, überhaupt sei Frau Y das Non-plus-Ultra in der Kinesiologie, sind wir schnell bei unserem eigenen Vermögen (oder Unvermögen) angekommen, mit Kritik umzugehen, vor allem dann, wenn man alles getan hat, um dem Klienten Hilfestellungen zu geben. Wie schnell schießt dann der

Gedanke ein: „Undankbarer Mensch!", anstatt sich zu fragen: „Was ist richtig an dem, was er sagt?"

Hat der Klient sein Problem beschrieben, testen wir die Mudras Nr. 7 und Nr. 13, testen alle Angaben auf den Karten, legen aber keine Priorität fest, weil es in diesem Falle günstig ist, alle Facetten der Kritikfähigkeit zuzulassen. Der Kinesiologe kann Zusatzinformationen nach eigener Wahl austesten und sie in die Balance einbeziehen. Wir fragen nach der Altersrückführung und legen auch hier, wenn mehrere Altersstufen anzeigen, keine Priorität fest, sondern gehen vom Ursprungsalter alle Stufen bis zum heutigen Tag durch und fragen die ausgetesteten Informationen nach.

Alles in allem kann eine solche Balance sehr umfangreich sein, aber es lohnt sich, scheinbare Umwege zu gehen, weil die Kritik so sehr mit unseren „Persönlichkeitssäulen" Selbstbewußtsein, Selbstwertgefühl und Selbstachtung gekoppelt ist. Wir nehmen in die Kritikbalance immer die Affirmation und Energetik des Dickdarmmeridians „Ich bin es wert, geliebt zu werden" auf. „Kummer und Schuld" ist der unerlöste Zustand dieses Meridians, der wie kein zweiter die Kreativität anregt oder blockiert. Verdauungsprobleme wie Durchfall oder Verstopfung sind eng an das Lampenfieber gebunden, doch konnten wir aus vielen Gesprächen mit Musikern entnehmen, daß auch Kritik schnell „auf den Magen schlägt", je nachdem, als wie gerecht sie empfunden wird. Deshalb integrieren, das heißt testen wir auch den Magen-Meridian mit der Affirmation „Ich bin zufrieden" und beziehen dies auf die Fähigkeit, Kritik zu üben und anzunehmen.

Es ist schon mehrfach angeklungen, doch sei es noch einmal deutlich gemacht: Die Kritik findet *nach* einem schöpferischen Prozeß statt, deshalb kann man, wenn man möchte, die Kritik-Balance mit dem Thema „Nach dem Auftritt" (siehe Seite 227) kombinieren. Obgleich Kritik-Balancen recht umfangreich sind, wollen wir an dieser Stelle exemplarische Auszüge vorstellen, die sich auf die oben beschriebenen weiteren Hilfsmittel beziehen.

Der Tenor Bernhard kam zur Balance mit dem Thema: „Ich halte die ständige Kritik, keine Höhe zu haben, nicht mehr aus." Der Test ergab eine Streßanzeige auf die Mudra Nr. 7 mit der Affirmation „Ich schöpfe alle Möglichkeiten meines künstlerischen Ausdrucks aus“ und die Dickdarm-Affirmation „Ich bin es wert, geliebt zu werden“. Die Altersrückführung ergab als Ursprungsalter das 19. Lebensjahr. Hier ein kleiner Auszug aus der Balance unter ESR; wir befinden uns in der Situation, die der Klient mit 19 Jahren erlebt hat:

Tester: Was hat die Mudra mit Kritik zu tun?
Bernhard: Ich bin die vorderen Finger, ich gehe zielbewußt nach vorne, und hinten der kleine Finger sind die, die immer an mir herummeckern.
T.: Steht der kleine Finger für den Kritiker?
B.: Ja, er stört meinen Gesang.
T.: Wie macht er das?
B.: Wie so üblich: Du brauchst als Tenor eigentlich gar nicht anfangen zu singen, weil jeder sagt, du hast sowieso keine Höhe. Jeder wartet auf dein hohes C, alles andere wird nicht honoriert, nur dein ellenlang ausgehaltenes C.
T.: Wer ist dieser „jeder“, kannst du ihn auf einen bestimmten Kritiker beziehen?
B.: Ja, das war Herr T. nach meinem Debüt in Hamburg.
T.: Kannst du ihn in einem dir angenehmen, weiten Abstand visualisieren?
B.: Ja, er ist hinten am Horizont.
T.: Atme tief ein und aus und sage die Affirmation.
B.: „Ich schöpfe alle Möglichkeiten meines künstlerischen Ausdrucks aus.“
T.: Stimmt das angesichts des Kritikers da hinten?
B.: Ja, auf jeden Fall!
T.: Herr T. kommt näher, du erkennst ihn jetzt gut, sage wieder die Affirmation.
B.: Ich schöpfe alle... wenn ich bloß schon den Blödmann sehe!
T.: Dann sage ihm, was dir an seiner Kritik nicht gepaßt hat.
B.: Sie sind der blödeste Typ und haben keine Ahnung von Gesang. Ich finde es unverschämt, wie Sie mich abgekanzelt haben!
T.: Fühlst du dich jetzt besser?
B.: Ja, dem hab ich's gesagt!
T.: Versteht er deine Kritik?
B.: Das ist mir völlig egal, warum ist er auch so blöde?

T.: Findest du deine Art zu kritisieren in Ordnung, trifft sie genau das Thema?
B.: Da kann einem doch mal der Kragen platzen, oder?
T.: Sicher, und dann?
B. (nach einer Weile): Ich glaube, der hört mir gar nicht zu.
T.: Atme tief aus und ein und hole Herrn T. noch näher heran. Wie sagst du's ihm, daß er dir zuhört?
B.: Also, Herr T., ich muß Ihnen einfach sagen, ich fand Ihre Kritik an meinem Debütkonzert ausgesprochen gemein und ungerecht!
T.: Hört er jetzt zu?
B.: Ja, ich glaube, er ist betroffen.
T.: Bewege deine Hände auf den Kritiker zu, berühre seine Hände und sage ihm, was du nicht in Ordnung fandest, und finde Worte, die ihm verzeihen.
B. (streckt die Arme weit nach vorne aus): Herr T., ich fand Ihre Kritik absolut nicht in Ordnung – sie hat Monate harter Arbeit einfach weggewischt. Sie haben sich keine Mühe gegeben, mir zuzuhören. Das hat mich so deprimiert. Aber ich verzeihe Ihnen, vielleicht hatten Sie einfach einen schlechten Tag, kann ja vorkommen.
T.: Wie fühlst du dich jetzt?
B.: Richtig erlöst. Ich habe richtig gespürt, daß er mir zugehört hat und nachdenklich geworden ist.
T.: Wenn du jetzt noch mal die Kritik des Herrn T. aus der neu gewonnenen Warte bedenkst...
B.: Im ganzen war sie ungerecht, dabei bleibt's, aber mein Selbstbewußtsein ist stärker geworden, seit ich ihm das gesagt habe.

Diese Balance berührte noch viele andere Bereiche; der Ausschnitt dient nur als Beispiel dafür, daß wir zwar von anderen erwarten, die passenden Worte der Kritik zu finden, aber selbst oft dem anderen unsere Kritik unbedacht entgegenschleudern. Kritikertragen hat mit Kritikäußern zu tun.

Die Flötistin Dijana aus Belgrad kam mit dem Problem „Ich habe Streß auf Lob". Bei ihr zeigte die Mudra Nr. 13 mit der ersten Affirmation „Ich bin bereit, die Früchte meiner künstlerischen

Arbeit zu ernten“ an, während Magen- und Dickdarm-Meridian stark blieben.

Dijana: Diese Handhaltung ist ein tolles Gefühl, ich zeige alles, jeder sieht alles, hört alles von mir. Ist gut so.
Tester: Die Mudra hat als Thema Kritikvermögen. Wie sieht es denn damit bei dir aus?
D.: Ich kritisiere schnell und meine, gerecht zu sein.
T.: Wieso meinst du, bist du unsicher?
D.: Ich weiß ja nicht, wie die Leute das aufnehmen und was sie denken.
T.: Was spürst du denn?
D.: Naja, ich bin sicher manchmal zu hart, vielleicht finde ich nicht immer die richtigen Worte in der deutschen Sprache.
T.: Du sprichst ein hervorragendes Deutsch, was hindert dich wirklich, passende kritische Worte zu finden?
D.: Meine Aggression, wenn etwas nicht perfekt ist.
T.: Bist du auch aggressiv, wenn es dich betrifft?
D.: Ja, ich bin Perfektionistin.
T.: Das gehört zum Musikerberuf, warum bist du dann aggressiv?
D.: Weil jeder sagt, ich sei perfekt auf der Flöte.
T.: Und wo liegt das Problem?
D.: Das klingt komisch, aber mir passiert tatsächlich wenig, und wenn ich mal einen Fehler mache, merkt es keiner, ich improvisiere dann blitzschnell. So denkt jeder, ich sei perfekt.
T.: Atme ruhig und tief, dann sage die Affirmation.
D.: Ich bin bereit, die Früchte meiner künstlerischen Arbeit zu ernten. Nein, das stimmt nicht, ich bin nicht bereit!
T.: Führe die Mudra einige Male aus und sprich dazu die Affirmation.
D.: (führt dies etliche Male aus)
T.: Ändert sich etwas?
D.: Ja, ich war immer fixiert auf das weite Öffnen der Hände, jetzt merke ich, wie schön es ist, die Hand zu schließen.
T.: Wofür steht das Schließen?
D.: Für das Annehmen, ja, für das Ernten.
T.: Hast du Freude daran?
D.: Ja, viel mehr als vorher.
T.: Unter den Früchten ist auch Lob, wie gehst du jetzt damit um?

D.: Ich freue mich, auch wenn ich merke, der andere kann das nicht richtig beurteilen.
T.: Wenn dich jemand lobt, geht es da nur ums Beurteilen?
D.: Ach so, so habe ich das noch gar nicht betrachtet! Klar, kann ja sein, er möchte einfach was Nettes sagen.
T.: Und wenn es ein versierter Kritiker ist, der dich lobt?
D.: Das ist okay, ich kann seine Sicht akzeptieren.
T.: Und wenn der Kritiker dich tadelt, obgleich du den Eindruck hast, dein Spiel war gut?
D.: Dann gehe ich zu ihm hin und frage ihn genauer, was ihm nicht gefallen hat.
T.: Tust du das wirklich?
D.: Ganz sicher, wenn er ein Profi-Kritiker ist, wird er Gründe haben; wenn er ein Dilettant ist, interessiert mich seine Meinung weniger.
T.: Woran erkennst du einen Profi und einen Dilettanten unter den Kritikern?
D.: Am Schreibstil, an der Ernsthaftigkeit, an der Fähigkeit, Proportionen zwischen Lob und Kritik zu schaffen.

Hier hatten wir das Beispiel einer selbstbewußten Musikerin, die sich ohne Umschweife mit Kritikern auseinandersetzt. Bettine, eine hervorragende Cellistin aus Frankreich, war voller Zweifel, ob sie das Recht habe, die Früchte ihrer Arbeit zu ernten. Auch bei ihr ergab die Mudra Nr. 13 eine Streßanzeige, dazu schalteten die Meridiane von Magen und Dickdarm ab. Hier ein Auszug aus der Balance:

Tester: Atme tief und ruhig und führe die Mudra aus.
Bettine: Wenn ich die Hände ausstrecke, ist das meine Musik; wenn ich sie schließe und herhole, kommen alle die Kritiker auf mich zu.
T.: Kleben sie an deinen Händen?
B.: Sie verfolgen mich überall. Egal, was ich spiele, ich traue mich kaum, danach die Zeitung zu lesen.
T.: Möchtest du diesen Zustand ändern?
B.: Ich weiß nicht...
T.: Was hindert dich?
B.: Wenn ich den Zustand ändere, muß ich mich ja mit der Kritik auseinandersetzen.

T.: Das ist zweifellos richtig. Und das willst du nicht?
B.: Ich habe Angst, die Kritik könnte richtig sein.
T.: Wer entscheidet denn, ob die Kritik zutrifft oder nicht?
B.: Der Kritiker.
T.: Und was ist mit dir?
B.: Mein Eindruck zählt doch nicht!
T.: Ach, wirklich? Ich dachte, du seiest Profi-Cellistin.
B. (lacht): Ja, klar, ich kann natürlich beurteilen, wie ich spiele, aber ich lese immer nur Kritiken, die dem nicht entsprechen.
T.: Sagst du mal „Ich bin es wert, geliebt zu werden"?
B.: Ich bin es wert, geliebt... (bricht in Tränen aus)
T.: Möchtest du geliebt werden?
B.: Ja, aber ich erlebe nie in der Musik, daß mir jemand positiv entgegenkommt.
T.: Kommst du dir denn selbst positiv entgegen?
B.: Nein, ich finde mich zu schwach.
Wir arbeiten eine Weile an ihrem Symbol für Stärke: eine Lupe.
T.: Wenn du jetzt die Lupe auf die Kritik richtest, wie ist es dann?
B.: Oh, ich sehe viel besser die Details.
T.: Was für Details?
B.: Ja, es stehen auch positive Dinge über meine Musik darin, die habe ich vorher gar nicht wahrgenommen.
T.: Führe noch einmal die Mudra aus und sage die Dickdarm-Affirmation.
B. (führt die Mudra mehrmals aus): Ich bin cs wert, geliebt zu werden.
T.: Stimmt das jetzt?
B.: Es ist noch ungewohnt, aber ich habe ja die große Lupe, um auch das Positive zu sehen.
T.: Kleben jetzt immer noch Kritiker an deinen Fingern beim Zurückziehen und Schließen?
B.: Nein, ich bin allein mit meinen Händen, sie geben und nehmen, ja, das ist ein gutes Gefühl.
T.: Wenn jetzt wieder ein Kritiker dich niedermacht nach einem Konzert, was tust du spontan?
B.: Ich hole meine große Lupe und schau mir genau an, was er schreibt. Möglicherweise hat er recht.
T.: Und wenn er nach deiner Meinung recht hat?

B.: Dann ist das okay, das kann ich akzeptieren.
T.: Bleibt dein Selbstbewußtsein dabei stark?
B.: Ja, ganz gewiß!
T.: Und du bist es wert, geliebt zu werden?
B.: Ja, das freut mich am meisten, geliebt zu werden.
T.: Du erlaubst es jetzt dir und den anderen, dich zu lieben?
B.: Ja, das stimmt!

Auch dieser kleine Ausschnitt aus einer 1½stündigen Balance mag erhellen, wie wichtig es für den Klienten ist, kreativ mit dem Kritisiertwerden und dem Kritiküben umzugehen. Den meisten Musikern ist gar nicht bewußt, daß beides zusammengehört. Das Feedback auf diese Balance empfinden wir immer als besonders erfreulich, weil der Künstler ganz allgemein etwas für sein Leben daraus gewinnt. Es geht nicht nur um die berufsbedingte Kritik, sondern in den meisten Fällen um die Fähigkeit, seine Meinung in passende Worte zu kleiden sowie überhaupt Kritik annehmen zu können.

Da das Musik-Business mehr denn je die Anpassung der Künstler an Trends und Marketingideen fordert, hat sich vor allem unter Musikern die Bereitschaft, für sich selbst einzustehen und seine Meinung zu äußern, auf ein sehr bescheidenes Maß reduziert. Resignation und mangelndes Selbstbewußtsein sind also weitere Hintergrundthemen, weshalb wir in eine musikkinesiologische Betreuung immer auch die Kritik-Balance integrieren, selbst wenn der Musiker nicht mit einem speziellen Kritikproblem gekommen ist.

Abschließend möchten wir eine Begebenheit beim Wettbewerb „Jugend musiziert 1992“ erzählen, die auf wunderbare Weise zeigt, wie das Annehmen und Üben von Kritik reiche Früchte tragen kann.

Es kam ein ausgezeichnetes Blockflöten-Quartett zur Balance. Die aufgeschlossene Lehrerin bat ebenfalls um eine Balance zum Thema Kritik, weil „ich tausend Tode ausstehe, wenn die Kinder spielen und ungerecht bewertet werden“. Wir führten mit den Zwölfjährigen verschiedene Balancen zum Thema Kritik durch; sie spielten im Wettbewerb und gewannen den 1. Preis. Als es um die Verleihung des 2. Preises ging, waren die vier Mädchen der Meinung, die Jury habe ein Ensemble zu Unrecht auf den 4. Platz verwiesen, während sie selbst und das Publikum für den 2. Platz plädierten. Man stelle sich die Situation vor, wie die vier Mädchen geschlossen nach vorne zur Jury gingen und ein Kind sagte: „Wir wissen, daß wir nichts ändern können, wir sind in Ihren Augen ja bloß Kinder. Aber wir möchten Ihnen sagen, daß wir Ihre Bewertung ungerecht finden. Dieses Ensemble war hervorragend und verdient den 2. Preis."

Wie uns die Blockflötenlehrerin sagte, herrschte für einen Augenblick absolute Stille im Saal, und die Juroren waren völlig verunsichert. Später sagten sie, sie wären am meisten von der Schlichtheit, mit der die Kinder ihre Meinung sagten, beeindruckt gewesen.

Kapitel 8
Musikkinesiologische Übungen

An den Anfang dieses Kapitels möchten wir einige Gedanken stellen, die wir selbst als Berufsmusiker immer wieder reflektieren und die wir an andere Musiker weitergeben möchten.

Trotz aller kinesiologischen Balancen, trotz aller Streßfreiheit im Umgang mit Musik-Business und Bühne bleibt die Erkenntnis, daß die Krise, die Frustration und Depression ein positiver Teil des Künstlerlebens ist. Indem wir im kreativen Fluß bleiben und unsere Wahrnehmung sensibilisieren, lernen wir auch, mit Schmerz und Enttäuschung umzugehen. Keine Therapie wurde je entwickelt, um das Leben auf Knopfdruck problemfrei, fehlerfrei, streßfrei zu machen - sie kann lediglich helfen, anders mit diesen Zuständen umzugehen. Vor allem aber lehrt sie, den Schatten als gleichwertigen Partner des Lichts zu verstehen.

Viele Faktoren, die den Musiker heutzutage bedrängen, haben wir in diesem Buch erklärt und beleuchtet. Durch die Balancen der Musik-Kinesiologie haben wir Wege gewiesen, um mit Streßfaktoren umzugehen, damit wir unseren Musikerberuf wieder ganzheitlich und in seiner vollen Schönheit erleben können. Dennoch werden wir immer wieder schöpferische Krisen erleben, und das ist gut so. Wenn es uns gelungen wäre, anderen Musikern den Blickwinkel zu vermitteln, daß eine Krise auch als schöpferische Pause erlebt werden darf, dann wäre dies das erfreulichste Feedback.

Die folgenden Übungen sind für den Musiker als Handreichungen gedacht, wie er sich bei Energiekrisen und Blockaden auch selbst helfen kann. In diese Übungen sind unsere eigenen, jahrelang erprobten Erfahrungen wie auch Übungen aus der Kinesiologie eingeflossen, so daß der Musiker aus einem reichen Fundus schöpfen kann.

1. Übung: Der Alltagskreis

Wenn du dich deprimiert, unkreativ oder gestreßt fühlst, oder wenn du meinst, in einer Krise zu sein, dann zeichne einen Kreis. Trage zunächst auf den Linien alles ein, was deinen Alltag bestimmt, dann verteile deine Aktivitäten als Segmente im Kreis und ordne die Proportionen so, daß du eine Art Momentaufnahme deiner Energieverteilung erhältst.

Der Ist-Zustand deiner Krise liegt nun plastisch vor dir und du kannst darüber reflektieren, ob du zum Beispiel zuviel reist, zu wenig schläfst, wie es um die Disziplin beim Üben steht und um die Zeit, die du für dich allein hast, um deine Kraftreserven wieder aufzufrischen. Wieviel Entspannung gönnst du dir? Wann genießt du den Blick in den Himmel? Wann erlaubst du dir, faul zu sein? Wieviele deiner Aktivitäten gehorchen dem Marketing-Gesetz „time is money"?

Der nächste Schritt wäre, zu erwägen, was du an der Verteilung deiner Energie verändern möchtest. Ist der energieschwache Zustand eine momentane Erscheinung? In welchem zeitlichen Rhythmus erlebst du diesen Zustand? Ist er chronisch?

Ein weiterer Schritt vorwärts wäre, sich die folgenden, dir vielleicht ungewohnten Fragen zu stellen: Bin ich bereit, die Krise positiv zu sehen, zu empfinden und zu erfahren? Könnte meine Krise die Notwendigkeit einer schöpferischen Pause andeuten?

2. Übung: Die Tiefatmung

Wer gelernt hat, seinen Körperschwerpunkt durch Tiefatmung im Unterbauch zu halten, hat von vornherein 50 Prozent weniger Streß. Das ist nicht nur ein Ergebnis unserer eigenen Erfahrung, sondern auch das Resultat aus zahlreichen Kursen, in denen wir die Tiefatmung grundsätzlich an den Anfang stellen. Was nützen zehn Balancen zum Thema Lampenfieber, wenn der Atem hoch und flach bleibt?! Wir haben oft genug erlebt, daß selbst Sänger und Bläser nur rudimentäre Kenntnisse von den Qualitäten der Atemphasen haben.

Das Einatmen steht für die Aufnahme von neuer Energie, das Ausatmen für das Abgeben von transformierter Energie und für das Loslassen.

Die Tiefatmung funktioniert auf sehr einfache Weise: Setze dich aufrecht auf einen Stuhl, lege die Hände auf die Knie, die Füße ruhen auf dem Boden. Atme auf dem Laut „F" aus und ziehe dabei den Unterbauch ein. Hast du keine Luft mehr und ist der Bauchmuskel ganz eingezogen, dann öffne Mund und Nase und lasse den Bauch „fallen", das heißt, der Bauchmuskel entspannt sich. Du wirst erleben, daß die Luft förmlich in dich „hineinfällt", während der Bauch „herausfällt". Wiederhole diesen Vorgang, bis du verstanden hast, daß zugleich mit dem Herausfallen des Bauches (Einatmen) der Körperschwerpunkt nach unten fällt. Ruht er dort ganz selbstverständlich, kann uns buchstäblich nichts mehr umwerfen.

Wie die Autorin, die seit ihrem 16. Lebensjahr mehr als 13 verschiedene Arten des Tiefatmens gelernt hat, durch Tests feststellen konnte, hängt die Qualität der Thymus-Energie unmittelbar mit der Qualität der Ausatem-Energie zusammen. Diese wiederum korrespondiert mit der Art, wie wir atmen. Ist der Atem flach, sitzt er hoch und betont er zu sehr das schnelle Einatmen, gleicht dieser Vorgang der mangelnden Absorption von schlecht gekautem Essen, bei der zu wenig Energie aus der Nahrung gezogen wird.

Du wirst bemerken, daß, wenn du langsam auf „F" ausatmest und den Bauch einziehst, die Lungen sich danach ganz anders füllen. Sind Lungen und Bronchiolen wirklich ganz tief und weit für die Luftnahrung geöffnet, kann eine tiefgreifende Transformation der Luftenergie stattfinden.

3. Übung: Das Atemzüge-Zählen

Nach dieser harmlosen und schlichten Übung, den Tiefatem wahrzunehmen, kommt eine mächtige Schulung unseres Bewußtsein. Wir brauchen dafür keine komplizierten Meditations- und Konzentrationsübungen.

Seit Jahrtausenden ist das Zählen der Ausatemzüge in Asien und in den schamanistischen Kulturen Nordamerikas und Afrikas die Grundübung aller bewußtseinserweiternden Schulungen. Sie diszipliniert das linke Gehirn, indem der Intellekt auf das einfache Zählen von eins bis zehn (in manchen Kulturen eins bis acht) gerichtet ist. Man nennt dies die „Elefantenrüsselmethode": Der Rüssel des Elefanten entspricht unseren ständig bewegten Gedanken, der intellektuelle Rüssel greift hierhin und dorthin, er haftet hier, verweilt dort. Dann gibt man dem Elefanten einen Baumstamm, der dem Atemzüge-Zählen entspricht, und schon herrscht Ruhe. Der Elefant konzentriert seine ganze Energie auf den Baumstamm, und der Rüssel (Intellekt) vergeudet keine Energie mehr – der Elefant (Mensch) konzentriert sich auf das Halten des Baumstammes (auf die Übung). Durch das Ausatmen lernen wir loszulassen. Aber: Wir können nur das loslassen, was wir vorher kennengelernt und fest im Griff haben. Es ist ein großer Unterschied, ob wir etwas loslassen oder ob uns etwas entgleitet! Diese einfache Übung birgt ein Universum an Erfahrungen.

Für dich als Musiker bietet sie die größte Kraftquelle, denn indem du immer wieder von eins bis zehn zählst, schulst du deine Aufmerksamkeit auf das Hier und Jetzt und schulst deine Konzentration, das heißt deine mentale Energie; du bündelst deine physische Energie, weil du transformierte Energie ausatmest, und ordnest deine emotionalen Energien, weil du mit der Tiefatmung *unterhalb* des Solarplexus und des Magens, den emotionalen Zentren auf verschiedenen Ebenen, eine solide Basis aufbaust.

Setze dich aufrecht auf einen Stuhl, möglichst weit vorne an der Stuhlkante, senke entspannt deine Augen, lasse sie geöffnet und richte deine Aufmerksamkeit für eine Weile einzig auf das Tiefatmen:

Einatmen - Unterbauch raus
Ausatmen - Unterbauch rein

Der Atem wird tief und klein, bis sich nur noch der tiefste Unterbauchmuskel sanft bewegt. Ist dieses entspannte Stadium erreicht, beginne, die Ausatemzüge immer wieder von vorne von eins bis zehn zu zählen, im gleichen Rhythmus, in dem dein Ausatmen geschieht. Du wirst erkennen, daß das Ausatmen länger dauert als das Einatmen - das ist in Ordnung. Du wirst auch erkennen, daß deine Gedanken abschweifen und du nicht mehr weißt, „war ich jetzt bei sechs oder neun?“ Ärgere dich nicht, verurteile dich nicht, beginne einfach wieder bei „eins“.

Führe diese Übung täglich fünf Minuten durch. Sei nett zu dir, indem du dich nicht unter Leistungsdruck setzt. Kaufe dir eine billige Eieruhr, stelle sie unter eine Schale, damit dich das Signal nach fünf Minuten nicht erschreckt. Nach zwei Wochen kannst du diese Übung, wenn du willst, auf sieben Minuten, einige Wochen später auf 15 Minuten verlängern.

Diese Übung ist sehr einfach, aber nicht leicht auszuführen. Die wichtigste Erkenntnis ist, daß das Abschweifen der Gedanken Teil der Übung oder Meditation ist. Mit der Zeit reift die nächste Einsicht: Gedanken kommen, aber gleich Wolkenschiffchen ziehen sie vorbei. Wir kehren leicht und harmonisch zum ordnenden Prinzip, dem Atemzüge-Zählen, zurück.

Noch etwas zu den Augen: Die geöffneten, gesenkten Augen kennzeichnen einen Übenden, der in der Gegenwart bleibt und die Welt um sich herum in seine Bewußtseinsschulung einbezieht. Das bedeutet, du hörst einen Hund bellen, den Fußboden knakken, du riechst Küchendüfte, aber du fokussierst deinen Blick nicht auf einen Punkt. Die gesenkten, geöffneten Augen blicken ins Leere, das heißt nach innen. Dadurch wird die Wahrnehmung enorm geschärft und zugleich übst du, nicht an Wahrnehmungen und Empfindungen zu haften.

4. Übung: Das Visualisieren

Das Schließen der Augen aktiviert die sogenannten *Alpha-Gehirnwellen,* weil wir in der Regel mit geschlossenen Augen schlafen und dafür Entspannung brauchen. Alpha-Wellen sind besonders in der Einschlaf- und Aufwachphase und während des Träumens aktiv. Für jeden Künstler sind die Alpha-Wellen wichtig, weil sie die Kreativität anregen und unsere Bildersprache, unsere Art des Visualisierens beeinflussen. Im Westen werden die Meditationsmethoden, die auf Visualisierung basieren, in der Regel mißverstanden. In den östlichen Schulungen heißt Visualisieren nur eines: *mit allen Sinnen wahrnehmen.*

Setze dich aufrecht auf einen Stuhl, schließe die Augen, rufe dir ein Musikstück, mit dem du dich gerade beschäftigst, ins Gedächtnis. Atme tief und ruhig und frage nacheinander alle deine Sinne: Wie sieht meine Musik aus? Welche Farben entstehen vor meinen Augen, welche Symbole, welche Bilder? Was höre ich, indem ich meine Ohren gleich unendlich langen Antennen ausfahre? Was empfinde ich auf der Haut, was in meinem Unterbauch? Spüre deinen ganzen Körper, gehe alle Hautpartien durch. Wie schmeckt meine Musik, wonach riecht sie?

Du wirst staunen über deine Wahrnehmungen, über deine Erkenntnisse und über deine Ideen zur Interpretation des Musikstücks!

5. Übung: Die Erdung

Diese Übung begleitet uns Autoren schon ebenso lange, wie wir Konzerte geben, denn sie ist die schnellste Art, den Adrenalinspiegel zu senken und sich innerlich zu sammeln. Energetisch betrachtet staut sich unsere Aufmerksamkeit vor einem Auftritt im Herz- und Kehlbereich, selbst wenn wir keine Probleme mit Lampenfieber haben. Auch wenn man ein Konzert auswendig singen oder spielen muß, oder wenn man einen Auftritt vor lauter Freude kaum erwarten kann, ist es hilfreich, sich zu erden.

Setze dich auf einen Stuhl, schließe die Augen und stelle dir vor, daß sich über deinem Kopf eine Energiedusche befindet, aus der

Energie in Form von zum Beispiel weißem Licht oder Wasser fließt. Bei jedem Ausatmen fließt diese Energie über und durch deinen Körper: durch Kopf, Hals, Schulter, Brust, Arme, Finger, Bauch, Becken, *Hüfte*, Oberschenkel, *Knie*, Unterschenkel, Fußgelenke, Füße, Zehen bis *in den Boden hinein*.

Erfahrungsgemäß leiden viele Musiker vor dem Auftritt unter kalten Händen und Füßen. Durch diese Übung werden sie schnell wieder warm. Ein weiterer Erfahrungswert ist die häufige Blokkade des Energieflusses an Hüften und Knien. Vielleicht brauchst du etwas mehr geistige „Schubkraft", um dein Licht, oder was immer du visualisierst, bewußt durch diese wichtigen Gelenkzonen zu schicken – am Anfang erscheint der Weg auf einem Ausatemzug zu lang. Die Übung erfüllt zugleich den Zweck, das Bewußtsein mehr auf das Ausatmen zu lenken, anstatt den Atem dauernd durch Einatmen zu stauen.

Wichtig ist, daß die Energie wirklich in den Boden fließt, denn das bedeutet eine gute Erdung. Wir stehen dann gleich einer Pyramide sicher und fest auf dem Boden. Auf dieser Basis können wir alle erdenklichen Höhenflüge im Konzert antreten, ja, wir können sie dadurch eigentlich erst richtig genießen.

6. Übung: Die Ohren einschalten

Du denkst sicher, die Ohren eines Musikers müßten doch selbstverständlich aktiv sein. Physisch betrachtet sind sie es auch, aber energetisch ist unsere auditive Energie häufiger blockiert, als wir denken. In der Kinesiologie gibt es die *Ohr-Balance*, deren Methode zur Korrektur wir hier vorstellen:

Massiere deine Ohrmuscheln kräftig von oben nach unten und zurück, bis die Ohren sich intensiv warm anfühlen. Am Ohr sind viele Akupunkturpunkte, deren Energie du auflädst, indem du sie massierst. Es macht gar nichts, wenn du diese Punkte nicht kennst – sei sicher, du berührst sie alle, wenn du tüchtig reibst und massierst. Einige Punkte könnten schmerzhaft sein, dann massiere sanfter, bis sich der Schmerz auflöst.

Durch diese einfache Übung schaltest du die Energie deiner Ohren ein, das heißt, die Ohren sind offen für akustische, emotionale und mentale Wahrnehmungen, sie sind nach außen *und* nach innen geöffnet!

7. Übung: Die Augenpositionen

In der Kinesiologie arbeiten wir hauptsächlich mit sechs Augenstellungen, die dazu dienen, bestimmte Gehirnfelder zu aktivieren, denn die Augen sind der sichtbare Teil des Gehirns. Darüber hinaus zeigen wir noch zwei weitere Augenpositionen, die besonders für den Künstler wichtig sind:

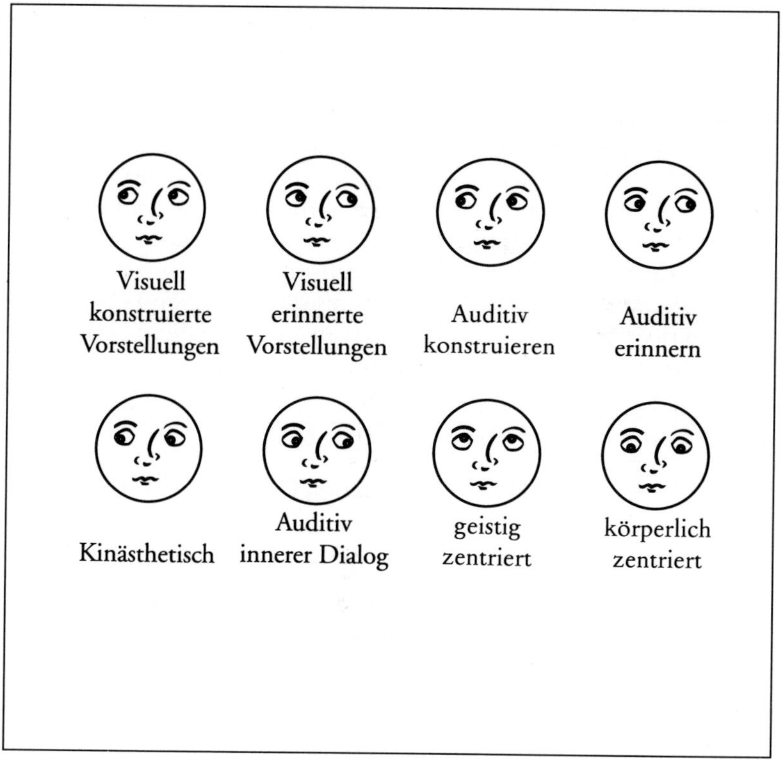

Du aktivierst die entsprechenden Gehirnfelder, indem du die oben gezeigten Augenstellungen einnimmst und kurz hältst. Danach läßt du die Augen einmal im Uhrzeigersinn und einmal gegen den Uhrzeigersinn kreisen.

In Indien gehört zu jeder Musikausbildung auch eine Tanzunterweisung, die dem Musiker ein gutes Körpergefühl vermittelt – ein scheinbares Kuriosum angesichts der Tatsache, daß indische Musiker auf der Erde sitzend im halben Lotussitz musizieren! Interessanterweise finden die ersten „Tanzübungen" nur mit den Augen statt. Die Autorin nahm in Kalkutta vier Monate Musik- und Tanzunterricht und erfuhr so, wie man dort in die Künste eingewiesen wird. Während etwa ein Trommelspieler im Andante-Tempo rhythmisch-metrische Phrasen und ein Streichinstrument (sarangi) eine einfache Melodie spielt, steht man mit geschlossenen Füßen aufrecht und nimmt die Augenstellungen genau im Rhythmus der Musik ein. Dieses Augentraining dauert täglich eine halbe Stunde lang und dient dazu, den Tänzer in alle emotionalen und mentalen Wahrnehmungen einzuweisen, die er später gestisch darstellen soll. Das erstaunliche ist, daß die Methode, die Wahrnehmung über die Augenstellungen zu schulen, bereits 800 v. Chr. in dem Musik- und Tanzlehrbuch *Natyasastra* eingehend beschrieben wurde. Damit wird erst klar, wie jung unsere neurologischen Erkenntnisse sind, wie uralt dagegen das umfassende Wissen um die Künstlerpsyche ist, das lange vor unserer Zeitrechnung wissenschaftlich aufbereitet wurde. Zwar sind die indischen Lehrbücher in Sanskritversen verfaßt, doch lesen sie sich wie die modernsten Erkenntnisse über Kinesiologie und Neurologie.

8. Übung: Die Liegende Acht

Das Symbol der Unendlichkeit, in Asien seit Urzeiten wichtigster Faktor der Bewußtseinsschulung, dient in der Kinesiologie als ideales Hilfsmittel zur Integration von linker und rechter Gehirnhälfte. In der Musik-Kinesiologie verwenden wir die Liegende Acht hauptsächlich zur Stärkung des Musikgedächtnisses und für ein ökonomisches Lernen. Wenn du zum Beispiel ein neues Werk einstudieren möchtest, kannst du folgendermaßen vorgehen:

Stelle die Noten auf einen Notenständer, schlage sie auf und spiele einige Male einen ersten sinnvollen Abschnitt, etwa eine Kadenz, einen Satz usw. Dann fahre mit dem Finger in einer Achterbewegung über diesen Abschnitt, halte den Kopf dabei gerade und verfolge die Acht nur mit den Augen. Während dieses Vorgangs erinnerst du dich, was du eben gespielt hast. Wiederhole dein Spiel und die Achterbewegung. Gehe dann in dem Werk weiter zum nächsten Abschnitt und wiederhole den Vorgang. In diesem Sinn verfährst du so lange, bis du alle Teile gespielt und mit Achterbewegungen versehen hast.

Diese Übung dient dazu, ein neues Werk von Anfang an auf der Basis der integrierten Gehirnhälften wahrzunehmen. Die Achterbewegung verbindet die rechte und linke Gehirnhemisphäre auf harmonische Weise, während der Kreuzungspunkt der Acht den Überkreuz-Neuronenbahnen entspricht.

Wenn du ein Musikwerk mit dieser Vorarbeit kennengelernt hast, wirst du merken, daß dein Üben an Qualität gewinnt, daß es anders - sinnvoller, gezielter und ökonomischer - wird. Anstatt eine schwierige Stelle unzählige Male zu singen oder zu spielen, fahre mit der Acht darüber, bis du die Stelle mit den inneren Ohren perfekt hörst. Anschließend spiele sie, und du wirst einen großen Unterschied feststellen.

Wenn du ein Werk bereits auswendig beherrschst und es im Konzert spielen willst, dann stelle dich aufrecht hin und achte auf einen tiefen, ruhigen Atem. Dann beschreibe mit einer Hand oder einem Finger eine große Liegende Acht mit dem Schnittpunkt in Nasenhöhe, die die Augen zwingt, in die Extrempositionen zu schauen. Dabei bewegst du nicht den Kopf, sondern folgst der Acht nur mit den Augen. Währenddessen gehst du in Gedanken dein auswendig zu spielendes Repertoire durch, Stück um Stück oder Satz um Satz. Hakt es an einer Stelle, wiederhole sie in der Achterbewegung, bis dein inneres Ohr und dein Gedächtnis zufrieden sind.

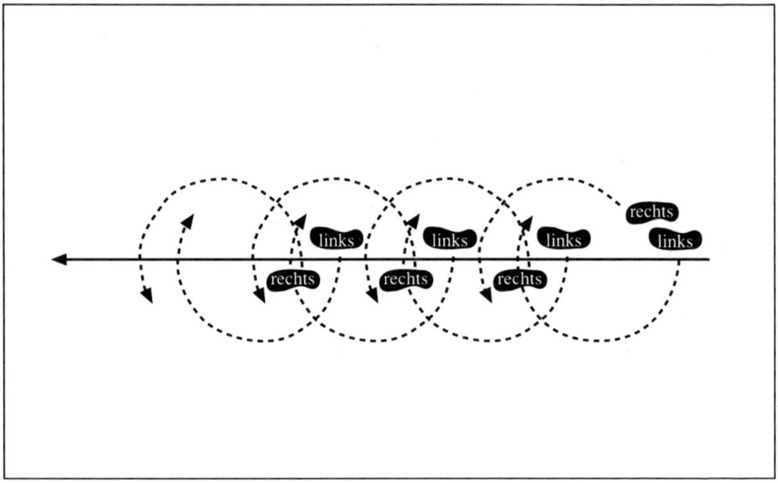

9. Übung: Die Linie überkreuzen

Damit du den Puls eines Musikwerkes bis in die letzte Körperzelle hinein spürst, mache folgende Übung:

Lege einen langen Faden auf den Boden. Er steht für das Corpus callosum des Gehirns. Nun spiele oder singe das Werk, während du die Linie weit mit den Beinen überschreitest, dabei elastisch in die Knie gehst und beide Arme einmal nach links, einmal nach rechts schwingen läßt. Damit erschaffst du dir gleichzeitig ein Gefühl für die Dreidimensionalität der Musik. Mit dieser Übung kannst du jedes Musikwerk rhythmisch, metrisch und musikalisch präzisieren, denn du entscheidest, ob du dich auf halben oder ganzen Noten über Kreuz gehend bewegst.

Die Übung sieht einfach aus, wenn man sie harmonisch ausführt, doch bislang war noch jeder Musiker erstaunt, wieviele Stellen eines Werkes im Körper rhythmisch und melodisch noch gar nicht gespeichert sind, ganz zu schweigen von den schwierigen Passagen. Wenn wir, die Autoren, ein anstrengendes Konzert vor uns haben, „ergehen" wir jedes Werk, indem wir die Linie auf die beschriebene Weise überkreuzen.

10. Übung: Die schnelle Energiebereitstellung

Weil wir keine Maschinen sind, hat jedes Konzert seine eigene energetische Dynamik, und jeder Musiker wird sein Programm intuitiv nach folgenden Gesichtspunkten gestalten: Zu Beginn etwas energetisch Starkes, dann gefällige Werke, vor der Pause wieder etwas Markantes, nach der Pause etwas zum „Anlaufen", und am Ende des Konzerts kommt der Höhepunkt, meist unser „Prunkstück". Wenn wir diese unbewußte Dynamik graphisch darstellen, ergibt sich etwa folgende Kurve:

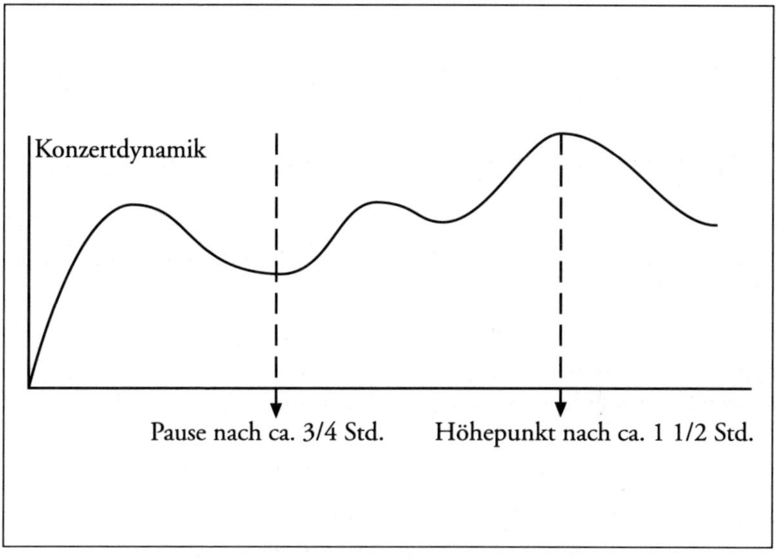

Dieses energetische Auf und Ab bringt zwar eine lebendige Dynamik in das Konzert, doch sind die Energietäler darin gefürchtet, weil die Aufmerksamkeit in dieser Phase durchaus nachlassen kann. Schon seit Jahren nutzen wir für diese Zeiten eine ganz einfache, unauffällige Geste: das Thymusklopfen. Die Thymusdrüse ist das Zentrum unseres Immunsystems und die zentrale Schaltstelle der Meridiane (siehe Abbildung Seite 294).

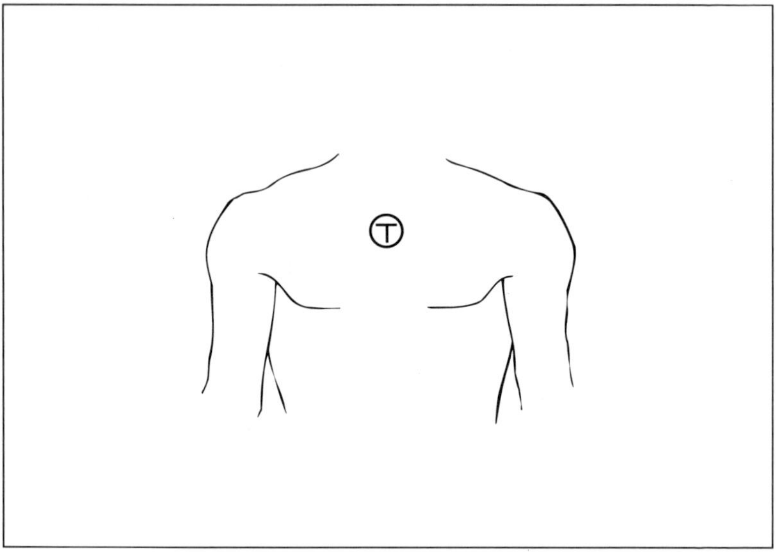

Wenn wir sie vor oder nach dem Spielen leicht berühren, stellen wir augenblicklich Energie bereit, die zwar nicht von langer Dauer ist, aber nach unserer Erfahrung wunderbar über das Energietal oder -loch im Konzert hinweghilft. Auch hier waren uns die Inder Vorbild, die die Thymusgeste als Mudra beziehungsweise als energetische Geste schon seit 3000 Jahren anwenden und sie noch heute jedem musizierenden Kind beibringen.

11. Übung: Das Überkreuz- und Homolateralgehen

Die Übung des abwechselnden Überkreuz- und Homolateralgehens haben wir schon auf Seite 82 beschrieben. Diese Ganzkörperbewegung dient der intensiven Integration von linker und rechter Gehirnhälfte.

Wenn du zu den eher intellektuellen Musikern zählst und vielleicht auch Probleme hast, leicht und harmonisch zwischen den beiden in dieser Übung beschriebenen Bewegungen zu wechseln, solltest du die Übung täglich einmal ausführen. Allmählich wird sich deine Linkslastigkeit im Denken und Musizieren zugunsten einer Ausgewogenheit zwischen strukturierenden und künstlerisch-kreativen Fähigkeiten wandeln.

In jedem Fall ist diese Übung am Konzerttag ideal geeignet, um die Energien schon morgens zu harmonisieren. Wir empfehlen, sie nicht unmittelbar vor dem Auftritt auszuführen, weil dabei manche Menschen, vor allem die eher unsportlichen, außer Atem geraten. Entwickle dein eigenes Gefühl dafür, wann diese wichtige Übung für dich richtig ist.

12. Übung: Das Aufladen der „Konzert-Meridiane“

Wir erwarten nicht, daß sich jeder Musiker im Bereich der Meridiane auskennt, aber einige einfache Stimulierungen gerade der Energiekanäle, die wir vor und während des Konzerts besonders in Anspruch nehmen, können sehr hilfreich sein.

Wie du sicher schon bemerkt hast, spielt die Verdauung mit ihren extremen Erscheinungen wie Durchfall und Verstopfung gerade an Konzerttagen eine große Rolle. Bei Aufregung und Lampenfieber etwa kommt es häufig zu Durchfällen. Wichtig zu wissen ist, daß die Dickdarm-Energie mit deiner kreativen Kraft zu tun hat. Wenn du also Durchfall bekommst, bedeutet das, daß du deine kreativen Energien nicht im Griff hast, sie gehorchen dir nicht und können dir leicht entgleiten.

Mit dem Durchfall wird zuviel Wasser ausgeschieden, Wasser aber steht für Emotionen, dadurch entgleiten dir emotionale Energien, die du für das Konzert beziehungsweise für deinen künstlerischen Ausdruck brauchst. Deshalb massiere des öfteren, besonders am Konzerttag, schon morgens deinen Dickdarm-Meridian (siehe Abbildung Seite 66):

Streiche zuerst mehrmals mit dem Finger die dem Daumen zugewandte Seite des linken und rechten Zeigefingers entlang. Damit stimulierst du den Anfangspunkt des Meridians. Den Endpunkt, der um die Nasenflügel herum liegt, massiere ebenfalls leicht.

Vor dem Konzert kannst du diejenigen Meridiane stimulieren, die zur Konzertzeit ihre Energiezeit oder sogar ihre Maximalzeit haben: Jeder Meridian ist einmal pro Tag beziehungsweise pro Nacht zwei Stunden lang besonders aktiv. Wir sprechen dann von der „Blasenzeit", der „Leberzeit" oder der „Herzzeit".

Beginnt dein Konzert um 20 Uhr, so ist das die Maximalzeit des *Kreislauf-Sexus-Meridians*, der von 19 bis 21 Uhr schwingt. Stimuliere den Meridian-Endpunkt durch eine leichte Massage der Innenseite des Mittelfingers, wobei du zwischen linkem und rechtem Mittelfinger abwechselst. Der Anfangspunkt dieses Meridians, den du ebenfalls durch eine sanfte Massage anregen kannst, ist in den Achselhöhlen verborgen.

Dauert dein Konzert bis 22 Uhr, stimuliere außerdem noch folgende Meridian-Energie: Massiere den Anfangspunkt des *Dreifachen-Erwärmer-Meridians* (21 bis 23 Uhr) an der Außenseite des Ringfingers (zum kleinen Finger gewandt) sowie den Endpunkt, der sich an den Schläfen befindet.

Beginnt dein Konzert am Nachmittag um 16 oder 17 Uhr, massiere den Anfangspunkt des *Blasen-Meridians* (15 bis 17 Uhr) oberhalb der Nasenwurzel und den Endpunkt des *Nieren-Meridians* (17 bis 19 Uhr) in den kleinen Vertiefungen unterhalb des Schlüsselbeins. Wenn du gleichzeitig noch eine sanfte, kreisförmige Bewegung um den Nabel herum ausführst, machst du außerdem eine Übung zur Integration der Gehirnhälften. Du wirst sofort das Gefühl bekommen, daß alle Sinne präsent sind. Wechsle die Hände ab, indem einmal die linke Hand den Nabel streichelt und die rechte Hand die Nierenpunkte massiert, und dann umgekehrt die rechte Hand den Nabel streichelt, während die linke die Nierenpunkte massiert. Eine fehlende Gehirnintegration wirst du schon daran erkennen, daß du für einen Moment mit den Händen und ihren Positionen durcheinanderkommst.

Diese Übung machen wir grundsätzlich vor jedem Auftritt, unabhängig von der Konzertzeit, weil neben der Bereitstellung der Nierenenergie (Sicherheit und Vertrauen auf die kreativen Kräfte) auch die Konzentration sehr gut angeregt wird.

Sollte dein Konzert als Matinée um 11 Uhr oder 12 Uhr beginnen, dann massiere den Anfangspunkt des *Dünndarm-Meridians*

(13–15 Uhr) an der Außenseite des kleinen Fingers sowie den Endpunkt vor der Ohrmuschel:

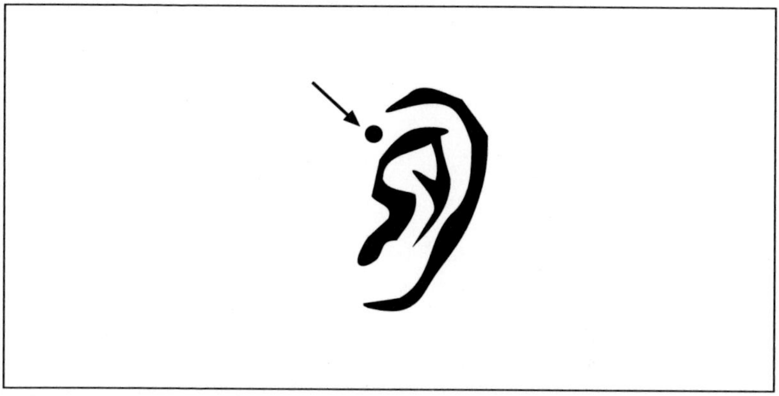

13. Übung: Das Danken

Wir haben viele Übungen beschrieben, die dich in idealer Weise energetisch auf ein Konzert vorbereiten und dir Freude am Musizieren bringen. Unsere letzte Übung ist kein Training im eigentlichen Sinne, sondern vielmehr eine innere Haltung.

Wie du dich erinnerst, fügen sich das Ende eines Konzerts und der Anfang des nächsten zu einem Kreis zusammen. Dein Zugang zu deinem nächsten Konzert wird geprägt sein von der Qualität des Abgangs, mit dem du dein letztes Konzert beendet hast. Folge deiner Intuition, wann du nach dem Konzert, nach dem Bühnenabgang, einen Augenblick Zeit findest, um innezuhalten, die Augen zu schließen und dich für das Konzert von Herzen zu bedanken. Nimm das Konzert, so wie es war, als ein kostbares Geschenk an und danke ohne Worte allen, die im Rampenlicht und im Hintergrund dazu beigetragen haben, daß dieses Konzert stattfinden konnte. Du wirst plötzlich noch mehr Menschen wahrnehmen als dich, deine Kollegen und das Publikum. Danke dem Veranstalter, dem Beleuchter, der Garderobenfrau, der Toilettenaufseherin und der Putzfrau, die den Raum hergerichtet hat. Ganzheitlich musizieren heißt ganzheitlich wahrnehmen.

Anhang:
Der Deltamuskel-Test

Für den Test braucht man zwei Personen: die Testperson und den Tester. Um den Standardtest „im klaren", das heißt mit eindeutigem Ergebnis durchzuführen, gehen Sie folgendermaßen vor:

1. Die Testperson steht aufrecht, der rechte Arm hängt entspannt seitlich herunter, der linke Arm wird mit gestrecktem Ellbogen horizontal zur Seite gehalten.

2. Stellen Sie sich der Testperson gegenüber und legen Sie Ihre linke Hand zur Stabilisierung auf die rechte Schulter. Legen Sie dann die rechte Hand auf den ausgestreckten linken Arm der Testperson, etwas oberhalb des Handgelenks.

3. Sagen Sie der Testperson, daß Sie versuchen werden, ihren Arm herunterzudrücken, während sie dem Druck standhalten soll.

4. Drücken Sie jetzt ziemlich schnell, fest und gleichmäßig (nicht ruckartig) auf den Arm. Es kommt darauf an, gerade so fest zu drücken, um das Sperren im Arm überprüfen zu können, nicht so stark, daß der Muskel ermüdet. Es geht nicht darum, wer stärker ist, sondern ob der Muskel das Schultergelenk gegen den Druck „einrasten" kann.

Zu beachten: Lächeln Sie nicht, während Sie einen Test durchführen oder getestet werden.

Wenn die Testperson dem Druck standhalten kann, sagen wir, daß ihr Muskel „angeschaltet" ist – das bedeutet, daß sie von dem Teststimulus nicht negativ beeinflußt wird. Wenn sie dem Druck nicht standhalten kann, sagen wir, daß der Muskel „abgeschaltet"

ist - ihre Lebensenergie ist von dem Teststimulus negativ beeinflußt worden.
Nähere Angaben enthält das Buch *Der Körper lügt nicht*, VAK (Verlag für Angewandte Kinesiologie).

Anmerkungen

1 Diamond: Lebensenergie in der Musik
2 Blakeslee: Das rechte Gehirn, S. 148
3 Weisberg: Kreativität und Begabung
4 Perfahl: Paradies aus Klängen, S. 88
5 Perfahl: a.a.O.
6 Harman: Die Kunst, kreativ zu sein, S. 39
7 Harman: a.a.O., S. 68
8 Harman: a.a.O., S. 67
9 Harman: a.a.O., S. 70
10 Harman: a.a.O., S. 69
11 Harman: a.a.O., S. 68
12 Walter: Von der Musik, S. 18
13 Furtwängler: Ton und Wort, S. 259
14 Walter: a.a.O., S. 18
15 Perfahl: a.a.O., S.75
16 LÜ BU WE, Ausgabe Diederichs, S. 57
17 Private Aufzeichnung des berühmtesten indischen Musikmeisters dieses Jahrhunderts
18 Thie: Gesund durch Berühren (Touch for Health)
19 Stokes u. Whiteside: One Brain
20 Steiner: Das Wesen des Musikalischen und das Tonerlebnis im Menschen
21 Dörfler: Das Lebensgefüge der Musik
22 Aeppli: Lebensordnungen Farbe, Ton, Form
23 Oberkogler: Tierkreis- und Planetenkräfte in der Musik
24 Aeppli: a.a.O.
25 Oberkogler: a.a.O., S. 298
26 Thie: a.a.O.
27 Scott: Musik

[28] Oberkogler: a.a.O.
[29] von Lange: Mensch, Musik und Kosmos
[30] Kepler: Kosmische Harmonie
[31] Leo: Esoterische Astrologie
[32] Aeppli: a.a.O.
[33] Ring: Astrologische Menschenkunde
[34] von Lange: a.a.O.
[35] Beckh: Die Sprache der Tonart in der Musik
[36] Oberkogler: a.a.O.
[37] Arroyo: Astrologie, Psychologie und die vier Elemente
[38] Oberkogler: a.a.O.
[39] Ring: Genius und Dämon, S. 25
[40] Diese als „Planeten-Karten" und „Astrologie-Karten" bekannten kinesiologischen Hilfsmittel sind im VAK Verlag für Angewandte Kinesiologie, Freiburg, erhältlich.
[41] Die Mudra-Karten sind ebenfalls im VAK Verlag für Angewandte Kinesiologie, Freiburg, erhältlich.
[42] Aus privaten Aufzeichnungen
[43] Aus privaten Aufzeichnungen
[44] Aus privaten Aufzeichnungen

Literaturverzeichnis

Adler, Oskar: Das Testament der Astrologie, München: Hugendubel Verlag, 1993

Aeppli, August: Lebensordnungen Farbe, Ton, Form, Thalwil/Zürich: Emil Oesch Verlag, 1944

Anschütz, Georg: Farbe - Ton Forschungen I, Leipzig: Akademischer Verlag, 1927

Arroyo, Stephen: Astrologie, Psychologie und die vier Elemente, München: Hugendubel Verlag, 1982

Beckh, Hermann: Die Sprache der Tonart in der Musik, Frankfurt: Fischer Verlag, 1987

Benedikt, Heinrich E.: Die Kabbala, Farbe, Zahl, Ton und Wort als Tore zu Seele und Geist, Freiburg: Bauer Verlag, 1985

Bindel, Ernst: Die Zahlengrundlagen der Musik im Wandel der Zeiten, Stuttgart: Verlag Freies Geistesleben, 1985

Blakeslee, Thomas R.: Das rechte Gehirn, Braunschweig: Aurum Verlag, 1991

Bo Yin Ra: Das Reich der Kunst, Bern: Kober Verlag, 1989

Caspers, Claus: Mysterium Musik, Heidelberg: Orpheus Verlag, 1991

Colling, Alfred: Musique et Spiritualité, Librairie Plon, 1941

Diamond, John: Das Herz der Musik, Freiburg: VAK, 1991

Diamond, John: Lebensenergie in der Musik, Bd. 2, Freiburg: VAK, 1987

Diamond, John: Lebensenergie in der Musik, Südergellersen: Bruno Martin Verlag, 1990; 9. Auflage: Freiburg: VAK, 1994

Diamond, John: Die heilende Kraft der Emotionen, Freiburg: VAK, 1987

Dörfler, Wilhelm: Das Lebensgefüge der Musik, Dornach: Philosophisch-Anthroposophischer Verlag, 1992

Erpf, Hermann: Form und Struktur in der Musik, Mainz: Verlag B. Schott's Söhne, 1967

Frauchinger, Urs: Was zum Teufel ist mit der Musik los, Schweiz: Zytglogge Verlag, 1982

Frühling und Herbst des LÜ BU WE, Köln: Diederichs Verlag, 1979

Furtwängler, Wilhelm: Ton und Wort, Wiesbaden: F. A. Brockhaus Verlag, 1954

Halpern, Steven: Klang als heilende Kraft, Freiburg: Bauer Verlag, 1985

Harman, Willies u. Rheingold, Howard: Die Kunst, kreativ zu sein, Bern: Scherz Verlag, 1987

Harnoncourt, Nikolaus: Musik als Klangrede, München: DTV Bärenreiter Verlag, 1987

Husemann, Armin J.: Der musikalische Bau des Menschen, Stuttgart: Verlag Freies Geistesleben, 1989

Isbert, Otto Albrecht: Konzentration und schöpferisches Denken, Heidenheim: Erich Hoffmann Verlag, 1962

Kayser, Hans: Der hörende Mensch, Stuttgart: Lambert Schneider Verlag, 1993

Kepler, Johannes: Kosmische Harmonie, Leipzig: Insel Verlag, 1925

Klivington, Kenneth A.: Gehirn und Geist, Spektrum Akademischer Verlag, 1992

Koepke, Ewald: Das künstlerische Schaffen der Menschheit, Schaffhausen: Novalis Verlag, 1986

Lange, Anny von: Mensch, Musik und Kosmos Bd. I, II, Freiburg: Novalis Verlag, 1956

Leo, Alan: Esoterische Astrologie, Schwarzenberg: Ansata Verlag, 1978

Liedtke, Rüdiger: Die Vertreibung der Stille, München: DTV Bärenreiter Verlag, 1988

Oberkogler, Friedrich: Tierkreis- und Planetenkräfte in der Musik, Schaffhausen: Novalis Verlag, 1987

Oberlin, Urs-Peter: Erfolg durch Kreativität, Genf: Ariston Verlag, 1986

Perfahl, Jost: Paradies aus Klängen, München: Langen Müller Verlag, 1990

Pfrogner, Hermann: Zeitwende der Musik, München: Langen Müller Verlag, 1986

Prieberg, Fred K.: Musik und Macht, Frankfurt: Fischer Verlag, 1991
Restak, M. Richard: Geheimnisse des menschlichen Gehirns, München: MVG Verlag, 1989
Ring, Thomas: Astrologische Menschenkunde Bd. I, II, III, Freiburg: Bauer Verlag, 1981
Ring, Thomas: Genius und Dämon, Freiburg: Aurum Verlag, 1980
Schafer, Murray: Klang und Krach, Frankfurt: Athenäum Verlag, 1988
Schneider, Marius: Geschichte der Mehrstimmigkeit, Tutzing: Hans Schneider Verlag, 1969
Scott, Cyril: Musik, Hirthammer Verlag 1991
Springer, Sally P. u. Deutsch, Georg: Linkes Rechtes Gehirn, Heidelberg: Spektrum der Wissenschaft Verlagsgesellschaft, 1988
Stege, Fritz: Musik, Magie, Mystik, St. Goar: Otto Reichl Verlag, 1961
Steinbach, Ingo: Klang Therapie, Südergellersen: Bruno Martin Verlag, 1992
Steiner, Rudolf: Das Wesen des Musikalischen und das Tonerlebnis im Menschen, Dornach: Rudolf Steiner Verlag, 1981
Stier, Ernst: Psychologie und Logik in der Musik, Braunschweig: Fritz Bartels Verlag, 1923
Stokes, Gordon u. Whiteside, Daniel: Die Welt des Verhaltensbarometers, München: MIAK Verlag, 1992
Stokes, Gordon u. Whiteside, Daniel: One Brain, Freiburg: VAK, 1990
Thie, John F.: Gesund durch Berühren, Basel: Sphinx Medien Verlag, 1983
Topping, Wayne W.: Stress Release, Freiburg: VAK, 1991
Umbach, Klaus: Geldscheinsonate, Frankfurt: Ullstein Verlag, 1990
Walter, Bruno: Von der Musik und vom Musizieren, Frankfurt: S. Fischer Verlag, 1957
Watson, Lyall: Der unbewußte Mensch, München: MVG Verlag, 1989
Wehmeyer, Grete: Prestißißimo, Hamburg: Kellner Verlag, 1989
Weisberg, Robert W.: Kreativität und Begabung, Heidelberg: Spektrum Verlag, 1989

Über die Autoren
Rosina Sonnenschmidt

* geboren in Köln
* Frühentdeckung als Koloratur-Gesangstalent und Förderung durch das Dortmunder Konservatorium
* Vierfache Preisträgerin in Gesangswettbewerben im Fach „Koloratur“ und „Musical“
* Gesangsstudium bei Prof. Dr. Franz Müller-Heuser an der Staatlichen Musikhochschule Köln
* Studium an der Universität Köln in den Fächern Musikethnologie, Indologie, Ägyptologie mit Promotion
* Zwei Forschungsreisen nach Indien
* Studium und Meisterkurse in Gesangsstilistik bei Montserrat Figueras in Basel und Barcelona
* Belcanto-Gesangsausbildung bei Eva Krasznai-Gombos in Basel
* Gründung und Leitung des international bekannten Barockensembles „Sephira“, 13 CDs, zahlreiche Rundfunk- und Fernsehaufnahmen von Musik zwischen Barock und Romantik
* Seit 1990 kinesiologische Ausbildung am Institut für Angewandte Kinesiologie (IAK) Freiburg, Konzipierung der Musik-Kinesiologie gemeinsam mit Harald Knauss; seit 1995 Vermittlung des lizenzierten Lehrsystems zum „Musik-Kinesiologie-Instructor“ am IAK Freiburg.

Harald Knauss

* geboren in Heilbronn
* Studium der klassischen Gitarre bei Prof. Mario Sicca an der Musikhochschule Stuttgart
* Studium der Laute bei Jürgen Hübscher in Karlsruhe und Basel
* Musikalische Zusammenarbeit mit Nikolaus Harnoncourt in Zürich
* Gründung und Leitung des international bekannten Barockensembles „Sephira" mit Konzerten, Schallplatten-, Rundfunk- und Fernsehaufnahmen seit 1985
* Gründung und künstlerische Leitung des Festivals „Hohenloher Kultursommer" seit 1987
* Seit 1989 Spezialisierung auf historische Gitarrenmusik der Romantik als Solist und Kammermusiker mit anderen international bekannten Solisten; insgesamt 12 CDs mit Musik zwischen Renaissance und Romantik
* Neben der Musik als Maler tätig, Ausstellungen 1989 und 1991 zum Thema „Gemalte Musik"

Dr. John Diamond:

Lebensenergie in der Musik, Band 1

„Der eigentliche Sinn der Musik liegt in ihrer therapeutischen Wirkung und in der Stärkung der Lebensenergie der Zuhörer. Diese einfache, aber große Wahrheit scheint in der heutigen Zeit vergessen, die technischem Können und abstrakter Musikwissenschaft so viel Bedeutung beimißt. Die Funktion der Musik bestand von allem Anfang an in der geistigen Erbauung des Hörers, in der Stärkung seiner Lebensenergie."
John Diamond

9. Auflage (1.-8. Aufl. im Verlag Bruno Martin),
130 Seiten, Paperback, 24,– DM/24,– sFr./187,– öS,
ISBN 3-924077-62-2

Dr. John Diamond:

Lebensenergie in der Musik, Band 2: Wie im Leben, so in der Musik

Die Beziehungen zwischen Musik und Gesundheit sind seit langem ein Forschungsschwerpunkt von John Diamond. Seit rund 30 Jahren arbeitet er mit Musikern. Anhand zahlreicher Fallbeispiele schildert er in diesem Buch die Wirkungen der Musik auf die Musiker – und die Auswirkungen ihrer jeweiligen physischen und psychischen Verfassung auf ihre Musik. Er zeigt Musikern Wege auf, Streß abzubauen und ihre Leistungsfähigkeit zu steigern. Im Schlußkapitel faßt er seine Erfahrungen zusammen: in vier Kriterien, die den „idealen Musiker" ausmachen.

2. Auflage, 205 Seiten, Paperback,
24,– DM/24,– sFr./187,– öS
ISBN 3-924077-08-8

Dr. John Diamond:

Das Herz der Musik

Mit dieser Aufsatzsammlung legt John Diamond – nach *Lebensenergie in der Musik* (Bd. 1 und 2) – eine Vielzahl neuer Beobachtungen, Gedanken und Forschungsergebnisse zum Zusammenhang von Musik und Gesundheit vor. Einige Themenbeispiele:

- Der Urquell der Musik
- Musik-Kriterien
- Die wahre Aufgabe des Musikers
- Furtwänglers Erbe
- Die erneuernde Kraft der Musik
- Musik als Gebet

249 Seiten, Paperback,
29,80 DM/29,80 sFr./233,– öS
ISBN 3-924077-18-5